制胜之道
换个视角看战争

古今军队的服饰标识

威武外挂

3

林臻 等著

江苏凤凰文艺出版社

图书在版编目（CIP）数据

威武外挂：古今军队的服饰标识 / 林臻等著 . -- 南京：江苏凤凰文艺出版社，2019.12（2023.3重印）
（制胜之道：换个视角看战争）
ISBN 978-7-5594-4290-1

Ⅰ . ①威… Ⅱ . ①林… Ⅲ . ①军服 – 介绍 – 世界 Ⅳ . ① E127

中国版本图书馆 CIP 数据核字 (2019) 第 272290 号

威武外挂：古今军队的服饰标

林臻等 著

出 版 人	张在健
责任编辑	张恩东　汪　旭
装帧设计	观止堂_未　氓
责任印制	刘　巍
出版社地址	南京市中央路165号，邮编：210009
出版社网址	http://www.jswenyi.com
印　　刷	江苏凤凰通达印刷有限公司
开　　本	718×1000 毫米 1/16
印　　张	20.75
字　　数	337千字
版　　次	2019年12月第1版　2023年3月第2次印刷
标准书号	ISBN 978-7-5594-4290-1
定　　价	498.00元（全七册）

（江苏凤凰文艺版图书凡印刷、装订错误可随时向承印厂调换）

《威武外挂》撰写组

主　笔：林　臻
副主笔：周仲光　赵　星　赵承辉

撰写者：（以下按姓氏笔画排名）
牛秀丹　王　洋　许瀚元　姜厚东　贾俊华

总 序
TOTAL PREFACE

让青年人爱军事

在新中国成立 70 周年来临之际，江苏凤凰文艺出版社送来了一群年轻人创作的军事丛书《制胜之道：换个视角看战争》，想约我为新书写篇序言。手抚其卷之余，我欣喜地看到，在市场经济与信息时代的浪潮中，共和国 80 后、90 后不仅没有成为"垮掉的一代"，反而更加关心国防、关注军事、关切战争，正在成为国防和军队现代化建设的主力军。

在这个年轻的创作团队中，既有机关参谋、军校教员、基层军官等现役军人，也有地方高校老师、军刊编辑等军事专家。尽管大家天各一方、职业不同，却出于对国防的共同热爱，从五湖四海走到一起来，一手拿笔、一手执枪，重返战场、追思战史、复盘战例、推敲战法，充分体现了当代中国青年一代直面现代战场、打赢未来战争的勇气和胆识。作为一个从军几十年的共和国老兵，特意为这套丛书写几句发自肺腑的推荐语。

军事本来就很精彩，值得悉心品味。自近现代以来，战争与工业文明紧密结合在一起，军事逐渐成为一门科学，战法逐渐成为一门艺术。这套丛书用讲故事的方式，从名将战法、空中作战、传奇海战、武器迭代、战场环境、军队服饰、装备命名等剖面入手，生动呈现了人与战的关系、铁与火的洗礼、生与死的考验、胜与负的转换、钢与硅的结合……绘就了一幅浓墨重彩的战争画卷，把军事斗争的矛盾性、对抗性、科学性、艺术性生动地呈现在读者面前。

军事本来就很传奇，时常引人入胜。《孙子兵法》开篇一句："兵者，国之大事，死生之地，存亡之道，不可不察也。"古往今来，为了打赢战争、消灭敌人，世界各国军人无不在战争中迸发出了最高智慧和最大力量。这套丛书纵横陆海空战场，精心遴选大众普遍关心而又了解不深的交叉选题，写活了出奇制胜的战法技术，解析了涤荡起伏的战局转折，再现了超越极限的战史传奇，还原了经典战例的神韵色彩，是不可多得的精品力作。

军事本来就很有趣，令人忍俊不止。《战争论》的作者克劳塞维茨指出："战争是不确定性的王国。"在与战争有关的军事领域，什么阴差阳错的事情也可能发生，时而充满苦涩，时而可笑无奈。这套丛书跳出了传统军事科普堆砌资料、数字的窠臼，在不失严肃准确的同时，大胆采用启发式行文结构、网络化叙事方式、趣味性语言风格，把幽默风趣的军事素材挖掘出来、让"正襟危坐"的军事叙事轻松活泼起来，努力成就大众喜闻乐见的轻松阅读体验，吸引读者想看、爱看、真正钻进去看。

梁启超先生昔日曾言："少年强则国强；少年雄于地球，则国雄于地球。"当今时代，天下虽安、忘战必危。中华民族要实现伟大复兴，中国军队要成为一流军队，离不开全民国防的支撑，离不开青年人对军事、对战争的关注和热爱。希望更多的青年人通过这套丛书，关心国家安全，支持国防和军队建设，以更多热情擎起父辈的旗帜，推动新时代强军之路，拥抱明天的星辰大海。这也正是这套丛书的创作初衷和价值所在。

是为序。

中国人民解放军国防大学教授　马骏
二〇一九年六月于京

开篇词
OPENING WORD

威武外挂：古今军队的服饰标识

让军服成为了解战争的镜子

军服，是军人穿着的服装，它为战争而诞生，随战争而发展。在战争中，穿着相同服装、与敌军有所区分的士兵们团结在一起，相同的服饰带来了同仇敌忾的精神力量，激励着士兵们前赴后继，奔向战场。正如中国古老的《诗经》中所说："岂曰无衣，与子同袍。"随着战争形态的变迁，一些曾经实用、逐渐过时的军服设计演变成了军服上固定的装饰。这些因战争而产生、因战争而存在的独特装饰，成为军服具有硝烟色彩的最佳名片。军服上的各式标志，也凝结着军队的悠久传统和战斗精神。军人之所以威武阳刚，正是因为军服上寄托着厚重的战争历史，蕴含着昂扬的尚武精神，携带着不屈的顽强意志。

军服发展到今天，已经不仅仅是一件普通的服装了，军服与其上的标志服饰，已经成为军事文化的典型象征，是军人荣誉的集中体现。潇洒帅气、笔挺精干的军服，在各国吸引了无数年轻人奔赴战场；英国陆军禁卫师的大红军服，继承的是几百年的经典传承；而错误佩戴了奖章缀饰的美国海军作战部长布尔达，也因给军人名誉蒙羞而自杀谢罪。

然而，军服毕竟是为战而生，为战而存。不论是伪装色"卡其色"的出现，迷彩服的大为流行，水兵服的古灵精怪，还是特种防护服的严实密闭……军服的设计和款式，都与军事活动紧密相连，都与战场需求息息相关。想要了解军服，就必须了解战争，认识战争。可以说，军服是了解战争的一面镜子，是走进战争的一种方式。

自 16 世纪欧洲出现常备军开始，到英国的日不落帝国统治全球，再到两次世界大战，冷战美苏争霸，军服伴随着人类战争的历史不断发展进步。到今天，各国军服的式样、标志服饰的设计都近于趋同。军服为什么设计成这样？其中带有什么样的故事？是满足了什么样的战场需求？国内的资料大多过于简单，要么是充满了传奇色彩的历史故事和带有"灵机一动"式的奇闻轶事，与残酷的战争实际相去甚远；要么是图片的堆积和式样的罗列，只知其然而不知其所以然。

本书针对近现代军服的主要式样和设计，结合历史，介绍了近现代军服和标志服饰的发展，讲述军服独特造型的来历和背后的故事。此外，挑选了世界范围内有代表性的军服和勋章奖章标志，讲述了它们所见证的战争历史和军事故事。旨在普及军事知识，传递军事文化，带来阅读体验。希望本书的内容可以给读者打开一扇通往军队服饰标志世界的大门，通过了解近现代军服的发展历程和各国典型军服标志背后的故事，认识到战争对人类的影响和作用，加深对军事的兴趣，提高国防意识。

本书第1章~8章、第15、21章由林臻撰写，第9、10章由周仲光撰写，第11、12章由赵星撰写，第13、14章由赵承辉撰写，第16章由贾俊华撰写，第17章由牛秀丹撰写，第18章由王洋撰写，第19章由许瀚元撰写，第20章由姜厚东撰写。军队服饰标志浩如烟海，资料繁杂，作者才疏学浅，难免有疏漏错误。恳请读者谅解，不吝赐教。

衷心希望我们的这本小书，能给各位读者带来愉悦和欢乐。唯愿岁月静好，我们伴您继续前行。

本书撰写组
二〇一九年六月

目 录
CONTENTS

威武外挂：古今军队的服饰标识

01 **告别盔甲走入平民**

  ——西式军服成为世界主流   002

02 **冠冕辉煌树形象**

  ——种类多样的各式军帽   016

03 **武士铠甲的当代遗迹**

  ——肩章和各式配饰部件   034

04 **形象分明见高低**

  ——识别级别的军衔符号   052

05 **日不落帝国的余晖**

  ——统治四海的海军军服   072

06 **战场上的五彩缤纷**

  ——功能繁杂的军服颜色   092

07 **神秘的涂鸦**

  ——令人眼花缭乱的迷彩服   104

08 **兵不离人驰骋战场**

  ——功能齐全的单兵携行具   120

目录

09 上天入地显神通

　　——功能独特的防护性军服　　136

10 硝烟造就的时尚经典

　　——从战场走来的流行服饰　　156

11 华美艳丽更重实效

　　——军服设计的奥秘所在　　168

12 坚不可摧的战场红线

　　——英国"龙虾兵"军服　　182

13 法兰西风情

　　——独树一帜的法国克皮帽　　198

14 普鲁士的尚武传承

　　——历经世纪沧桑的德国军服　　210

15 革命或是传统

　　——摇摆中发展的苏联和俄罗斯军服　　222

16 专业战斗服的开端

　　——美国陆军 M41 战斗服　　238

17 **打破封建的骑士贵族制度**

　　——法国荣誉军团勋章　　　　　　　　250

18 **勇冠三军**

　　——英国维多利亚十字勋章　　　　　　264

19 **德意志的军事图腾**

　　——黑鹰和铁十字　　　　　　　　　　272

20 **荣誉至高无上**

　　——简单又复杂的美军勋章奖章体系　　280

21 **苏维埃的荣誉**

　　——象征胜利的苏联勋章奖章体系　　　296

01

告别盔甲走入平民
西式军服成为世界主流

军服,即军人穿着的服装。自从战争出现、人类为进行集团式的暴力对抗而组成军队的那一天起,广义上的军服就出现了。经过几千年的发展,从披着树叶、兽皮进行厮杀的原始人,到如今武装到牙齿的超级大国士兵,人类的军服发展史就是一部波澜壮阔的战争史。在遥远的冷兵器时代,各国士兵的盔甲风格迥异,一眼就能区分出来自于哪个文明。近现代以来,世界各国的军服日趋大同——都是以西式军服为样本,缀以不同的标志符号,形成大同小异的服装风格。在一些国际防务会议上,各国军人站在一起,如果去掉他们身上的标志服饰,基本上穿得都没什么区别。

这可以说是一种"全球化"发展的必然结果。之所以西式军服成为世界各国军装的选择,那是因为我们的时代,已经为西式文明所主导。不仅是军人,平民百姓的服装,也都是西式的。

这个"西式",并非代表西方的一切服装,而是近现代以来逐渐流行起来的西式服装。笔者认为,近现代以来逐渐成为世界主流的"西式服装",其特点是贴身穿着、便于活动、简洁明快、穿戴简单、精神抖擞。而我们回过头来仔细看这几个特点,你会发现,这些要求实际上就是基于近现代战争形态而提出的。说白了，近现代以来逐渐成为世界主流的"西式服装"，就是军服！不妨可以将其称为"军服式现代服装"。

不管是在东方还是在西方，世界各国文明都有许多独具特色的传统服装。而到了近现代，各自的传统服装要么与"军服式现代服装"相结合，形成具有本国特色、适应当代快节奏生活的时代服装，要么作为特定仪式的服装予以保留，成为一种具有礼仪形式的传统服饰。例如，东方的一些国家，在设计制作现代风格的民族服饰时，就保留了传统的衣扣和图案风格，采用现代服装裁剪原则，进行加工制造。这样的民族服装没有宽衣大袖，不会在走动时挂到物品，便于日常穿着。而那些宽大复杂的服装，则退居庙堂，成为礼服：英国的传统宫廷服饰早已经难以得见，日本的和服也变成了礼服和居家轻松时的休闲穿着。由此看来，其实是军服引领了当代的服装潮流！

也正因为如此，在实用需求的牵引下，自19世纪末以来，各国军服日渐趋同，到今天，西式军服一统天下，不仅主导了各国军队，还影响了世界平民服装的发展风尚。

火器改变了军服：盔甲退出历史舞台

古代军队的服装，主要是盔甲和号衣。冷兵器时代，战争形态以肉搏厮杀为主，防护刀剑枪矛的铠甲是军人不可或缺的必备服装。为了增强对冷兵器的防护性，同时具备战场上灵活的机动性，各国在如何设计铠甲、盔甲方面下了不少功夫。金属铠甲、骨质铠甲、皮质铠甲，锁子甲、板甲、连环甲，应有尽有。

随着火药的发明，人类开启了冷兵器向热兵器转变的时代序幕。火药一路向西传入欧洲。欧洲人在掌握了火药之后，结合在铸造教堂大钟过程中积累掌握的铸造技术，逐渐发展出了近现代枪炮生产制造的"黑科技"。随着火器时代的来临，人类的战争形态逐渐开始发生转变，世界历史发生了巨大的变化。传统的征召式军队开始被大规模的常备军所取代。而火器的发展，最直接的影响，就是让盔甲失去了防御能力。

在火器的威力下，盔甲变得形同虚设。火药推动的弹丸足以将坚硬的盔甲击穿，盔甲被弹丸击碎后产生的碎片会对人体造成更严重的二次伤害。而且，穿着盔甲增加了士兵的负重，不便于自由活动。哪怕战败逃跑，沉重的盔甲也给士兵拖了后腿。此外，从生产角度来看，生产一套盔甲的速度远远比不上生产布衣的速度，更何况盔甲的造价还颇为昂贵，开支巨大。因此，自17世纪起，各国军队纷纷脱去了沉重的盔甲，换上便于活动、更为轻便的布质军服。而且，军服的颜色极为鲜艳，在战场上看上去五颜六色，在世界历史长河里留下了醒目的一笔。

一般认为，近代以来第一支为士兵统一制式军服的国家是瑞典。以前，被征召入伍的平民需要自备服装参加战斗，随着常备军制度的产生，则需要由国家为征召来的士兵配备统一的制服。瑞典建造了国家负责运作的被服厂，专门为军队生产军服，士兵再也不用自备服装参加战争了。1625年，瑞典国王古斯塔夫二世（Gustav II，1594—1632）为瑞典军队配发了红色和蓝色的军服，供不同建制的军队穿着以相互区分，同时，国王的禁卫军穿着黄色军服。这一时期，瑞典军队的军服是民间较为流行的款式，战场上古斯塔夫二世的军队就像节日的游行队伍一般。

当然，古斯塔夫二世拒绝穿着铠甲还有一个原因——他曾经在战斗中负过伤，有一发子弹留在他颈部靠近脊椎的地方。因此他不能穿常见的金属胸甲，因为胸甲压迫枪伤导致剧痛。而这也迫使他意识到铠甲在火器时代的局限性。

> 藏于美国纽约大都会艺术博物馆的中国清朝盔甲

> 现代人扮演的古斯塔夫二世麾下的瑞典士兵

"排队枪毙"时代的军服：上战场就是赴宴

不论是铁甲、板甲还是皮甲，都无法抵挡火药强悍的杀伤力，导致盔甲逐步退出历史舞台。但是，17世纪以来的火器和我们现代人脑海里的枪械却有着天壤之别。欧洲在17世纪时使用的火器主要是前膛燧发枪，这种枪的使用十分麻烦，并不能像当代枪械一样随意从各种角度进行瞄准，打开保险扣动扳机就可以杀伤敌人。由于前膛燧发枪使用上的不靠谱，导致形成了一种独特的作战方式——线列式作战。而这种作战方式也获得了一个颇为形象的绰号——"排队枪毙"。

让我们看一看17世纪的前膛燧发枪到底有多么不靠谱。

首先，前膛燧发枪的弹药装填极其复杂。前膛燧发枪的弹药不似现代弹药是一体化的一发子弹，而是火药、垫片、铅弹等不同部件分散开来的。装填时，必须从枪口装入。这就导致了前膛燧发枪必须要竖起来，按照顺序把火药、垫片、铅弹塞入枪膛，然后用推弹杆捣紧，士兵只能把枪立起来进行装填，没法卧姿进行，连一定的坡度也不可以。士兵身上除了要带一把枪外，还要有不同的瓶瓶罐罐，用来装火药、垫片、铅弹等物。装填完毕，才能进行击发。如此复杂的装填方式，也使得前膛燧发枪的发射速度极慢。一分钟内能打出5枪就已经算是优秀的水平了。

其次，前膛燧发枪的命中率难以保证。前膛燧发枪不似现代枪械，大部分没有安装准星，就算安装了准星，在较远的距离上快速射击，也难以保证精准命中。由于没有现代枪械的来复线，就算是停止间瞄准，其远距离的命中率也不高。普鲁士军队曾使用列装的1782年型燧发枪对150米外一个宽3.05米、高1.83米的靶子射击了100发子弹，但结果却只命中了40发，命中率只

> 美国"斯普林菲尔德"1795年式前膛燧发枪

有40%。

最后，前膛燧发枪的战场发射成功率也很低。在17世纪的战场上，前膛燧发枪的射击失败率高达20%。风吹、雨淋、火药受潮、击发药放少、燧石破损、火门堵塞、士兵紧张等等原因，都会导致射击失败。甚至有的新兵在射击时会忘记装子弹，或者装填之后忘记拔出推弹杆。此外，还有一定的炸膛率……尽管前膛燧发枪这种火器威力比冷兵器要强大，但是要想发挥出其强大的杀伤力，需要采取一定的特殊战术。这就是"排队枪毙"。

为了克服前膛燧发枪精度差、火力分散的弊端，各国军队将士兵集中起来，排成密集的队形，以集中火力，杀伤敌军。所谓"精度不足密度凑"，为了形成密集的连射火力，又诞生了"三列线齐射"的战术。战斗时，军队展开2至3条步兵线，每条线3至6列，各线相距50至200步，火炮在距敌约300米左右先行远射，掩护步兵推进；距敌150至200米时，最前列的步兵进行齐射，而后后退装填，第二列再行齐射，如此交替突击。线列中的每个士兵都是开枪——后退——装弹——开枪，如此不断循环，与敌方距离越来越近。距离足够近时，如果一方吃了几轮齐射，阵形开始混乱或者溃逃，另一方就

> 美国独立战争中按照"排队枪毙"式样进行作战的美军士兵

会上刺刀冲锋，彻底消灭对手。

在这样的作战形式下，军官在战列中的指挥作用极为重要。如果军官阵亡，群龙无首的士兵无法有效组织起三列线齐射，很有可能在敌军的攻击下迅速溃败。在联络基本靠走、通信基本靠吼的时代，战场上硝烟弥漫，鲜艳华丽的军服能使指挥官在漫天的硝烟中更好地确定自己部队的位置。更何况，华丽帅气的军服还能提高己方士气，让士兵面对着敌方排列整齐的"枪毙队"保持不惧生死的大无畏精神，奋勇杀敌勇敢冲锋。

因此，"排队枪毙"时代，军服的最主要特点就是华丽鲜艳。军人上战场，就好似是参加晚宴一样。由于隐蔽性和伪装性的意义不大，

> 一件 1732 年的波兰禁卫军军服

所以军服也就更注重国家的尊严和士兵的荣誉。尽管在现代人看来，这些军服"华而不实"，但却随着军人的荣耀被各国军队继承了下来。当代军服的许多设计，也是源自"排队枪毙"时代。

从繁到简：从宽袖宽裙到紧身束腰

在 17 世纪下半叶到 18 世纪，欧洲士兵穿的外套和平民士兵的样式相似，有着宽阔的袖口和裙摆，上面装饰着花纹。1661 年，法国国王路易十四为自己的禁卫步兵设计了专门的制服。士兵身穿饰有银丝缎的灰色外衣，军官则身穿饰有银刺绣的红色外衣。路易十四认为，穿着军服能够体现出自己麾下军官们的良好风貌，并要求军官们在日常生活中穿着钦定式样的军服。当时，军官的军服是自己花钱按照钦定式样定制的，而为了确保每一名士兵都穿上统一的军服，法国于 1666 年规定，军服费从士兵薪饷里扣除，再把生产出来的军服发给个人。法军的军服由一件长款上衣、一件马甲和一条及膝短裤组成。其特色在于这件长款上衣——袖口宽大，裙摆宽大，开襟，用纽扣固定。

英语里将这种衣服称作"Justacorps",译为"及膝外套或礼袍"。这种极其展现男性魅力的服装很快就从法国传到了英国,并成为上流社会男士喜爱的日常着装。当然,从英吉利海峡对岸传来的"Justacorps"也成为英军的军服式样。与法军的灰色制服不同,英军全都采用了鲜艳的红色军服。在"排队枪毙"的时代,各国军服五颜六色,在选择适合本国军服颜色的同时,也会尽量避免与他国雷同。英国人和丹麦人穿红色,法国人、西班牙人和奥地利人穿浅灰色或白色,普鲁士人和葡萄牙人穿深蓝色,俄国人穿绿色,等等。

在"排队枪毙"时代,这种鲜艳颜色、宽袖宽裙、高端大气上档次的服装在一定历史条件下顺应了军服发展的潮流和趋势。但是军队毕竟是要在野外行动的,不仅要拿枪支弹药,还要携带野营装备、食物和水,宽大的衣服虽然好看,但毕竟行动上还是有所不便。因此,各国的军服在发展过程中逐渐开始向窄袖窄下摆发展。到了拿破仑时代,随着法军的铁骑踏遍整个欧洲,"拿破仑夹克"也流行了起来。"拿破仑夹克"采用双排扣设计,左右两边都可以解开,可以根据风向的不同选择左扣还是右扣。为了便于骑马,"拿破仑夹克"的下摆前部被剪短,而后部依然保留,于是形成了独特的燕尾服风格。

经过多年的演变,宽松的军服早已经演变成为紧身、束腰、窄袖、窄下

> 18世纪的法国殖民地军队

> 17世纪身着"Justacorps"的英国贵族

摆的精干式样。1842年，普鲁士率先采用了一种窄下摆的制服。说其为窄下摆，指的是其下摆向外分散的角度，并非是其长度。随后，1845年，法军也为步兵配备了此类束腰式外套。1851年，美国陆军配备了一件下摆较长的束腰外套。英国人在1855年也加入了这一行列。此后，这种束腰式外套便成为世界各国军服的主要流派。英文将这种修身干练简洁的服装称为"Tunic"。与华丽的旧式军服相比，"Tunic"没有复杂的褶皱，没有华丽的装饰，对襟衣扣，袖子与胳膊同长，下摆或到膝盖上，或到臀部。此外，根据需要，在衣服正面开设若干衣兜。

20世纪以来，随着军服的演变，更为适应战场环境的作战服逐渐出现。紧身束腰的军服逐步变成了礼服和常服的专属式样。军服在衣领、衣扣、衣兜、长度等方面变化繁多，构成了琳琅满目的近现代军人形象。

立领还是开领：近现代军服上衣的两大形态

尽管各国军服都大多采用了简单的"Tunic"式外套，但是放眼全球，各国军队的军服最主要式样可以分为立领式和开领式。20世纪初，各国军服大多是立领或立翻领，很少有开领的军服。而民用服装里，开领的西服已经颇为常见了。

上文说到，法国在17世纪使用的军服样式，流传到英国后成为了达官显贵、平民百姓喜欢的长外套"Justacorps"。此时的"Justacorps"没有领子，缀有许多纽扣。一直到1750年，一种"敞胸露怀"的穿衣风格开始在贵族中流行。在搭配外套穿着衣服时，如果将外套全部系紧，则内穿的马甲显露不出来。为了展示颜色鲜艳的马甲，开始流行起解开纽扣敞开外衣、将里面不同颜色的马甲露出来的穿衣潮流。纽扣解开后，外套的前襟就会翻起来，一些思维超前的设计师干脆将前襟翻了过来，于是形成了现代西服的翻领。而敞开衣服穿衣的流行风尚到了今天，就是穿西装时不能把纽扣全部系上的穿衣规范。

然而在军队中，军服虽然与民装式样相近，但是出于保护颈部、防风御寒的目的，敞怀式的穿衣方法一直没有出现。军服上不论缀钉有多少扣子，基本都是要自下而上严严实实扣好。普鲁士和波兰还在军装上效仿盔甲的护

威武外挂：古今军队的服饰标识

> 法国皇帝拿破仑引领了"拿破仑夹克"的盛行

> 19世纪40年代的普鲁士士兵

领，安装了围在脖子一圈的立式衣领，后来又衍生出了紧口立翻领。到了19世纪末，英国军服也是紧领口的野战服。

军服从来都是和平民服装互相影响又互相依存的。开领式的服装在民间流行，最终发展成了现代标准的男士西服。而穿着军装的高级将领们在出席满是达官显贵的盛大宴会时，自然也会效仿达官显贵们的着装来穿着军服。军服中的晚礼服，可以视为采用了军装颜色、缀有军服标识的燕尾服。但是这只是局限于晚礼服，大礼服、作战服依然是紧紧扣着领口。

20世纪初，英军率先解开了军服的领口。经历了英埃战争、马赫迪战争和两次布尔战争，英军意识到在非洲等炎热地区作战时，紧紧扣着的立领军服会带来极度的不舒适，不利于官兵保持充沛的体力。在战时，大量英军官兵解开上面的几粒扣子，虽然舒适了，但是却影响了军容军貌。由于英军军服是自行定制的，于是很多军官在制作常服和野战服时纷纷选用了开领的款式。这种小开领与西服相比，开口不大，只能露出短短的一截领带。这样开口较小的西服领，并不会像西服一样露出大片的衬衣，以至于在运动中错位严重，影响外观，但同时也给炎热气候下的军人带来一丝清凉。

美国陆军的 M1912 式常服采用立领设计，与英军军服极为相似。1926 年，步英军的后尘，美国陆军也开始将军服衣领打开。实际上，中国所谓的"美式军服"，根本源头在英国。第二次世界大战期间，世界各国主要的军服式样还是紧口立领，但依然有部分军兵种率先采用了开领军服。德国装甲兵和空军都采用开领军服——这与坦克座舱、飞机座舱狭小闷热

> "Justacorps"在演变过程中出现了翻领

的空间有关，需要打开衣领以换取一定的舒适度。苏联 1935 年换穿新军服后，全体装甲兵官兵穿开领军服，而空军则于 1939 年 6 月开始采用开领常服。世界各国军队普遍打开衣领，那是在二战后了。

复古和礼常合一：当代军服礼常服的发展趋势

19 世纪以前，近现代军服基本不作太多的功能性划分。进入 20 世纪以后，各国军服主要划分为礼服、常服两大类，其中常服也当做作训服来穿着。第二次世界大战以来，为了满足烈度日益强烈的现代战场，自美国开始，各国军队的常服和作训服逐渐分开，形成了礼服、常服、作训服三大服装体系的新模式。

礼服，顾名思义，就是用于礼仪场合的军服。礼仪场合，一般包括盛大节日、重大庆典、阅兵仪式、外交场合等等。欧洲各国军队的礼服一般都保留了 18 世纪至 19 世纪的经典造型，大多为紧闭的立领、华丽的刺绣、斜挎的绶带和繁杂的勋章奖章。还有的国家保留了中世纪匈牙利骠骑兵身上流传下来的"肋骨服"作为部分军兵种的礼服。在不同的礼仪场合，还有不同种类的礼服。队列礼服、节日礼服、假日礼服、晚礼服……一般来说，礼服主要分为正式礼服（或称"大礼服"，英文为"Full Dress"）和宴会礼服（或称"晚礼服"，英文为"Mess Dress"）两种。与正规披挂齐全的正式礼服相比，晚礼服采用了开襟、燕尾服式的设计，多佩戴迷你版勋章奖章，保留了较多的欧洲古典

传统风格。

在开领军服风靡全球的时代背景下，有的军队的礼服也采用了开领设计。例如苏联军队 1955 年式军服的礼服就抛弃了老式的立领军服，采用了大翻领西装的样式。这类西装领礼服一般没有常服胸前的衣兜，以便于在胸前佩戴各式勋章奖章。

常服，作为日常穿着最多的服饰，自第二次世界大战以来，一般采用立领的"Tunic"来进行设计。为了适应战场环境，各国作训服则大多采用宽松易于活动的夹克式服装。

进入 21 世纪后，世界各国作训服的发展趋势，基本上以适应战场、强化作战能力为目标，追求实用性、功能性、隐蔽性的高度统一。迷彩服的发展日新月异，尼龙搭扣"魔术贴"的出现实现了布质徽章的自由粘贴，在实用的前提下让军服变得更为丰富多彩。而礼服和常服的未来发展方向，却有一点扑朔迷离。

礼服和常服的定位是什么呢？毫无疑问，军人是需要礼服的，但是对于一支数量庞大的军队来说，礼服应该是什么样子的？常服又应该是什么样子的？军队的本职工作是训练，是摸爬滚打，西装笔挺的常服只适用于那些坐办公室的高级机关人员。对于普通一兵来说，穿着常服的机会都少之又少，就更不要说华丽的礼服了。为了节约成本，到底是常训合一还是礼常合一？

> 1925 年一位英国军官和法国军官的合影，英国军服开领，法国军服立领

> 英国女王伊丽莎白二世和身着海军元帅礼服的王夫菲利普亲王

> 身着晚礼服的美国海军陆战队上将

美国军队在这方面，各军种之间就存在着诸多分歧。同为陆地作战军种，美国海军陆战队一直坚持绿色开领常服和古典立领礼服并存的礼常分离服制，日常训练的基层部队平日穿迷彩服，正式的非礼仪场合和坐办公室的军人穿常服，重大的礼仪场合一律换上紧口立领礼服。

美国陆军在礼服和常服的问题上则左右摇摆。美国陆军礼服一直采用的是独立战争时期的蓝色军服和古老的竖式肩章。2008 年，美国陆军取消了穿着了多年的绿色常服，新款常服（Army Service Uniform，ASU）与礼服合一。ASU 实现礼常合一后，实际上就是一套衣服，佩戴略章为常服，佩戴全套勋章奖章为礼服。但是好景不长，2017 年底，美国陆军又提出恢复绿色常服的着装思路，似乎又要向礼常分离的方向"开倒车"了。

尽管美军在礼常合一和礼常分离之间来回折腾，但是其礼服保留复古特色这一点却一直没有变。近年来，部分军队的礼服也开始悄悄流行起"复古风"。这个"古"，并不是几百年悠久历史的"古"，而是一支军队历史上的光辉时刻。2017 年，俄罗斯军队换发新式礼服，这是自 1955 年苏军礼服取消立领改为大驳头西服领后，俄罗斯军队礼服第一次回归为立领军服。俄罗斯似乎要用礼服复古的风格，唤醒人民对二战时期胜利辉煌的永久记忆。

军队的发展在继续向前，军服也随着军队的发展在日新月异。是复古还是创新？是实用还是华丽？未来的军服，应该会在这几对矛盾点上取得新的统一。而军服的发展和进步，也会影响平民百姓的服装穿着，对人类文明做出积极有意的贡献。可以说，也是另一种意义上的"铸剑为犁"了。

告别盔甲走入平民 | 西式军服成为世界主流

> 美国陆军 2008 年开始穿着的 ASU 实现了礼常合一

冠冕辉煌树形象
种类多样的各式军帽

提到军装，就不能不提到与军装配套的各式军帽。世界上大部分军服都规定了必须配套戴军帽，头顶的军帽威武阳刚，展示了军人良好的形象。而军帽的诞生，则和人类的衣冠发展史密不可分。

有人认为，帽子最主要的功能是保护头部。在寒冷的冬季，一顶棉帽可以让脑袋不用忍受凛冽的寒风；在炎热的夏季，一顶凉帽可以遮挡毒辣的烈日。诚然，帽子具有十分重要的防护功能，但是人类戴帽，更重要的因素是凸显身份和地位。在中国古代，冠冕象征着地位、官位、权力，平民百姓只有头巾，官员和王公贵族才可以戴冠。冠也是服装的一部分。正所谓"冠冕堂皇"，原因在此。东方如此，西方也是这样。对于军人来说，威武的古代武官帽上装饰着翎羽等饰物，更是增添了一份英武之气。近代以来，随着军服的发展，配套的军帽不仅在外观上日益美观，为塑造军人形象发挥了重要作用，而且在防护功能性上也得到了进一步发展。

> 18世纪中叶的一顶意大利民用三角帽

> 明定陵出土的明神宗朱翊钧（万历皇帝）冠冕，象征着至高无上的皇权

火器带来的变革：从三角帽到两角帽

如果看过一些欧洲近代题材的军事影视剧，就会发现旧时欧洲军人头上戴着大大的带角的软帽，帽子上还会装饰着各类徽章和花纹，显得威武无比。这就是欧洲颇为流行的"三角帽"。欧洲古时流行有宽大帽檐的软帽，这种软帽也被军队作为军帽使用。不过随着火器的诞生，宽大的帽檐对操作前膛燧发枪造成了巨大的阻碍。为了操作枪械，西班牙士兵率先对帽子进行了改进。西班牙军队把宽大帽檐的三个面折叠起来，用纽扣扣好，从上往下看是一个三角形，故这种帽子被称为"三角帽"。

1667年，为争夺西属尼德兰（今比利时、卢森堡全部和法国德国北部部分地区）的控制权，法国和西班牙爆发了一场战争。由于法国国王路易十四的王后是西班牙国王腓力四世之长女，1665年腓力死后，路易十四便要求以西班牙国王女婿的名义继承西属尼德兰的所有权，故而此战被称为"遗产继承战争"。经过这次战争，西班牙军队的"三角帽"被法国军队采用，同时也被路易十四带入法国宫廷，进而成为民间的时尚，变得颇为流行。首先，这种帽子不会遮住绅士们脑袋两侧的卷发，更适应时尚和上流社会的独特地位；其次，折叠的帽檐便于夹在腋下，符合绅士进入室内脱帽的社会礼仪规范。到17世纪末，西欧男子无论军人还是普通百姓，都戴起了三角帽。

1942年，英国为海军女子服务队配备了一种具有三角帽风格的军帽。这种军帽像三角帽一样将宽帽檐卷了起来，凸显了女性的柔美特点。这就是如今世界各国女军人头上的卷檐帽。

三角帽风行一时，在今日的一些欧洲宫廷里依然能够看到它的身影。但是 18 世纪以来，随着火器的进一步发展，三角帽也变得不方便了。步枪的精度有了飞跃性的提高：在过去，前膛燧发枪击中敌人的概率很低，一定程度上是靠"蒙"，基本不用瞄准，对着敌方的士兵线列开火即可；而现代化的机械瞄准具出现后，士兵在射击时为了打得更准，需要认真瞄准，脸颊贴紧枪托，然后眯起一只眼睛，聚精会神进行瞄准。这样，三角帽就碍手碍脚了。所以，三角帽的另一个角消失了，出现了更不遮挡视线的两角帽。

两角帽的形象是和拿破仑联系在一起的。流传于世的拿破仑画像里，这位伟大的法国皇帝经常头戴两角帽出现在世人面前，两角帽也因而获得了"拿破仑帽"的绰号。但是实际上，两角帽的发源地是普鲁士。在腓特烈大王统治时期（1740—1789），普鲁士士兵为了更好地瞄准射击，用了多种方法来处理三角帽朝前的那一角。常见的方法是把三角帽的前角向上抬，露出额头，以便于不遮挡视线进行瞄准。或者从生产帽子时就将三角帽的前角尺寸缩

> 18 世纪头戴三角帽的俄军士兵

> 头戴卷檐帽的英国海军女子服务队成员

> 头戴两角帽的拿破仑

> 竖戴两角帽的威灵顿公爵在战场上

小——这样一来,前角尺寸缩小,逐渐就演变成了两角帽。尽管在腓特烈大王时期,普鲁士军队基本还是佩戴三角帽,但已经具备了两角帽的雏形。到了拿破仑战争时期,这种帽子进一步得到了推广,贯穿了整个19世纪。

拿破仑尤为喜欢两角帽,他的两角帽是横着戴的——这是延续了三角帽的戴法,给前额留下了宽广的视野。然而,法国的敌人——英国却改变了两角帽的戴法。1802年,英国的威灵顿公爵命令军官们把两角帽从横戴改为竖戴。拿破仑战争结束后,英国海军也将两角帽竖了过来。

此后,两角帽在大多数国家的海军中广为应用,不过,两角帽在海军中更多是作为礼服帽使用。老电影《甲午风云》中,著名反派表演艺术家方化扮演的日本海军将领伊东祐亨身穿大礼服、头戴两角帽站在"吉野"号的甲板上指挥作战,实际上是不存在的。

从平民走向全球:通行世界的大檐帽

在三角帽和两角帽流行的时代,军官们衣着华丽,高大的两角帽或三角帽戴在头顶,气宇轩昂。而在欧洲中部的普鲁士,一种新的帽子逐渐登上了历史舞台。这种帽子出身并不"高贵",不是贵族们喜爱的款式。1808年,普鲁士军队为士兵们配备了一种轻便的作战用军帽,这是一顶没有帽檐的圆形军帽。没有帽檐,是为了便于射击不遮挡视线,顶端向外均匀伸出一圈硬质帽顶，形成一个小小的平台，便于遮挡雨水。这种帽子本来是普通工人使用的劳动帽，因为其重量轻、便于携带、防护效果好，被普鲁士军队作为士兵军帽使用。很快，军官们也喜欢上了这种帽子。不过，由于军官们不需要像士兵那样经常持枪射击，于是军官的帽子前部安装了一个月牙形的帽檐，这就是现代大檐帽的雏形。

很快，与普鲁士关系密切的俄国也引进了这种帽子，俄国元帅库图佐夫在 1811 年为俄军士兵配备了普鲁士风格的大檐帽。19 世纪中期，各国都开始将大檐帽作为野战服军帽使用，而两角帽继续作为礼服帽。1846 年，美墨战争期间的美军开始佩戴大檐帽，以适应墨西哥炎热的气候。1857 年，英国海军模仿普鲁士士兵的帽子，采用无帽檐的大檐帽作为水兵帽。19 世纪末，英国陆军开始全面装备大檐帽。到了 20 世纪，大檐帽变成了世界各国军队最常见的军帽。除了军人外，警察和其他需要着制服的纪律部队也习惯佩戴大檐帽。

在汉字书写中，大檐帽的名称是不统一的。最早接触此类军帽的日本，用汉字将其写做"官帽"，很明显，是从用途角度来命名的，但未能很好地反映这种帽子的特征。汉语里，这种帽子有"大檐帽""大盘帽""大盖帽""大沿帽"等称呼。如此五花八门，到底此种帽子该如何命名？

追根溯源，在德语里，大檐帽被称作"Schirmmütze"，其中"Mütze"指的是没有帽檐的帽子，普鲁士最早给士兵配备的军帽，就被称作"Mütze"。

> 19 世纪头戴无檐圆帽的普鲁士士兵

> 头戴大檐帽的德国宰相俾斯麦

> 19 世纪中叶，头戴大檐帽的英国海军上校克罗兹（Francis Crozier，1796—1848），他曾参加过六次北极和南极探险

而"Schirm"一词，则有伞、遮蔽物的意思，在帽子上，"Schirm"指帽檐。"Schirmmütze"就是有帽檐的"Mütze"。从这个角度出发，可以命名为"有檐帽"。英语里，大檐帽被称为"Peaked cap"，"Peak"指的是这种帽子的短帽檐。可见，从词源上看，不论是德语还是英语，大檐帽得名于其帽檐。

有人也许会纳闷，既然名为大檐帽，为什么其帽檐并不大呢？在汉语里，大檐帽是以其圆盘形的大帽顶而得名的，因为圆形的帽顶很大，故而称其为"大盘帽"或"大盖帽"。由于这种圆盘形的帽顶呈现出外伸的状态，和房屋上伸出的屋檐很像，故而也有人取屋檐或边沿之意，称作"大檐帽"或"大沿帽"。尽管带有一个"檐"字，但这个"檐"指的不是帽檐，而是屋檐之意。

一般来说，现代的大檐帽上具备以下几个部分：帽檐、帽墙、帽瓦、帽顶、帽徽、风带（或饰带）和牙线。帽檐自不用说，帽墙指的是圆柱形围成一圈与头围相匹配的部分。帽墙两侧一般会缀钉有两枚纽扣，两枚纽扣向前安装有一根风带，风带可以调节松紧，挂在下巴上防止帽子被风吹走；而有些大檐帽在帽内安装有隐藏起来的松紧带，帽墙上的带子仅仅具有装饰性功能，被称为"饰带"。帽墙往上倾斜的部分被称作"帽瓦"。帽墙和帽瓦上一般会安装帽徽，有的安装在帽墙，有的安装在帽瓦，体积略大的帽徽会跨越安装在帽墙帽瓦之上，还有的大檐帽会在帽墙和帽瓦上分别安装两枚帽徽。再向上，帽子顶部的圆形平顶部分，被称作"帽顶"。在帽瓦和帽顶之间，会留有一道装饰线，被称作"牙线"，以不同的颜色作为装饰，或区分不同

> 苏联元帅礼服大檐帽结构示意图 　　　> 第一次世界大战期间的奥匈帝国山地滑雪帽

的军兵种。

现代各国军队大檐帽的设计，在翘度、帽顶大小、帽瓦角度上各有不同，形成了别具特色的风格。这其中最为显眼的，当属俄罗斯军队的大檐帽。自苏联解体以来，俄军大檐帽的帽顶变得越来越大，以至于形成了独特的"大锅盖"造型，笔者以为，可以完完全全称呼为"大盖帽"了。因为大檐帽占用空间大，不易携带，有的国家还设计了帽瓦以上部分可拆卸、可折叠的大檐帽，便于军人收纳整理。

适于作战易携带：简洁明快的轻便军帽

大檐帽最初是作为野战帽登上历史舞台的。但是，大檐帽具有容易被风吹走、容易挂住树梢等缺点，因此，在大檐帽被世界各国接受的同时，一些国家也设计了更为轻便的军帽，用于作战佩戴。

来自欧洲中部的山地滑雪帽

19 世纪，人类登山活动进入了一个新的时期，欧洲的登山探险家们开始向阿尔卑斯山的各大高峰发起冲锋。这一时期，一种登山家们经常佩戴的帽子出现了，称为"山地帽"或"滑雪帽"。这种帽子安装了两片厚实挡风的围布，平时不用时用纽扣固定在帽子上，需要挡风时解下来，绕过脖子围好，扣好纽扣，起到独特的防护作用。1868 年，奥匈帝国为陆军定制新的服装时规定，步兵、炮兵、骑兵使用山地滑雪帽作为野战帽。此后，这种军帽就进入了各国军队的视野范围。

第一次世界大战后，德国军队开始将灰绿色的山地滑雪帽作为陆军的战斗帽，

> 德国 1943 年式山地滑雪帽及其护耳放下时的状态

并对其进行了改良。与奥匈帝国的山地滑雪帽相比，德军的帽子前部较低，整体更趋近于圆柱形。1941年，由于山地滑雪帽具有护耳布的设计，德国将其作为非洲军团的野战帽，以抵御北非地区的风沙。1943年，经过进一步改良的1943年式山地滑雪帽作为全军共同装备列装德国军队，全面替代了长期使用的船形帽。

> 两名头戴1943年式山地滑雪帽的德国士兵

> 一名头戴软质战斗帽的德军军士长

第二次世界大战爆发前，很多受到德国影响或得到德国支援的国家也效仿德国，将山地滑雪帽作为自己的军帽。东方部分国家在接受了德国援助后，开始佩戴山地滑雪帽。在欧洲，芬兰也采用了山地滑雪帽作为本国军帽。

第二次世界大战结束后，联邦德国和民主德国都继续使用山地滑雪帽作为军帽，但都和二战时期的经典款式有所区别。联邦德国军队去掉了山地滑雪帽上的护布，软质的战斗帽上尽管还有护布片的轮廓，但只是一种装饰而已。民主德国将山地滑雪帽作为准军事部队——工人阶级战斗队的军帽，但将护布挪到了脑后折叠。

古老而生机勃勃的贝雷帽

世界上很多国家的精锐部队都有着佩戴贝雷帽的传统，比如美国的"绿色贝雷帽"特战部队和俄罗斯的空降兵。这种软质圆形的平帽子到底出自何处呢？

在欧洲的青铜时代，形状结构与现代贝雷帽相似的帽子就已经开始在平民中流行起来。北到北欧，南至克里特岛，软质帽一直深受普通百姓的欢迎。

而现代贝雷帽的起源则是西南欧的比利牛斯山脉，这里位于法国和西班牙的边界地区，当地牧羊人用羊毛织成圆形软帽，戴在头上可遮风雨，此外还可以擦汗，在户外放羊走累了，还可以放在屁股下面当坐垫，十分方便。

比利牛斯山脉西部是西班牙的巴斯克地区，贝雷帽诞生后首先传入该地区，以至于后来人们误以为是巴斯克人先发明的贝雷帽，并将其称呼为"巴斯克式贝雷帽"。这种误解在人类历史上太多了，正如阿拉伯数字不是阿拉伯人发明的一样。

尽管贝雷帽的历史悠久，但是贝雷帽作为军帽的历史并不长。贝雷帽首次被应用于军服是1889年，法国军队为山地猎兵配备了贝雷帽作为战斗帽。山地猎兵是法国精锐的山地步兵部队，到今天，山地猎兵依然佩戴着大大的贝雷帽。

第一次世界大战期间，英军发明了坦克并将其投入战场，开启了机械化战争时代的新篇章。在为坦克兵寻找一顶合适的防护帽时，英国陆军中将休奇·埃利斯（Hugh Elles，1880—1945）选中了法国山地猎兵的贝雷帽。这种帽子体积不大，可以和头部轮廓较好地吻合，同时没有帽檐，便于在坦克狭小的舱室门口进进出出。同时，还可以保护头部，不会受到油污的污染。到1924年，英国国王乔治五世正式批准英国王家坦克兵军团以贝雷帽为标准军帽。

提到贝雷帽，就不能不说第二次世界大战期间的英国陆军元帅蒙哥马利。蒙哥马利认为，一名出色的将领应当是随时随地和士兵们在一起出生入死的，而不是高高在上，颐指气使。为了同仇敌忾，与麾下的装甲部队士兵同舟共济，

> 头戴蓝色贝雷帽的俄罗斯空降兵

> 1930年，佩戴贝雷帽的法国山地猎兵

> 1942年，头戴英国装甲兵黑色贝雷帽并佩戴两枚帽徽的蒙哥马利在北非前线

> 来自美国陆军特战部队下属的7个大队的士兵，头戴着绿色贝雷帽，但帽徽各不相同

他不佩戴英军将领的大檐帽，而是戴上了装甲兵的黑色贝雷帽。此外，还缀上了将军的帽徽和装甲兵的帽徽，成就了一代经典的战场记忆。

贝雷帽在一些国家也被认为是精锐部队的象征。美国陆军自20世纪50年代起为特战部队配发绿色贝雷帽，此后，精锐的美国陆军特战部队就获得了"绿色贝雷帽"的美称。2002年起，美国陆军决定把贝雷帽作为全军的标准制式军帽，和大檐帽等其他军帽一起共同佩戴。谁想却引起了一些部队的不满。在过去，贝雷帽只是少部分部队的"专利"。不论是特战部队的绿色贝雷帽，还是游骑兵的黑色贝雷帽和空降兵的栗色贝雷帽，都被美军士兵视为"精锐"身份的象征。全军都佩戴贝雷帽，让精锐部队脸上无光。面对抗议，美国陆军决定，游骑兵改佩戴泥色贝雷帽，绿色、栗色贝雷帽依然是特战部队和空降兵的专利。黑色贝雷帽成为陆军统一的制式军帽。

歪戴引发争议的船形帽

船形帽，是如今世界各国军队极为常见的一种军帽。由于形状似小船，中文里将其称为"船形帽"。船形帽的起源有多种说法。有人认为船形帽起源于19世纪初的两角帽，两角帽的帽形变小、变软，逐渐成为士兵的便帽。也有人认为船形帽是在奥地利山地滑雪帽的基础上去掉帽檐进行简化演变来的。

第一次世界大战以来，船形帽最先被各国空军采用。早期的飞机没有座舱盖，为了避免帽子被气流吹走，需要一种可以使气流环绕头部平稳地流过

> 船形帽开始出现首先是在空军。1940年，英国空军上将休奇·道丁（Hugh Dowding，1882—1970）和乔治六世国王在一起，二人身穿空军军服，头戴船形帽

的帽子，这就是船形帽的最早用途。尽管后来出现了专门的飞行帽，但船形帽作为一种轻便军帽，仍在坦克兵、飞行员和潜艇官兵中沿用，因为这些兵种工作和战斗的空间窄小，船形帽能够更好地适应其工作环境。同时，船形帽逐渐被各国军队作为便帽或野战帽来使用。其优点是进入室内脱帽，如无衣帽钩时，可以将其折起来叠在腰带上，或者如贝雷帽一样，塞在肩章下面。

船形帽流行于全世界，大部分国家的士兵都佩戴，其好处是观测目标时不影响视线，戴钢盔时可以当内衬。船形帽的英文是"Side Cap"，意为"侧帽"。顾名思义，指的是这种帽子的佩戴方式是侧着戴。不过，这种歪着戴的帽子，在有些国家却因为与"正衣冠"的观念相悖，而难以流行起来。

鹤立鸡群形象独特：部分国家的"非主流"军帽

近现代各国军服式样大致趋同，军帽也相差不大。但是有些国家的军帽却与众不同，让人一眼望去就知道这是哪个国家，哪支军队。尽管"非主流"，但是鹤立鸡群，彰显了本国军队的独特风格。

奢侈而闷热的高耸熊皮帽

作为昔日的世界霸主，英国军服在世界上的影响十分巨大。在诸多经典的英军服饰中，有一种独特的军帽闻名于世，引人注目。这就是英国王家卫队头戴的熊皮帽。

英国王家卫队的标准编制名称是英国陆军禁卫师，是英国陆军的精锐。白金汉宫前守卫着穿红衣、头戴高耸熊皮帽的英军士兵，成为各国游客合影留念的必到之处。禁卫师实际上不仅仅是一支仪仗队，更是直接投入作战的精锐之师。历史上，禁卫师下属的各禁卫团都有着悠久的传统和辉煌的历史，而参加阅兵和执勤站岗的禁卫师士兵是英军的"颜值担当"，身高长相等都有严格的要求，个个都是高大挺拔、俊朗潇洒。

禁卫师士兵的红色军服和高耸熊皮帽虽然帅气，但几个小时一动不动，的确考验人的耐力。尤其是那厚厚的、重达1千克的熊皮帽，给士兵的脖颈带来了巨大的压力，也在炎热季节屡屡把禁卫师士兵弄晕。尤其是伊丽莎白二世的生日阅兵，更是一次炼狱般的经历。伊丽莎白二世女王生于1926年4月21日，由于英国4月阴雨不断，天气糟糕，为了便于举行庆祝活动，官方特意将女王的生日改到天气晴朗的6月份——这可苦了禁卫师的士兵，避开了阴雨，却避不开酷暑。1970年，伊丽莎白二世44岁生日时，就出现了这样

> 1970年英国女王生日阅兵式上晕倒的禁卫师士兵

一幕。那时女王还年轻，尚可骑在马上英姿飒爽地检阅部队。结果阅兵式上，一名威尔士禁卫团的士兵"掐着点"，在女王正走到他身后时，直挺挺地摔倒在地上……几乎每年都有禁卫师士兵因为熊皮帽酷热难耐而在阅兵式上晕倒。2016年，女王九十大寿这种逢十重大庆典上，依然有士兵难以抵挡酷暑，晕倒在地。

　　这种闷热难受的帽子源头在欧洲的掷弹兵身上。掷弹兵就是投掷类似手榴弹的圆形铁炸弹的士兵。17世纪中后期，掷弹兵开始出现在欧洲各国军队的作战序列中。为了投掷得远、投掷得准，就要求掷弹兵具有过人的臂力、强壮的身体。投掷炸弹时，要点燃火绳，眼睁睁看着导火索一点点燃烧，然后在导火索燃尽前迅速将炸弹投出。这不是一件简单的事情，时至今日，各国军队的手榴弹实弹投掷训练也一直是一个安全问题频发的科目。这就要求掷弹兵具备过硬的心理素质和意志品质。战时，他们负责领导进攻，甚至担负攻城战的主力，是军中精锐。为了彰显这些精锐士兵的军中地位，强化掷弹兵在阅兵场和战场上令人印象深刻的形象，各国都为掷弹兵配备了质地优良的军帽——大部分都装饰了毛皮材料，显得奢华无比。

> 2016年英国女王生日阅兵式上晕倒的禁卫师士兵

> 一名 17 世纪的掷弹兵

> 掷弹兵投弹前将用火绳点燃导火索

> 拿破仑的近卫掷弹兵

  1761 年，法国开始使用熊皮作为掷弹兵军帽的材质。19 世纪初，拿破仑为法军近卫掷弹兵团配备了 35 厘米高的熊皮帽，以彰显其辉煌形象。英国在击败拿破仑后，为了表示英军比法军更为善战，便让英军的掷弹兵部队换上了法军高耸的熊皮帽，且增加了高度，从原先的 35 厘米增加到 46 厘米。后来，英军掷弹兵部队成为最早的英国禁卫部队，在禁卫师中编制序列排在第一。这种高耸的熊皮帽作为赫赫武功的见证，也成为禁卫师的制式军帽被保留至今，并影响了诸多国家的禁卫部队、王室卫队的服饰。

  英国陆军禁卫师的标准熊皮帽有 18 英寸（45.72 厘米）高，1.5 磅（0.68 千克）重。士兵帽由加拿大黑熊的皮毛制成，而军官帽则用加拿大棕熊的皮毛染成黑色制成——因为母棕熊的皮毛更厚实、更饱满。英国在对加拿大进行殖民统治期间，不知道有多少加拿大黑熊和棕熊因此而丧生。早在 1888 年，《纽约时报》就曾经刊发过一篇报道，称因为熊皮帽耗费熊皮甚巨，野生熊的数量锐减，导致熊皮帽的成本急剧飙升。1888 年，一顶熊皮帽为 5 至 7 英镑，折合成 2007 年的币值，是 600 英镑。2011 年以前，英国每年要花 300 万英镑购买大约 50 顶熊皮帽，这相当于每顶造价 52 万人民币。动物保护组织为此进行了持续的抗议，也有议员认为熊皮帽毫无军事实用意义，应当取消。2011 年起，英国当局宣布，不再用熊皮制造熊皮帽，改用人造皮草。

随波兰骑兵名震四方的四方帽

东欧的波兰在如今的国际政治舞台上是一个看上去不怎么起眼的角色，但是在历史上，波兰曾经称霸中东欧。令波兰称霸一时的，就是精锐的波兰骑兵。

16世纪初，波兰人就建立了一支令人闻风丧胆的骑兵部队。他们在骑兵的背上插上了高大的羽翼装饰，给敌人带来强烈的视觉心理冲击。1569年，波兰王国和立陶宛大公国结为共主联邦，即波兰－立陶宛王国，为当时欧洲面积较大、人口较多的国家之一。17世纪，欧洲各大国历经宗教战争后实力衰退，波兰－立陶宛一时间能够单枪匹马地与各大国进行周旋。在与瑞典、俄国、奥斯曼土耳其帝国的战争中，波兰－立陶宛军队未曾吃过大亏。在17世纪初和俄国的战争中，波兰军队一度占领莫斯科两年之久。17世纪下半叶，轻装不披甲、手持长矛的枪骑兵出现在波兰骑兵的作战序列中。1683年的维也纳之战中，波兰的精锐骑兵部队一举击溃了庞大的奥斯曼土耳其大军，解了维也纳之围。

18世纪末，波兰衰落，先后被俄国、普鲁士和奥地利三次瓜分而亡国。波兰亡国期间，法国皇帝拿破仑曾仰慕波兰骑兵的英勇，招募了一支由波兰志愿者

> 威风凛凛的波兰翼骑兵

> 18世纪末头戴四方帽的波兰枪骑兵

> 佩戴四方帽战斗便帽的波兰人民军陆军狙击手

> 一顶波兰陆军上校的四方帽

组成的波兰枪骑兵军团，并屡建功勋。在波兰骑兵的辉煌年代，这些风一样的骑兵都戴着一种高高耸起带有四个尖角的军帽。这种帽子最早只是一种四方头巾，随着波兰军队名声大振，该军帽也被一些国家采用并改良。普鲁士、奥地利等国效仿波兰建立的枪骑兵部队，也戴上了四方帽。

独立后的波兰陆军将古时波兰骑兵的装束引入到了现代军队制服之中，作为波兰民族独立的象征之一。波兰陆军吸收了德式大檐帽、法式克皮帽的基本结构，将波兰骑兵四角冠的特征融入其上，形成了这种独特的四尖形军帽，这就是波兰风格的四方帽。翼骑兵的羽翼也成为波兰装甲部队的象征。当然，波兰海军和空军不佩戴四方帽。

1939年第二次世界大战爆发后，面对来势汹汹的德国侵略者，驻守波拉美尼亚的波兰波拉美尼亚集团军迅速向东南撤退。在撤退途中，负责掩护大部队撤退的波拉美尼亚枪骑兵第18团在克罗加提村（Krojanty）附近发现了小股德军步兵，约一个营。该团团长派出手下的两个营发起了一次突袭。在波兰骑兵面前，德军步兵仓皇逃窜，波军成功阻碍了德军步兵的追击。但是，在波兰骑兵小胜之时，一队德军装甲侦察车突然从一旁的森林中闯出，并用机枪对毫无遮拦的波兰骑兵进行扫射。波拉美尼亚枪骑兵第18团团长当场阵亡，波军损失三分之一后撤离战场。

当天波军撤走后，意大利记者印德罗·蒙特烈里（Indro Montanelli,

> 2017 年，接受检阅的波兰陆军

1909—2001）在战场上看见了战马和骑兵的尸体，便撰写了一篇"波兰骑兵英勇无比，以长矛和马刀向德军坦克冲锋"的报道。这篇报道虚构出了波兰骑兵英勇抗击侵略者的悲剧虚构形象，并逐渐流传开来。

实际上，尽管波兰军队装备落后，但还不至于傻到用骑兵的血肉之躯去刀劈钢铁的坦克。波兰骑兵实际上装备有反坦克枪，足以击穿轻型的德军一号、二号坦克。波兰骑兵的主要任务，是侦察、迂回、冲击步兵，以及利用战马实施高速机动。而和德国坦克进行战斗的，有波兰骑兵的继承者——波兰装甲兵。戴着四方帽冲击德军坦克这一并不存在的历史形象，却进一步加深了波兰骑兵神话色彩。

德国占领波兰期间，不管是流亡西欧的波兰军队，还是坚持本土斗争的人民近卫军，都佩戴着四方帽。战后，波兰人民军陆军在使用大檐帽作为礼常服帽的同时，将四方帽作为战斗便帽使用。1989 年后，波兰陆军恢复了四方帽的礼常服军帽地位。直到今天，看到这顶帽子，人们就会想起历史上辉煌无比的波兰骑兵。

骑兵元帅头上的布琼尼帽

"人最宝贵的是生命，生命对于每个人只有一次，人的一生应该这样度过……"小说《钢铁是怎样炼成的》中手持马刀奋勇冲锋的保尔·柯察金是无数人心目中的革命英雄。在各类《钢铁是怎样炼成的》影视作品和文学插图中，保尔的头上戴着一顶尖尖的帽子。这种帽子就是十月革命后苏俄红军战士的标准军帽——"布琼尼帽"。

布琼尼是谁？谢苗·米哈伊洛维奇·布琼尼（Семён Миха́йлович Будённый，1883—1973）是苏联元帅，在十月革命后的国内革命战争中，他率领着威名赫赫的骑兵第一军纵横在俄罗斯大地上，击败了邓尼金的军队。布琼尼麾下的红色骑兵大多佩戴着这种军帽，因而得名为"布琼尼帽"。

然而，这种帽子并非布琼尼发明的。第一次世界大战期间，沙皇尼古拉二世希望为俄军士兵装备一种威武的军帽，以显示俄国的国威军威。俄国画家维克多·米哈伊洛维奇·瓦斯涅佐夫（Виктор Михайлович Васнецов，1848—1926）从古代罗斯勇士的尖盔帽上获得了设计灵感，设计了这款有着古代罗斯勇士尖帽、同时还带有护耳便于冬季保暖的军帽。俄语里罗斯勇士名为"博加特耶尔"（богатырь），这种帽子便被称作"博加特尔卡"（богатырка），可以意译为"勇士帽"。

"勇士帽"生产出来后，沙皇尼古拉二世就希望俄军士兵能够戴着这种帽子攻克柏林，自己也能够在柏林检阅戴着这种帽子的俄国军队。可是，未等他的美梦成真，沙皇就被革命推翻了。这种帽子就全积压在了仓库里。国内革命战争期间，仓促组建的红军缺乏统一的服装，往往是能找到什么就穿什么。布琼尼麾下的骑一军从沙皇的被装仓库中找到了大批"勇士帽"，于是就在上面缝了一枚大大的红色五角星作为标记，戴上使用。此后，这种帽子便随着布琼尼的辉煌胜利而流行起来，并成为了俄国革命的象征之一，也赢得了"布琼尼帽"的称号，其本来的名称"勇士帽"反而不为人知。

然而，沙皇设计的这种复古风军帽因为自身的诸多缺点，未能成为苏联的正规制式军帽。布琼尼帽用昂贵的羊毛制造，在物质匮乏的年代极为不经济；其次，布琼尼帽的保暖效果一般，尖角没有裹紧头部，护耳宽大而且漏风；最重要的是，布琼尼帽的尖角导致其不能与钢盔配套使用。1935年，苏联红军开始正式使用船形帽作为夏季作战帽。而苏军的冬季作战帽，则选用了民间流行的护耳棉帽作为冬帽。

03

武士铠甲的当代遗迹
军服上的各式部件

中国科幻作家刘慈欣在其长篇小说《球状闪电》中设计有这样一段对白："您的少校肩章真漂亮,那是古代盔甲的残留物,就像人性,已经被技术剥蚀得就剩那么一点点了,我们应该珍惜它。"肩章是古代盔甲的残留物,但是在当代军服上,古代盔甲的残留物并不只有肩章一个。那些在我们看来已经十分正常,没什么特别的军服配饰部件,都不是随随便便出现在服装之上的,其实都有着悠久的历史传承。

> 18 世纪末佩戴肩章的俄国军人

> 瑞典国王埃里克十四世（Eric XIV，1533—1577）的盔甲，可以清晰地见到护肩。此套盔甲藏于瑞典王宫的王家军械库博物馆

> 佩戴吊穗肩章的普鲁士军事家卡尔·冯·克劳塞维茨

"小肩膀"演变而来的五彩肩章

肩章的起源与变迁

正如刘慈欣在《球状闪电》里所说的那样，肩章是古代盔甲的残留物。不论是东方还是西方，古代盔甲都会在两肩加装两块硬质护肩，这是为了遮住身体铠甲和大臂铠甲之间的缝隙，使其免遭冷兵器的砍杀。盔甲护肩演变成肩章是在中世纪的欧洲，为了在短兵相接的混战中更加方便地辨认敌我身份，骑士们除了在盾牌画上己方纹章外，也会把简化版的纹章画在护肩上，这便是肩章识别功能的最早体现。

近代以布料或其他软质材料制作的肩章起源于法国和俄国。1763年，法国军队开始给军人配备肩章，以识别军官和士兵。法语里，使用"Epaulette"一词来称呼肩章，这个词的本意是"小肩膀"，指的是骑士锁子甲垫在肩膀部位的防具。法国人的肩章是具有识别功能的装饰，到了拿破仑时期，缀有吊穗的华丽大肩章让这种装饰闻名于世。

与法国肩章的华丽装饰不同，俄国早在彼得一世时期就开始使用肩章，

不过其目的是便于士兵携带子弹袋。俄军给每名士兵配发了一块单边肩章，来袢住士兵子弹带的背绳，同时也在其上标注所属者的部队。19世纪中叶起，俄国开始为军官配备金线编织的平板肩章，显示佩戴者的军衔，作为军官的个人荣誉。

受法国和俄国的影响，普鲁士、法国、奥匈帝国、英国和美国也纷纷开始在军服上加装肩章，肩章便在世界各国军队中逐渐流行起来，成为军服上最主要的识别功能部件。

肩章的式样与类别

肩章流行至今，发展出了丰富多彩的式样。总结起来，主要有以下几种类别。

1. 平板式肩章

当代各国军队肩章中最主要的一种款式就是平板式肩章了，这种起源于俄国的肩章就是一块方方正正的平板，大多用金属线或普通线刺绣而成。平板式肩章起源于俄国，主要在苏联、东欧等国流行。除此之外，平板式肩章最主要的应用就是各国海军的白色军服了。平板式肩章的佩戴方式主要有三种。第一种是扣卡式，即军服肩部没有肩带，肩章通过顶端的纽扣和尾端的固定装置佩戴在军服上。第二种是肩带式，即军装上缝有肩带，肩章末端套在肩带上，顶端再用纽扣固定。第三种是缝制式，即将肩章直接缝死在衣服肩部，苏联的斜角式礼服和大衣肩章采用此种方法。

> 佩戴平板式肩章的美国、新西兰海军军官

2. 麻花辫肩章

普鲁士军队在给军人配备肩章时，为了彰显高级军官的身份，发明了麻花辫肩章。麻花辫肩章采用不同颜色的金线编织而成，一般来说是四根粗绳按照四方形图案交织编就，底部再衬以呢子底板，钉缀不同的星徽图案而成。自 1871 年德国统一以后，这种肩章就一直是德国军队的标配。受德国影响，很多国家依然保留着这种麻花辫肩章，用作礼服或晚礼服佩戴，例如美国、英国、日本、韩国以及南美洲的智利、巴西、哥伦比亚、玻利维亚等国。然而麻花辫肩章在其诞生地德国却逐渐消失。二战后，联邦德国军队取消了麻花辫肩章，民主德国军队一直佩戴麻花辫肩章，直到 1990 年两德统一。

3. 肩带式肩章

相比平板式肩章佩戴之后硬邦邦不方便活动肩部，肩带式肩章则更适于活动。肩带式肩章就是固定在肩膀上的一根带子，末端与衣袖接缝，首端用纽扣固定。在这条软质的布带子上，钉缀上表示军衔级别、部队代号等信息的徽章，起到识别作用。此外，肩带上还可以套上软质套筒式肩章。在有些国家，肩带式肩章上不装饰任何标志符号，只是一个空样子，识别标志佩戴在军服的其他部位。

最早开始使用肩带式肩章的是英国陆军，并一直延续至

> 佩戴麻花辫肩章的民主德国国家人民军将领

> 1918 年，佩戴肩带式肩章的英国、美国陆军军官

威武外挂：古今军队的服饰标识

> 2007年法国国庆日阅兵式上佩戴吊穗肩章的仪仗骑兵

今，随后美国陆军在第一次世界大战前也开始佩戴钉缀星徽的肩带式肩章。随着二战的胜利，美式钉缀星徽的肩带式肩章影响了较多国家，亚洲的日本、韩国也在战后开始佩戴肩带式肩章。如今，依然在作训服上保留肩带的俄国军队也开始佩戴美式的套式肩章。

4. 竖式肩章

由于横向固定的肩章在扛物品和负重上较为不便，不利于士兵佩戴，法国在19世纪为军官配备了华丽的吊穗式肩章后，发明了竖式肩章供士兵使用。此后，这种竖式肩章也被军官常服和作战服采纳。竖式肩章一般固定在肩部末端，与肩线垂直。19世纪的美军学习了法国军服的设计风格，为陆军官兵配备了竖式肩章以表示军衔，此后美国陆军礼服一直佩戴着竖式肩章。2008年美国陆军启用ASU实现礼常合一后，陆军常服的肩带式肩章被竖式肩章所代替。历史上，日本也曾经佩戴过竖式肩章。现如今，除了法国和美国外，竖式肩章主要在南美部分国家使用。

5. 吊穗式肩章

在肩章的大家庭中，大部分肩章都颇为朴素，除了钉缀的各种徽章外，一般没有其他装饰。但是吊穗式肩章却是最为独特的一个。这种最早出现在法国、专为高级军官设计的肩章前端与普通平板式肩章大致相同，末端是膨大的圆形面板，附带一个金色的环状套箍，套箍下系着紧密排列的吊穗。自诞生起，这种吊穗式肩章就被应用于各种礼服之上。1945年6月，苏联为表彰斯大林统帅苏联红军赢得卫国战争胜利，专门设立了大元帅军衔授予斯大林。在为斯大林定制的大元帅礼服中，有一款就采用了吊穗式肩章。如今，只有部分国家的仪仗兵依然佩戴。这种肩章也常见于君主制国家的王室成员制服之上。

护颈甲衰落带来了领章的崛起

领章是从古代盔甲的护颈演变而来的，这一演变过程较为漫长，以至于今日我们看见的各国军队领章几乎与古时的铠甲毫无相似之处。在中世纪的欧洲，护颈是金属盔甲上不可或缺的部分，主要用于保护下颌、颈部和肩部。随着盔甲的发展，整块的护颈因为笨重、不便于穿脱而逐渐变低。同时，由于盔甲结构的改良，使得肩膀、前胸和后肩的防护甲面积增大。护颈逐渐失去了保护脖子的实际意义，装饰意义开始日渐凸显。随着火器的发展，盔甲逐渐退出历史舞台，但是依然有贵族喜欢把护颈穿在身上，似乎是在告诉别人：我是个买得起盔甲的贵族！

1688 年，瑞典人首先将护颈定为军官的标志服饰，开创了一时风尚。作为饰品的护颈大多较小，通过绳链挂在脖子上，不同级别的军官佩戴不同颜色的护颈。自 1830 年起，护颈逐渐从各国军队的服饰中消失，但是这种在领部佩戴表明身份饰品的方式却以另一种形式继承了下来，这就是领章。由于

> 盔甲上的护颈

> 2012 年，一名佩戴罗马柱领章的德国陆军上校和佩戴矢车菊领章的德国陆军上将在一起。

> 日本陆上自卫队军械兵领徽

> 中世纪的欧洲骑士，盾牌和服装上绘制着纹章

是替代护颈而出现的饰品，在英语里，领章被称作"Gorget Patch"，其中"Gorget"是护颈的意思。

19世纪末到20世纪初，各国军队普遍为配有衣领的军服缀上了领章。英国在19世纪末开始佩戴领章。英式领章是一块呢子布，上钉缀一枚纽扣，正中间有一条窄杠，领章上端为宝剑头三角形，下端平齐。英国之所以采用这种形式的领章，主要是为了加固制服衣领，这种领章后来被广大英联邦国家所继承。德国自第一次世界大战之后开始佩戴平行四边形的领章，领章上的图案颇有深意：将官和元帅是德国的国花矢车菊，校官和尉官是古罗马建筑中的罗马柱，既指代德国继承了罗马帝国的正统，又意指校尉官是军队的柱石。

20世纪的各国军队中，领章风行一时。但是超级大国美国的各个军种却一直没有佩戴领章，而是佩戴领徽。领徽比起领章来说，拆卸方便，钉缀简单，风格简洁。随着纺织技术的进步，也不需要在领子上加缝一块垫布来加强衣领了，原本钉缀于领章上的领徽就可以直接钉缀在衣服上了。第二次世界大战后，受美国影响的诸多国家效仿美国，佩戴领徽。为激发军人的敬业精神和职业荣誉感，日本自卫队设计了带有各兵种专业特色的兵种领徽，分步兵、装甲兵、炮兵、航空兵、工程兵、通信兵、军械兵、军需兵、运输兵、化学兵、司法兵、财会兵、卫生兵和文艺兵14种，佩戴范围上至上校，下至中士。各兵种的领花设计采用了象征手法，使各种领花图案带有明显的专业特征和寓意。

象征荣誉的勋章奖章

军人在胸前佩戴的各种徽章——包括勋章、奖章、纪念章、证章——是军服不可或缺的一部分。之所以在军服上佩戴勋章奖章,其源头要上溯到中世纪。

最初,勋章和奖章的作用与当今世人所知的奖励表彰作用不同,而是身份和地位的象征。欧洲中世纪时,各国贵族陆续开始驯养骑士作为家族势力,而各贵族间为了辨明身份彼此区分,便为自己的骑士团设计了专用的纹章来表明身份,这就是勋章的原型。如今,欧洲老牌国家的许多勋章获得者依然以骑士团的身份组织起来,就是出自于此。骑士在外出作战时,会在盔甲正面或盾牌上画上自家纹章的图样,以此来展示己方军威,同时区分敌我。尽管后来盔甲逐渐被军服取代,但是勋章和骑士团组织却并未消失,同时在身上佩戴特有标识的做法也沿袭了下来。那些获得了贵族、骑士身份的军人会把相应的徽章佩戴在身上,表明自己的身份,这就是勋章奖章的由来。

世界上最古老的用以嘉奖表彰的勋章,一般被认为是 1348 年英国国王爱德华三世设立的嘉德勋章。然而,诸多欧洲古老君主制国家类似嘉德勋章的各式勋章在授予时虽名为表彰贡献,实为皇亲国戚达官显贵的专利。勋章进入普通人的视野,要从法国大革命说起。法国大革命颠覆了波旁王朝,波旁王朝的封建勋章也一并废除。新生的法兰西第一共和国需要设立一种形式更民主的奖励制度。1802 年 5 月 4 日,时任第一执政的拿破仑·波拿巴决定建立一个类似骑士团的组织——法兰西荣誉军团,并授予其成员荣誉军团勋章。拿破仑认为,不论种族和民族,不论男女,不论是否军人,不论宗教信仰,不论个人地位,只要忠于自由和平等的信条,并为法国建立了卓越功勋的人,都可以成为荣誉军团成员,获得荣誉

> 佩戴着嘉德勋章的英国海军元帅

军团勋章。自此，勋章不再是贵族的专利，真正具备了奖励表彰的效力。

设立勋章，是国家行为，是一国最高的奖励等级，具有卓越贡献的人才能获得。而为了给广大军人提供更多的激励，各国军队也纷纷设立了低于勋章的奖章或纪念章，对军人进行表彰。1632年，瑞典国王古斯塔夫二世为奖励参加纽伦堡会战的军官，设立了纽伦堡会战纪念章，这是世界上首枚战役纪念奖章。

勋章奖章在军服上的佩戴也颇有讲究，一般来说分为以下几种：

1. 大绶，自肩部到对侧胁部佩戴一条宽质绶带，同时在衣襟上佩戴星章。一般来说，这是传统勋章的最高等级，有的勋章还会在大绶的基础上分为更多等级，例如在大绶的同时加佩戴项链，以代表更高的级别。欧洲各国的最高级勋章绝大多数都有大绶。

2. 颈绶，在颈部悬挂佩戴，分为绶带佩戴和项链佩戴。在传统勋章体系里，这是次于大绶的一个等级。典型的代表有美国的荣誉勋章、德国的铁十字勋章等。颈绶的优点在于便于颁奖者为获奖者佩戴勋章，直接挂在脖子上即可。

3. 襟绶，是如今世界各国勋章奖章中最常见的一种佩戴方式，即直接将勋章奖章佩戴在衣襟上。襟绶的勋章奖章一般区分为有上挂绶带和无上挂绶带两种。在同一个国家、同一支军队，襟绶勋章奖章的上挂会采用统一规格设计，大部分国家的襟绶勋章奖章绶带都是长方形，苏联和俄罗斯时期等国的襟绶勋章奖章绶带采用长五边形。不管是哪一类，这样在佩戴时可以整齐紧密地排成若干排，还可以通过特制的固定装置组成"联排章"，便于在胸前佩戴。

当代勋章奖章的佩戴方式呈现出多功能化的形式。一枚勋章奖章，可以

> 不同等级的法国荣誉军团勋章佩戴方式

有多种佩戴方式。一般是常见的襟绶章在上挂后部设有螺丝，可将颈绶挂带安装于其上，便于颁奖仪式上供颁奖人授奖。

一名服役时间长达几十年的军人，会在漫长的服役过程中获得各种各样的勋章奖章，而数量繁多的勋章奖章全部佩戴在军服上，既不便于日常工作，也显得过于招摇。为了便于日常佩戴，大部分勋章奖章设有略章。礼仪场合时佩戴勋章奖章的主体章，平时佩戴略章。略章为统一形式的长方形板条，其式样通常与所代表的勋章、奖章的绶带一致，通过条纹、色彩（有时候还包括一些饰件）区别不同的奖励。由于略章排列起来如一张表格一样，也被称作"勋表"。当代各国军队的略章，不仅代表了勋章、奖章和纪念章，还加入了级别略章、年度略章、服役略章等不同内涵，可以说看一下军人的勋表，就能知道他服役的简要经历。

丰富多样的袖上识别标志

自从盔甲消失后，欧洲骑士们赖以图画纹章的金属载体不复存在。为了继续在身体上体现各式特殊标记，军服上一切空白且便于他人观看的部位都会被用来佩戴识别标志。除了身体正面外，最容易佩戴标识的部分就是两条胳膊了。当代军服上也出现了各式各样的袖上识别标志。

军服上最早出现的袖上装饰品，是袖口的纽扣。有人说，军装袖口的纽扣起源于拿破仑，据说拿破仑为了防止士兵们用袖口擦鼻涕，因此在袖口钉缀了纽扣。这种说法显然有些牵强，钉缀了纽扣显然阻挡不住弄脏军服擦鼻涕的行为，更何况袖口缀纽扣这种衣着潮流早在 14 世纪就已出现了。其实，欧洲衣服的袖子在中世纪初期只是一种

> 二战胜利后，朱可夫、艾森豪威尔、蒙哥马利、塔西尼等盟军将领在一起，均佩戴了略章

> 佩戴"直布罗陀"袖标的德国军人

> 在板门店执勤的韩国宪兵,佩戴着与肩带连在一起的宪兵套袖

装饰物。上衣与袖子分开制作,节日庆典时才将袖子缝到衣服上。为了便于拆卸,出现了将袖子和衣服扣在一起的纽扣。后来袖子和衣服连为一体,人们想出了各种方法来装饰袖子,此后才有了袖口的装饰性纽扣。

最古老的、最通行的军服袖上识别标志是海军的各式袖章和袖标。19世纪,由于舰上人员站位有高有低,肩章这种识别方式不利于目视观察,各国海军开始佩戴水兵岗位技能臂章、军官军衔袖章等袖上识别标志。除此之外,世界各国中率先在军服上缝制识别标志的是德国。

1901年1月24日,德国皇帝威廉二世设立了"直布罗陀"袖标,发给汉诺威步兵第三团的官兵,命其佩戴在衣袖下端,并一直沿用到第一次世界大战结束。"直布罗陀"袖标很窄,宽约30毫米至40毫米,环绕右臂衣袖一圈缝制,袖标为蓝底,上刺绣"GIBRALTAR"(直布罗陀)字样。之所以在这个日子授予汉诺威步兵第三团这样一件饰品,是为了向英国示好。

英国王室和德国有着密不可分的血缘关系,1714年,汉诺威选帝侯继承英国王位成为英王乔治一世,英国此后便和德意志的邦国汉诺威形成了共主联邦。美国独立战争期间,西班牙支持美国,曾经向英国宣战并围攻直布罗陀,

当时汉诺威步兵第三团的前身驻扎在直布罗陀，在长达 3 年 7 个月的围困中，汉诺威步兵们表现出了无畏的勇气，最终迎来了解围。在 1866 年的普奥战争中，汉诺威因支持奥地利而遭到普鲁士吞并，汉诺威军队被并入普鲁士军队。1901 年 1 月 24 日，英国维多利亚女王病逝，德皇威廉二世作为维多利亚女王的亲外孙前往英国送葬。为了表达对外祖母的感情，并向新国王——威廉的舅舅爱德华七世示好，他设立了这条袖标。

这种袖标的形式被此后的历代德军继承并发扬光大。例如，第二次世界大战期间德国陆军的"非洲军团"袖标、大德意志师的"大德意志"袖标等。二战后的民主德国、联邦德国都继续为荣誉部队佩戴袖标，例如民主德国以革命导师命名的"弗里德里希·恩格斯警卫团"就佩戴着绣有恩格斯姓氏的袖标。

> 2017 年，北约和部分伙伴国家在波兰进行联合训练，各国军官佩戴着本国国旗臂章，图中可通过臂章辨别出的有德国军官、荷兰军官、波黑军官和芬兰军官

第一次世界大战前后，军服上逐渐出现了佩戴在大臂正中以表示所属部队或国籍的臂章。经过漫长的发展，世界各国军队的袖上识别标志呈现出复杂多样的局面，一件军装的袖子上甚至同时会佩戴着三四种不同的识别标志。有佩戴在大臂正中的臂章，有套过大臂并连在肩带上的套袖，有绕过衣袖下端呈圈状缝制的袖章和袖标，有在小臂上整齐排列的各式袖带……当代军队的袖上识别标志，主要有以下几种功能。

1. 国籍识别。即通过佩戴国旗臂章来表明军人国籍，增强军人的爱国主义自豪感。有的国家会为每一名军人配备国旗臂章，有的国家只会为在外作战或参加国际军事合作行动的军人配备。

2. 单位识别。即通过佩戴臂章来表明军人所属部队名称，这也是臂章中最普遍的用处。各国的单位识别臂章一般规格统一，为盾形、圆形、方形或三角形，根据各国军队的规定，按照不同的单位进行佩戴。臂章显示的单位级别也不同，有的国家在军种或大单位一级才可以拥有不同的臂章，有的国家则将佩戴单位识别臂章的权限下放到了师、团一级。还有的国家双臂佩戴不同的臂章，或表示曾经服役过的单位和现在服役的单位，或表示本人同时隶属的两级单位。

> 一件美国陆军士兵军服左右袖口的军龄袖章和海外服役派遣章

3. 级别识别。即通过佩戴军衔臂章、袖章来体现军人级别。一般来说，很多国家遵循了 18 世纪"军官有肩章，士兵无肩章"的传统，只有军官才能佩戴军衔肩章，士兵只能佩戴军衔臂章。例如美国四大军种的士兵，就算军服上拥有肩带，也只能将军衔体现在大臂上。为了便于作战，便于肩部活动和承载重物，有的国家在作战服上采用军衔臂章。更为常见的袖上军衔标志，就是海军的军衔袖章了。

4. 技能/资质识别。美国陆军会在左臂的单位识别臂章上方佩戴一个或多个弧形的臂章，即陆军资质臂章，表示佩戴者所具备的作战技能。根据不同的技能，美陆军作战资质臂章分为特种作战、空降作战、游骑兵、狙击手和工兵等。

5. 战绩识别。第二次世界大战中，德国曾经设立过独特的战绩识别臂章，这就是"击毁坦克证章"。这种证章是 1942 年设立的，授予使用手榴弹、反坦克火箭筒和工兵炸药等单兵武器独立击毁坦克部队作战人员。证章为长方形，缀有一枚银色的坦克图标。佩戴在右臂。多次单独击毁坦克，则可以佩戴多枚。1943 年，随着单兵击毁坦克数量的增加，又设立了金色的击毁坦克证章，一枚代表独立击毁敌坦克 5 辆。如果一名德军士兵的右臂上佩戴了长长一排长方形的坦克标记，那就证明他击毁了大量坦克。

6. 军龄识别。有的国家会在军人的袖子上通过增加条状袖章的方式来体现军人的军龄。美国陆军士兵在左臂衣袖上缝有一条条的斜杠，服役满 3 年即可增加一条。美国海军和海军陆战队也设有军龄袖章，但是计算方式不同，是 4 年一条。此外，美国陆军在右臂下端佩戴有海外服役派遣章，形状为短小的横杠，不分军官士兵，在海外派驻满 6 个月就可以获得一条。

7. 卫生勤务识别。一般在有的国家军服的作战服上佩戴，用以体现本人的血型。除了要标注 ABO 血型外，还会标注 RH 阴性或阳性，便于紧急输血时判断本人血型，也可以迅速寻找合适的献血者，挽救伤者生命。

8. 士气章。2000 年以来，美军率先装备了维可牢尼龙搭扣，用于在作战服上粘贴各类识别标志，这就是俗称的"魔术贴"。军服两臂上留有的大块魔术贴，为粘贴各式识别标志提供了平台。一些部队除了佩戴军方规定的标志符号外，还开始自行设计一些具有纪念意义的小徽章佩戴在胳膊上。这就

威武外挂：古今军队的服饰标识

> 一名在阿富汗巡逻的德军士兵，佩戴着国籍臂章、血型章（RH阴性A型）和一个笑脸表情的士气章

形成了赏心悦目的一道风景，并从军队蔓延到民间，一些户外运动爱好者、社团俱乐部也效仿军队，设计此类徽章进行佩戴。人们将这种通过魔术贴进行佩戴、内容丰富多彩自由多样的徽章称呼为"Morale Patch"，国内一般译为"士气章"。如今，个性而又凝聚士气的各类士气章已经成为军事文化中一道赏心悦目的靓丽风景。

源于马缰绳的各式饰绪（绶带）

现代军队的礼服上，常常会看到一条用金线、银线编织而成的饰带，通常一端扣在肩上，另一端扣在衣领下或衣扣上，然后垂在胸前。这根带子被称作"饰绪"或"绶带"。饰绪（绶带）这种装饰物也是起源于法国军队，在法语中被称为"Aiguillette"，表明了佩戴此带者具有副官的身份。副官并非副职，也并非是单纯的参谋，其含义是"在军队中协助指挥官进行事务处理、命令执行的军官"，有点秘书的意思。在骑马打仗的年代，副官需要经常为指挥官牵马坠蹬，所以法军的副官们就把马缰绳随手系在了肩膀上，进而发展成饰绪（绶带）。法国国王路易十四规定，骑兵在右肩佩戴饰绪（绶带），也是因为这一饰品出自马缰绳。

> 19世纪佩戴着饰绪（绶带）的法军将领

随着现代军事制度的发展，副官的职责也在不断发展。到了19世纪，副官不仅仅要扮演指挥官助手的角色，更要参与到作战的出谋划策中来——具有了现代参谋的雏形。参谋们经常需要进行图上作业或撰写命令，而笔如果揣进衣兜又容易丢失，找不到会耽误军事事务的处理，于是参谋们就用绳子把铅笔系起来，挂在扣眼里，这就是现代饰绪（绶带）挂坠的由来。参谋作图一般用红蓝两种铅笔，所以饰绪（绶带）下面的坠子一般是两个。大多数人都习惯用右手写字，所以各国的绶带（绶带）大部分佩戴在右肩。

在近现代军队中，饰绪（绶带）早已经失去了马缰绳和挂笔绳的功能，仅仅具有识别和装饰的功能。总体上看，有以下几种功能。

1. 参谋饰绪（绶带），用以表示佩戴者的参谋身份。典型的代表是1945年以前的二战日本军队。第二次世界大战的日军指挥官身边，都会围着一群佩戴着饰绪（绶带）的军官，他们是指挥官身边的参谋，佩戴着六股六进金丝编织而成的参谋饰绪（绶带），不论礼服常服，均可佩戴。在日军中，参谋的地位相当特殊，陆军大学和海军大学的毕业生只有得到了参谋证书，才

威武外挂：古今军队的服饰标识

> 当代德国军队的优等射手饰绪（绶带）

> 1945年9月2日，驻太平洋特鲁克岛的日军向盟军投降，图中挂深色饰绪（绶带）的是陆海军的两名参谋，挂浅色饰绪（绶带）的是一名副官

有资格出任参谋。参谋饰绪也彰显出了日军参谋的特殊地位。日军的将官在着礼服时也是佩戴将官饰绪（绶带）的，但是如果一名军人既是将军又是参谋，那么他一定会佩戴参谋饰绪（绶带）而不是将官饰绪（绶带）。正是这些佩戴参谋饰绪的参谋们，导演了一场又一场的侵略战争，也犯下了累累罪行。

2. 荣誉饰绪（绶带），用以彰显某支部队因特殊功绩而得到的奖励和表彰，有集体奖章的作用。最早采用荣誉饰绪（绶带）的国家是法国，第一次世界大战期间，法国为立下特殊功绩的部队颁发荣誉饰绪（绶带），凡是在该部队服役的军人，在服役期间均可佩戴这条饰绪（绶带）。法国不仅将荣誉饰绪（绶带）发给本国军人，也会发给外国军人。美国海军陆战队第五团、第六团凭借贝洛森林之战中的英勇表现，被法国集体授予了战争十字勋章，同时获准佩戴战争十字荣誉饰绪（绶带）。时至今日，这两个团的军人在调入该团时，都会得到一条法国战争十字荣誉饰绪（绶带），并在服役期间佩戴于礼服上，调离该团后则不再佩戴。除了法国，比利时、葡萄牙、荷兰、卢森堡等国也有荣誉饰绪（绶带）。

3. 技能饰绪（绶带），用以表明佩戴者获得的某项技能。19世纪末起，德军在射击训练中取得优异成绩的军人可以在右肩佩戴一条象征优秀射击水平的射击技能饰绪（绶带），此物相当于射手证章。美国陆军规定，在参加庆典穿礼服和常服时，可以佩戴兵种饰绪（绶带），这也是一种代表个人技能的饰绪（绶带），用不同的颜色指代不同的兵种：鲜红色——炮兵、工兵，黄色——装甲兵、骑兵，橘色——通信兵，钴蓝色——化学兵，深蓝色——航空兵，浅蓝——步兵，绿色——宪兵、专业参谋，深绿色——特种作战部队，砖红色——运输兵。

总体上看，饰绪（绶带）在当代各国军队军服上主要是作为一件装饰品存在的，多出现在礼服之上。由于更多强调其装饰作用，所以出现了佩戴在左肩的饰绪（绶带）和无吊坠的饰绪（绶带）。

04 形象分明见高低
识别级别的军衔符号

军服上的标志服饰种类繁多，含义也各有不同。各国军队都存在一种标志服饰，就是肩章、臂章、袖章、领章或帽章上缀饰的星星和杠杠——这就是表示军衔的标志符号。军衔，是区别军人等级的称号。在军队这个等级制度严格的武装集团里，自上而下的级别制度一直存在。

西方军衔的起源：草根阶层的荣誉

近代军衔制起源于欧洲，但是在15世纪以前，各国军队虽有等级，但并未给军人授予固定的头衔。没有头衔，自然也称呼不上"军衔"了，更多的是军队职务。14至15世纪，西欧一些国家出现了资本主义萌芽。一方面，新的工商阶级为了保护和发展贸易，需建立常备军以支持强有力的王权，来打破封建割据状态；另一方面，工商阶级为国王提供了税收来源，也就为建立使用常备雇佣军创造了物质条件。随着资本主义萌芽的发展和近代常备雇佣军的兴起，使一些曾经是军队职务的词语逐渐与军队编制形态相分离，成为与职务相辅相成的军衔等级称谓。

> 17世纪初的瑞典军队

在封建时代，军中的贵族拥有君主授予的世袭头衔。他们可以在姓名前冠以"公爵""伯爵"之类的爵位名称以表示自己的身份。而平民出身的军人则没有这种头衔。随着思想解放和资本主义的发展，平等思想逐渐在军事领域拓展开来，军队需要产生一种按劳绩战功获得军队职务，以及出多少力得多少报酬、得到多高地位的制度。没有贵族头衔的农民、自由民、市民、破产骑士，立了战功后，就产生了冲破出身门第、按劳绩战功取仕的强烈要求，需要一种属于个人的级别头衔来保障自己的荣誉、地位和待遇，也要求设立一种与职务相对称的衔级称号。这些原因，终于导致包括军官、军士和兵在内的军队衔级制度的产生。

西方军衔的演变：随军队组织结构发展成熟

现代的军衔是由西方军队职务名称演变而来，与军队的编制结构紧密相关，而且陆军、海军各自有不同的词源和演变方式。

团和连派生出的陆军基本战术部队军官军衔

陆军的军衔演变与近代陆军组织结构息息相关。近代以来，欧洲各国陆军形成了以团为基本战术部队的组织结构。团由若干基本分队——连组成，

> 1881 年，英国陆军步兵第 90 团在印度全体列队

每个连约 100 人 ~200 人。团指挥官和连指挥官的头衔形成了陆军中最古老的 3 个军衔——"Colonel""Captain"和"Lieutenant"。

英语的"Captain"是从拉丁语"Capitaneus"和法语的"Capitaine"演变过来的，在中古英语中，写作"Capitayn"，意为"首领，杰出的"。16 世纪 60 年代，瑞典军队开始使用这个词来作为连指挥官的头衔。意思很明显，就是基本战术分队的领导者。各国军队，连长一般都持有"Captain"军衔，汉语里如今将其称为"上尉"。

由若干战术分队组成的基本战术部队——团，其指挥官被称作"Colonel"。"Colonel"一词来自意大利。16 世纪，意大利军队将团称作"Colonna"。这个词原本是"柱子"的意思，由若干个连组成的团在行军时排成的队伍延绵如一根柱子，故意大利人也用其来表示团这个编制，不过在汉语里用"纵队"称呼更为贴切。意大利的团（纵队）的指挥官，就在"Colonna"的基础上演变出"Colonnella"作为头衔。法国、英国后来都接受了"Colonnella"作为团指挥官的头衔，在英语中拼写作"Colonel"。各国军队，团长一般都持有"Colonel"军衔，汉语里如今将其称为"上校"。

连、团的指挥官都有了头衔，相应地，副职也有了相应的头衔，这个词就是"Lieutenant"。"Lieutenant"一词源自法语，"lieu"的意思是"位置"，"tenant"的意思是"持有"，连起来就是指持有某个位置的人，即该职务主官不在的时候，代行其职务的人，也就是副职。这个词最初被用来作为连指挥官"Captain"副手的头衔，也就是常见的副连长的军衔，汉语里如今将其称为"中尉"。而"Lieutenant"与"Colonel"连起来，就是团指挥官"Colonel"的副手——"Lieutenant Colonel"，汉语里如今将其称为"中校"。

舰艇作战演变来的海军基本军官军衔

与陆军军官军衔的诞生相近，海军军官军衔是和舰艇作战息息相关的。作为舰艇军官的军衔，海军军官军衔与陆军军衔相似，也是从最基本的战术分队衍生来的。陆军的基本战术分队是连，海军的基本战术单位则是单艘舰艇。陆军的连长是"Captain"，海军的舰长也是"Captain"。所以，"Captain"也被称为"舰长"。陆军连长的副手是"Lieutenant"，而海军舰艇上从属于舰长、由舰长任命的、没有舰艇指挥资质的普通军官，也被称作"Lieutenant"。

然而，随着海军技术的发展和海战形式的演变，军舰从小船演变为大舰，海军也将军舰分为了若干等级，不同等级的军舰舰长持有不同的头衔。英国海军从1670年开始，将火炮不足20门的战舰舰长称为"master and commander"，这些战舰包括消防船、医院船和未被列入战列舰序列的其他作战舰艇；而大型军舰的舰长继续持有"Captain"的头衔。后来，这些中型军舰的舰长头衔被简称为"Commander"，级别低于"Captain"。随着军舰等级的分化，海军有时候也会将持有"Lieutenant"头衔的普通军官派到最小型的军舰上担任指挥官，此时有必要为小型舰艇指挥官创设一个头衔，便在单词"Lieutenant"的后面加上了"指挥官"一词，即"Lieutenant Commander"。这样，英语中"Captain""Commander"和"Lieutenant Commander"三个级别舰长的军衔由此形成。

在法国、德国和俄国，海军不同级别军舰的舰长头衔则更为简单。法国和德国将舰长从高到低分为三种，分别是舰长、护卫舰舰长和轻型护卫舰舰长；俄国人更加简单，直接命名为"一级舰长"、"二级舰长"、"三级舰长"。不过，不论怎么翻译，在汉语里，如今我们将这类中级海军军官军衔一律称呼为"海军上校""海军中校"和"海军少校"。

尽管陆海军军衔中都存在"Captain"，但海军单艘舰艇在海战中扮演的角色远远大于陆军一个连在陆战中的地位，因此海军的"Captain"也逐渐高

威武外挂：古今军队的服饰标识

> 纳尔逊时代的英国海军上校

于陆军的"Captain"。现代军衔制度成熟后，海军的"Captain"与陆军的"Colonel"对等起来。

由岗位名称发展来的士兵军衔

士兵军衔也是伴随着军队发展而逐步出现的。西方军队士兵起初并无太多的级别划分，不论陆军还是海军，兵就是兵。士兵的地位极低，其头衔也与其身份相关。

陆军士兵一般被称为"Soldier"，这个词的意思是出卖者，指当兵之人就是服了兵役，将自己出卖给领主之意。中世纪起，随着私人军队的发展，一般使用"Private Soldier"一词来指代私人军队中的普通士兵，"Private"是"私有"之意。久而久之，随着"Soldier"成为各级士兵的统称，"Private"便成为最低级士兵的头衔——如今汉语里用"列兵"来称呼这个头衔，意思是刚刚进入队列的士兵。

海军士兵则被称为"Sailor"（操帆的人）或"Seaman"（海上的人），这两个词都生动形象地反映了海军士兵的海上工作。后来，"Sailor"成为各级水兵的统称，"Seaman"被用为最低级海军士兵的称呼——汉语里多直接称呼为"水兵",或结合陆军"列兵"的叫法,称为"海军列兵"。

在陆军中,一些士兵担任了初级军官的助手,也具备了指挥十余名士兵的能力,因此产生了两个较为常见的军衔——"Corporal"和"Sergeant"

在中世纪的意大利,率先为班长创制了一个头衔——"Corporale"。这个词来源于短语"capo corporale",意思是"身体的头部",意指一个协同作战的步兵战斗班组好似一个人,而战斗班组的指挥员(班长、组长等)则是其头脑。在英语里,这个词被拼写为"Corporal",乃是军士的最低一级,汉语也多将其称为"下士"。

与带领一个班组作战的"Corporal"不同,一些直接担任军官助手,担负起警卫、随从职责的亲兵被授予了"Sergeant"的头衔。"Sergeant"源自拉丁语的"Servientem",意为"仆人、仆从"。汉语里多将其称为"中士"或"军士"。"Sergeant"是一个应用范围极广的军衔,如今的大部分军士级军衔多是以"Sergeant"为主体派生出来的。

不仅基层的连级军官需要士兵助手,团级军官也需要,因此也就产生了"Sergeant-Major"一词,即"首要军士"。随着军队的专业化,团级军官助手的一些职能需要由经过专业培训的参谋军官来担任,于是便将"首要军士"中的"军士"一词去掉,只留下"首要"一词作为一个军衔,这便是单独的"Major"军衔的来历。这个高于连长的"Captain"、低于副团长"Lieutenant Colonel"的军衔,如今在汉语里被称作"少校",也是少有的由士兵军衔演化而来的军官军衔。

海军军士军衔发展较为简单,作为军官的助手,一名海军军士往往指挥着若干水兵,独立负责一个小部门、小战位的工作。其岗位类似于军官,却低于军官,故被称为"Petty Officer",即"小"军官。"Petty"一词源自中世纪的盎格鲁-诺曼语的"Petit",意思为"小的"。

> 1775年美国独立战争中进行冲锋的英国士兵

作战兵团高级指挥员的将帅军衔

陆海军的基本作战部队分别是团和单艘舰艇，以多个团组成的更庞大的陆军部队和多艘舰艇组成的舰艇编队，就是陆海军的作战兵团，依照规模分为战术兵团、战役兵团、战略兵团等。

陆军将军被统称为"General"这个词在使用拉丁字母的各国中有"总领"之意，15世纪的德意志用该词来称呼骑士团的首领，16世纪起各国开始用"General"来称呼将军。随着陆军兵团建制日趋复杂，"General"也演变出了不同的级别。陆军大兵团建制首先在路易十四时期的法国出现，一般两个团即可组成一个旅，两个旅就可以组成一个师。法国军队首先创制了"旅级将军"（Général de brigade）和"师级将军"（Général de division）两个军衔，作为旅长和师长的军衔，均由部队编制名和"General"两部分组成。如今的中文里，多将其称呼为"准将"和"少将"。此后又出现了与更大规模兵团相匹配的"军级将军"（Général de corps，中将）和"集团军级将军"（Général d'armée，上将）。

法国的将军军衔采用简单的方式，将军队编制名称和"将军"一次进行组合，形成了多个级别的将官军衔。英国陆军的三级将官军衔则规规整整，是与校尉官的相应级别一一对应的。最低级的将官，即由校官最低级的"Major"

和"将军"一词组成，即"Major General"，少将；第二级的将官，由尉官中间一级的"Lieutenant"和"将军"组成，即"Lieutenant General"，中将；第三级的将官，直接用"将军"一词。俄国和德国由于将官军衔多于三级，所以，与英国陆军上将相对应的第三级将官军衔用上校"Colonel"与"将军"组成，即"Colonel General"（俄语 Генерал-полковник，德语 Generaloberst），上将。

对于海军来说，单舰艇是海上的基本作战部队，而至少由两艘战舰组成的各种规模的舰队，则是海军的海上作战兵团。指挥舰队的将领——海军将军——在英语中被称作"Admiral"，这个词却是来自中东的阿拉伯人。在阿拉伯世界，某些国家的酋长、王公、统帅被称作"Amir"或"Emir"，即"埃米尔"。阿拉伯帝国的海军指挥官被称作"海上埃米尔"，即"Amir-al-bahr"。其中"al"为定冠词，"bahr"为海洋。但是同阿拉伯人接触的西方海员却误认为头两部分"Amir-al"是一个词，所以把它用作一个高贵称号。"Amiral"在 13 世纪以前先进入了法语，进入英语后被正式拼作"Admiral"，成为舰队指挥员的头衔。在风帆战舰时代，一支舰队一般来说有三名主要的指挥官：一名舰队司令（Admiral）统领整个舰队，居于整个舰队核心；一名副司令（Vice-Admiral）协助舰队司令指挥，位于整个舰队的最前端；一名后方司令

> 法国陆军上将

（Rear-Admiral）位于舰队尾部，指挥后方的舰艇。由此，形成了海军基本的三个将官军衔等级——海军少将、海军中将和海军上将。

随着陆军兵团规模和海军舰队规模的扩大，在"General"和"Admiral"之上又出现了统帅更大规模部队的军官军衔——陆军的"Marshal"和海军的"Admiral of Fleet"。"Marshal"一词源自中古德语的"Marha-skalk"，"Marha"是"马"的意思，"skalk"是"仆人"的意思，即宫廷里君主的"弼马温"。后来，这个词逐渐演变成"Marschall"（德语）、"Maréchal"（法语）和"Marshal"（英语），指代君主麾下负责军队事务的最高军官。到16世纪，这个军衔成为法国陆军的最高军衔。汉语里称之为"陆军元帅"。"Admiral of Fleet"则简单得多，表示比"Admiral"还要高、指挥一整个大舰队的指挥官，汉语里称之为"海军元帅"。

说来也有意思，西方的"元帅"源自君主的养马官。中国古代，最高军事长官也曾经冠以"司马"之名。东西方军事制度虽起源不同，但都体现了马在古代军事活动中的重要地位，可谓"殊途同归"。

西方军衔在东方：将校尉称呼的诞生

在东方，首先移植西方军衔制的国家是日本。从1863年和1864年起，日本开始效法欧美，改革军制。19世纪60年代初，日本的鹿儿岛和下关受西方帝国主义侵略影响，仿照西洋组织了洋式兵队三个大队，包括步、骑、炮兵共计13625人。明治维新后，日本的军事实力迅速增长，同时也加速了对西洋兵制的效仿，军衔制得到了巩固和发展。

此时，西方军衔已经发展成了泾渭分明的三个等次——连以下的基层军官、团一级的基本作战部队军官和指挥兵团作战的高级军官。日本利用汉字中已有的军事职务，称呼这三个等次为"尉官、佐官、将官"，每个等次从低到高用"少、中、大"来区分，因此形成了"少尉、中尉、大尉；少佐、中佐、大佐；少将、中将、大将"的级别。此外，还引用古时军队高级统帅的头衔"元帅"，作为大将的荣誉头衔。

汉语在翻译西方军衔时，一开始并非是按照"将校尉"的方式来命名的。

早期汉语里的西方军官军衔称谓，自高至低用古代武官官职"都统、参领、军校"来命名，每个等次从高至低以"正、副、协"区分，即形成了"正都统、副都统、协都统、正参领、副参领、协参领、正军校、副军校、协军校"的军官军衔体系。一个军衔用三个汉字表示，不如两个字更为简洁。后来，汉语里的军衔称呼，借鉴日语汉字的写法，把上等的都统改称"将"，把下等的军校改称"尉"。由于汉语里使用"军佐"一词作为经理饷械、医务法律等非战军官的头衔，所以中等的参领没有改称"佐"，而是改称为"校"。正、副、协三个等级改称"上、中、少"。由此，形成了"上将、中将、少将、上校、中校、少校、上尉、中尉、少尉"这套汉语里我们十分熟悉的军衔制度。

> 18 世纪的英国海军舰队

军衔制的流派：东西流派并非泾渭分明

尽管现代军衔制起源于西方，军衔制的基本架构是军官军衔的三等九级制，但是各国之间略有区别。总体上看，大部分军衔研究者都将军衔分为"东方型"军衔和"西方型"军衔。两大流派军衔围绕着将官军衔如何设置进行区分。

法国、美国等国家的军衔，是较为标准的"西方型"军衔。其最主要的特征是以"General/Admiral"这一将官军衔为最高级的将官，"General"之上再无别的将官军衔；同时以旅级指挥官（准将）为最低级将官军衔。自上而下即上将、中将、少将、准将——也就是表现为不设大将设准将。

苏联军衔是标准的"东方型"军衔，也影响了以苏联为首的大批社会主义阵营国家。其最主要的特征，就是在相当于"General"的等级（Генерал-полковник）之上再设一级将官军衔，同时取消了旅级指挥官的将官军衔。自上而下即大将、上将、中将、少将——也就是表现为不设准将设大将。

这样的区别，也是和苏军红军历史上的军队编制调整相适应的。1935年，苏联红军恢复军衔制时，为了适应庞大的军队编制，苏军设立了史无前例的五级高级指挥员军衔（不算元帅）。当时这五级军衔称谓与西方不同，而是自成一体，自上而下称呼为"一级集团军级指挥员、二级集团军级指挥员、军级指挥员、师级指挥员、旅级指挥员"。可见，苏军是把法国的上将（直译为"集团军级将军"）分成了一级集团军级指挥员和二级集团军级指挥员，故而在上将（二级集团军级指挥员）之上出现了大将（一级集团军级指挥员）。

> 1868 年，在法国军事顾问指导下建立起来的近代日本军队

1940年，苏联红军实行新的军衔制，高级指挥员军衔的称呼与西方接轨，一级集团军指挥员级改称"大将"，二级集团军指挥员级改称"上将"，军级指挥员改称"中将"，师级指挥员改称"少将"。而此时的苏军编制中，陆军步兵的旅已经逐步取消，步兵师以下直接辖步兵团；坦克、炮兵等专业兵种，军以下不设师，直接辖旅，旅再辖团。实际上，旅成为师的辅助编制，并非是一级独立编制了。因此，1935年军衔制里的旅级指挥员军衔被取消，导致1940年军衔制里也就没有了准将。取消了旅级指挥员军衔后，原有的旅级指挥员人员依照职务，分别被评为少将和上校。

　　在东西方军衔之外，其实曾经存在过第三个军衔流派——"德国型"军衔，主要出现在二战前的德国和一战前的奥匈帝国。德国型军衔其实可以视作东方型军衔的一个变种，可以称为"第2.5种"军衔流派。德军和奥匈帝国军队中，旅也是作为师的辅助编制存在，故而没有设立准将。为了区分集团军的不同规模，同时区分不同兵种指挥员的类型，德国型军衔在上将和中将之间加入了一个新的级别——兵种将军。兵种将军包括步兵将军、炮兵将军、骑兵将军、装甲兵将军、山地兵将军、通信兵将军、工程兵将军等。实际上，其设置思路与苏联红军相似，只不过是苏军在上将之上加了一个级别，德军是在上将（Generaloberst）之下加了级别。二战后，联邦德国采用设立了准将的西方型军衔，民主德国采用设立大将的东方型军衔，这种独特的德国型军衔也就消失于世了。

　　东西方两大军衔流派并非是泾渭分明的，各国军队在设置军衔制时，也是根据军队编制规模吸收两大流派的特点，进行相应的设置。例如英国陆军，尽管为旅级军官设置了"准将"军衔，但是英军的准将和法军、美军准将不同，属于校官序列，英文里也只称呼为"Brigadier"而不是"Brigadier General"，实际上可以称之为"大校"。由此可见，军衔是和军队编制紧密结合的，尽管受到大国强国的影响，但还是要遵循一个重要原则：一切从实际出发。

军衔的真正作用：并非保证指挥关系

历史上，部分社会主义国家一度撤销了军衔制，但后来又得以恢复。在军衔撤销和军衔恢复的历史时期，两种针锋相对的观点一直存在。赞成撤销军衔者，认为军衔制是资产阶级法权的象征，等级表面化，助长了个人名位思想和等级观念。而反对撤销军衔者则认为，军衔体现了军队的等级高低，如果没有军衔，职务就无法体现，将会导致部队的指挥关系发生严重混乱，从而致使战斗失败，招致重大伤亡。甚至有文章称：没有军衔，作战中指挥官阵亡后，士兵不承认新来的陌生人是他们的长官，由此产生混乱状态。似乎军衔制就是决定指挥关系不可或缺的物件。是不是只有军衔才能保证指挥关系呢？显然是否定的。

在人类战争史上，军衔出现得极晚。从16世纪起算，还不到500年的历史。而人类的战争活动已经持续了几千年。没有军衔制的古代军队，难道没有上下级的指挥关系吗？称霸欧洲的古罗马军团，按照百人组成百人队、两个百人队为支队、二个支队为大队、十个大队为军团、多个军团为集团军的结构组织起来，并没有军衔制。决定指挥关系的，从来就不是军衔，而是军队职务。

任何一支军队在战时要保证连贯的指挥，都是通过自动推举或事先确定

> 1943年，在北非战场上的一名英军准将

的代理指挥人员来实现的。一旦指挥人员伤亡，代理人立即接替；代理人也全部伤亡了，就号召非代理人站出来指挥，或者由上级临时指定。在部队打散的危急时刻，互不熟悉部队临时组织到一起时，关键在于能够迅速推举出敢于负责指挥员。这时候并不怕互相陌生而互不服气，怕的是无人负责群龙无首。就算是有军衔，能识别等级最高的军人，可是此人不敢负责，那军衔的作用岂不是不如一张废纸？

苏联卫国战争时期的苏联红军尽管实行了军衔制，但是在战时部队打散的情况下，发挥指挥作用的还是临时会议决定的临时指挥序列。1941年6月22日的布列斯特要塞保卫战中，分散在要塞内的苏军部队被德军分割围困于要塞各处。当晚，被围困于中央堡垒的苏军官兵举行了联席会议，步兵第44团后勤副团长祖巴乔夫大尉成为最高军事指挥员，步兵第84团政治副团长、团级政委（相当于上校）福明成为最高政治指挥员。凭借着临时组织起来的指挥结构，这支孤军在优势兵力包围下一直坚守了8天，直至6月30日中央堡垒陷落。

那么军衔是资产阶级法权和等级思想的体现吗？显然不是。不管有没有军衔，军队等级都是存在的。在封建制度逐渐瓦解的西方，军衔为出身卑微的平民提供了打破门第、彰显成就的头衔，可以体现个人成就，激励军人进取，确定物质待遇。

> 格奥尔吉·萨莫伊洛维奇·伊谢尔松（Георгий Самойлович Иссерсон，1898—1976），苏芬战争爆发时任苏军第7集团军参谋长，军衔为旅级指挥员。1940年实行新的军衔制时，他暂时无职务，因旅级指挥员军衔撤销，最终被评为新军衔制里的上校

> 苏联卫国战争期间的布列斯特要塞保卫战

军衔方程式：军官军衔标志符号的设计方式

作为通行全世界各国军队的等级制度，军官军衔制在三等九级的基础上进行设立，无非是"将校尉"和"少中上"的排列组合。部分国家在"少"之下加"准"，或在"上"之上加"大"，十分规则，便于国际交往。

表示军官军衔的标志符号的设计方式总体上看都可以用方程的形式来展现。最简单的我们可以称之为"基本方程法"。基本方程法的设计采用"量变到质变"的思想，用三个不同的等次图形来表示将校尉的等次，再用不同数量的级别符号来表示少中上的等级，然后进行排列组合即可。这种方程式

基本方程法示意图

	少	中	上
将	CX	CXX	CXXX
校	BX	BXX	BXXX
尉	AX	AXX	AXXX

可以按照下表来体现。有"准"和"大"的情形，再进行相应调整。

其中，A、B、C为三个不同的等次图形，X为级别符号。一般来说，受苏联和俄罗斯时期影响的许多国家都采用了基本方程法。以苏军为例，尉官、

换元方程法示意图

	少	中	上
将	C	CC	CCC
校	B	BB	BBB
尉	A	AA	AAA

校官和将官的等次图形A、B分别是一道杠、两道杠，将官的等次图形C为空白，级别符号X都是五角星（将官的五角星体积稍微大一点）。

比基本方程法复杂一点的，可以称之为"换元方程法"。这种方法将等次图形和级别符号二者合一，用不同的等次图形表示将校尉，用等次图形的数量表示级别高低。实际上是把基本方程法的"元"——级别符号X，按照不同的等次进行了更换。

菲律宾是采用这种设计的典型国家，尉官三角形，校官八角花，将官五角星。新加坡、印度尼西亚、阿根廷、丹麦也用这种设计。还有的国家会在换元方程式的基础加一些装饰符号，例如韩国，尉官用菱形，校官用九瓣花，

多元方程法示意图

	少	中	上
将	G	H	I
校	D	E	F
尉	A	B	C

067

将官用五角星，所有级别带有同样的装饰。

比换元方程法更复杂的，就是多元方程法。也就是每个军衔都用单独的标志符号来表示，相当于方程里有多个"元"。有多少个军衔，就有多少个图案。

这种方法的好处是每个军衔都自成一体，做成徽章佩戴在不同位置十分方便。但缺点也很明显，按照三等九级军衔制来算，至少需要9种简洁有力的图形并赋予其代表意义，难度很大。另外，所有军官都是一个图案，没有数量区别，无法突出高级将领。因此几乎没有完全使用多元方程法的国家，大部分是在校尉官部分使用。最典型的就是美军，设计了单树干、双树干、枝叶、雄鹰四个图案，双树干和枝叶区分金银，用以代表少尉到上校的六个军衔；将官采用递增的五角星。尉官是树根主干，少校中校是枝叶，上校是雄鹰，将军是星，逐级升高，非常形象，也突出了基层军官的根基地位，形成了"群星闪耀苍穹，雄鹰翱翔蓝天，树木枝叶繁茂，树干连接大地"的体系。

根据这三种设计方式，世界各国军队在设计军衔标志符号时，逐渐形成了三种流派。

第一种是英式军衔设计流派。英式军衔标志符号的设计介于基本方程法和换元方程法之间，是一种组合设计方式。英式军衔采用四角形的巴斯勋章星作为基本换元法里的级别符号 X，尉官不设等次图形，校官的等次图形为王冠，将官的等次图形为交叉的权杖和宝剑。星、冠、权剑3个元素混合运用，重复的只有巴斯勋章星，王冠和权剑在任何组合里最多出场 1 次，可以形象描述为"国无二王、权不二分、勋章可以多授"。

多元方程法示意图

	少	中	上	大
将	CA	CB	CBA	
校	B	BA	BAA	BAAA
尉	A	AA	AAA	

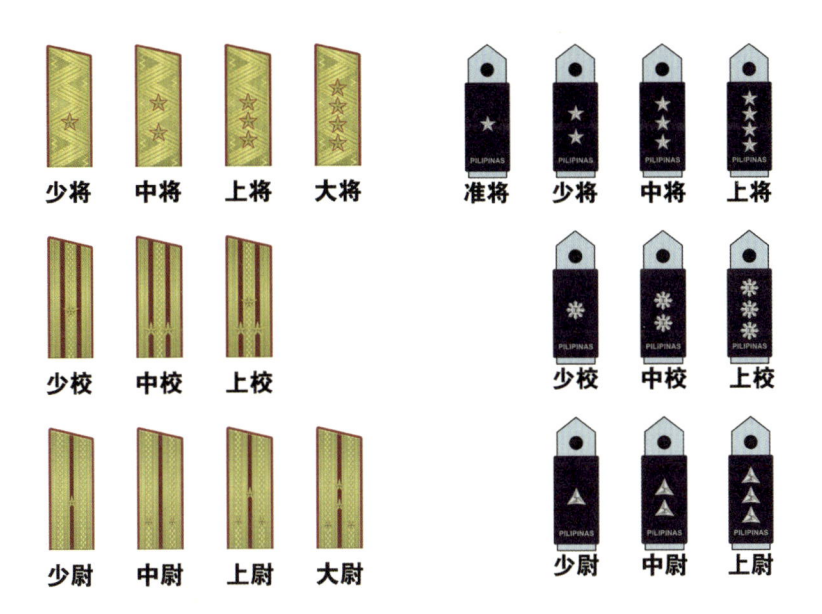

> 基本方程法的军官军衔图案设计——苏联陆军军衔肩章图样

> 换元方程法的军官军衔图案设计——菲律宾空军军官套式军衔肩章图样

其中 A 为巴斯勋章星，B 为王冠，C 为权剑。大多数英联邦国家都采用了英式军衔标志符号设计。澳大利亚、巴巴多斯、牙买加、斐济等国图形元素和排列方式都和英国完全一样；有些国家的图形元素本土化了，比如印度将王冠换成了阿育王狮柱，加拿大在将官军衔标志符号设计上采用了基本方程法，把王冠和权剑当作等次图形，用枫叶作为级别符号。

第二种是苏联和俄罗斯时期式军衔设计流派。这种以一道杠、两道杠来区分校尉官的设计起源于沙皇俄国，在第二次世界大战期间被苏联重新启用。二战后，受苏联影响的社会主义阵营国家多使用这种设计。

第三种是法式军衔设计流派。法式军衔标志符号主要在校尉官军衔符号上，夹杂了基本方程法和多元方程法的组合；而将官依然是依次递增的五角星。校尉官军衔标志符号以条纹表示级别，类似海军的袖标。尉官是一条到三条，少校四条，中校上校都是五条，但中校是三金条夹两银条，上校是五金条。法式军衔标志符号设计局限在前法属殖民地国家。

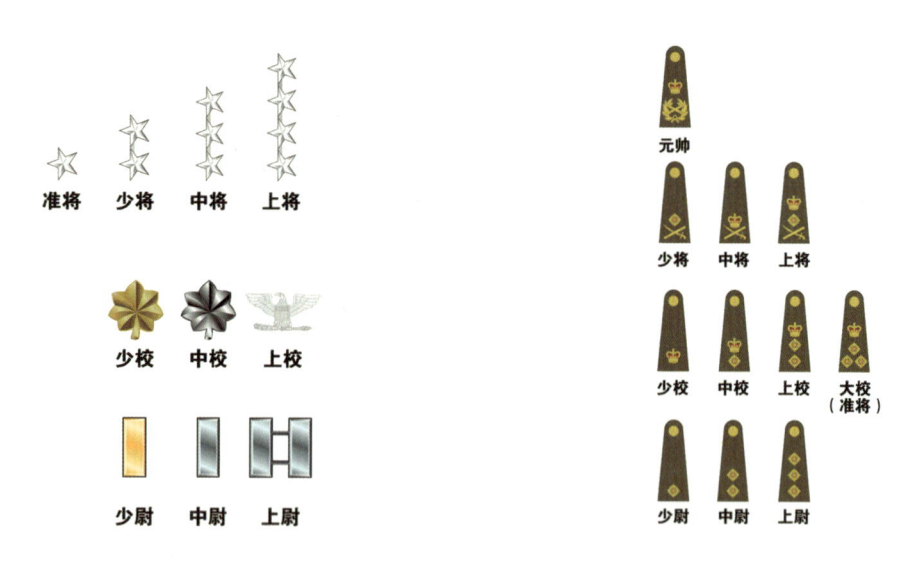

> 多元方程法的军官军衔图案设计——美国各军种军官军衔徽章图样

> 英式军官军衔图案设计——英国陆军军官军衔肩章图样

各国在军衔标志符号设计上，除了采取简单的星、杠组合外，还会加入一些独特的民族元素，使得其军衔标志符号一目了然。比如日本自卫队，使用樱花图案替代了五角星，蒙古用盘长吉祥结取代了校尉官的五角星（2017年蒙古军队又将军衔标志符号里的吉祥结换回了五角星）。各国军衔标志符号花花绿绿各不相同，但按照军衔方程式的思路去观看，基本也能判断出各国军官所属的级别了。

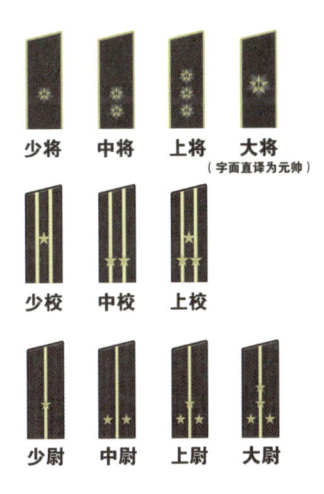

形象分明见高低 ｜ 识别级别的军衔符号

> 苏（俄）式军官军衔图案设计——俄罗斯海军军官军衔肩章图样

> 法式军官军衔图案设计——法国空军军官军衔套式肩章图样

> 蒙古军队的女上尉

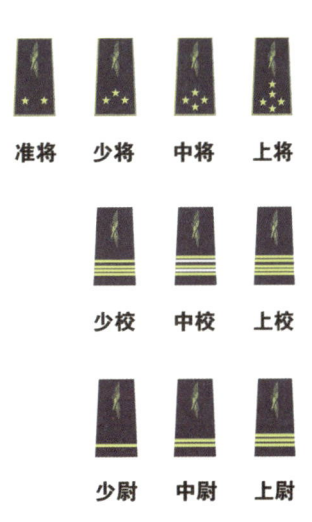

071

日不落帝国的余晖
统治四海的海军军服

海军是一个国际化军种，也是一个专业性极强的军种。世界各国的陆军军服花样繁多，但是到了海军这里就变得极为统一了——士兵多穿水兵服，军官穿双排扣的西服，袖口缀有军衔且通常不佩戴肩章……这种式样的军服来自英国。自从在"无敌舰队"海战中消灭了西班牙舰队以来直到一战末期的日德兰海战为止，英国海军支配全世界的海洋长达300年，以至于英国的一首著名爱国歌曲中有这么一句话："不列颠统治四海！"（Britannia rule the waves）在300年的海上霸权历史进程里，英国海军的"海军蓝"制服成为全世界海军的标准服装。不仅如此，该制服还对男性的绅士服装产生了很大的影响。

一鸣惊人：通行的双排扣"布雷泽"

如今世界各国海军军官身穿的双排扣西服名为"Blazer"，可音译为"布雷泽"。这种服装在今天看来与普通的西服并无太多区别，但是在历史上，最先采用这种式样的制服作为海军军服的，是英国。

1748年，英国海军元帅、海军大臣兼第一海务大臣乔治·安森（George Anson，1697—1762）首次颁布了《海

> 2018年西太平洋海军论坛在韩国举行，与会各国海军军官大多数身穿款式相近的双排扣袖章军服

> 英国海军元帅乔治·安森

军军官制服条例》，首次将英国海军军官的军服和陆军军服区别开来。这时的英国海军军官穿的是一件"Justacorps"式外套，这件衣服没有纽扣，敞怀穿着，下身穿欧洲流行的白色紧身马裤和长筒袜。军服在袖口通过不同的图案来显示军官不同的军衔。这件外套由于具备"Justacorps"式的宽下摆，得到了"Frock"的昵称——这个词在英语里指的是女孩子穿的连衣裙。

尽管规定了海军军官军服的具体式样，但是军官们拥有一定的自主权对军服进行修改，以便于跟上岸上绅士们的流行款式。1795年开始，为了抵御凛冽的海风，军官们逐渐开始穿着具有类似连衣裙一样极长下摆的长大衣，这种长大衣被称为"Frock Coat"。海军使用的长大衣采用双排扣设计，可以根据风向不同采用左衣襟压右衣襟或右衣襟压左衣襟两种方式。

在1857年之前，英国海军并没有给士兵配发统一的军服，各舰舰长或舰队指挥官会根据自己的意愿给士兵配发不同的军服。1845年，英国海军风帆护卫舰"布雷泽"号在参加维多利亚女王举行的阅舰式时，为了美观，统一了水兵的服装。"布雷泽"号将军官的"Frock Coat"改短，水兵们穿着整齐的蓝色外套亮相阅舰式，受到了好评。但是在1857年英国海军统一军服式样时，为了区分军官和士兵，这种短款的"Frock Coat"没有发给士兵。长款的军服保留下来作为大衣，而短款的外套变成了军官的日常着装。尽管在"布雷泽"号参加阅兵前，这种短款外套已经出现，但是其变得闻名是因为此次阅兵，

> 1864年的美国海军军服

故而这种短款双排扣西服式外套被称为"布雷泽"。

说到"布雷泽"外套,又不能不提起这个词的词源。在英语里,"Blazer"有"惊人的、显著的"之意。18世纪末的英国海军大臣乔治·约翰·斯宾塞(George John Spencer,1758—1834)十分喜欢这个词,他给自己的猎狐犬也起名为"布雷泽"。1797年,他将一艘木质风帆炮舰命名为"布雷泽"号,此后英国海军一共先后出现过7艘以"布雷泽"命名的军用舰艇。这个词汇一鸣惊人,以至于影响了后世的一种服装命名,这是斯宾塞没有想到的。

扑朔迷离:水兵为什么穿成这个样

海军最典型的军服,就是造型独特的水兵服了。现代水兵服是伴随着海事活动的发展而诞生的产物。水兵服的构成,主要包括无帽檐的水兵帽、套头式带披肩的水兵服和宽松的喇叭裤。这三样奇特造型的服饰均有自己的独特作用,是与海上工作密不可分的。同时,伴随着海军的浪漫气息,这些独特的服饰也流传出了一些传奇的故事,更为海军增添了几分神秘色彩。

水兵帽是"土气"草帽的替代品

水兵帽和大檐帽相比，少了帽檐。在本书前文中已经说过，这种帽子是源自普鲁士的陆军士兵帽。在采用这种帽子作为水兵帽之前，各国海军水兵帽的传统式样是一种在田间地头十分常见的帽子——草帽。相传，草帽的发明者是英国海军名将纳尔逊，其式样类似西方流行的礼帽，但是帽顶没有那么高。考虑到在海上的烈日下作业的水兵们的健康，纳尔逊认为这种边缘有一圈帽檐的草帽适于防暑，下令将这种帽子发给水兵，并得到水兵们的好评。草帽在整个19世纪都被用作各国水兵的夏季制帽。19世纪50年代，英国海军开始使用普鲁士士兵军帽作为水兵帽，并于1857年正式通过《海军制服条例》，确认了其唯一合法的水兵帽地位，草帽逐渐退出历史舞台。美国内战爆发前，美国海军效仿英国，开始佩戴无帽檐大檐帽。1874年，俄国水兵将传统的宽边帽换成无帽檐大檐帽式样的水兵帽。

水兵帽无帽檐，在海上不易兜风，故而成为19世纪以来各国海军的制式军帽，但是依然有一些国家的水兵帽略有差异。法国的水兵帽就有一点明显的不同，就是水兵帽的顶端缀有一个分外鲜艳的红绒球。旧时海军战舰舱室低矮，法国水兵们经常被碰得头破血流，就在帽中垫上一团棉纱。即使这样，也还有被碰破头的，鲜血浸染棉纱，变成了红球。经过若干年的演变，法国海军开始在水兵帽顶端缀上一个红绒球，寓意是"祝你走好运，不会碰破头"；也象征"一滴血"，寓意为"作战勇敢，不怕牺牲"。如今，水兵帽顶端的红绒球不但成了法国水兵服的装饰品，也成了他们喜爱的吉祥物和收藏品。

> 头戴草帽的英国海军水兵

> 1941年，法国将军戴高乐检阅流亡至英国的法国海军水兵，他们都戴着缀有红绒球的水兵帽

19 世纪中叶，美国海军尽管也采用了无帽檐大檐帽作为水兵帽，但是美国海军的帽顶极大，为一个硕大的平顶形状，极其容易被风吹走。1866 年内战结束后，一种白色全周边卷檐草帽开始在美国海军中流行。这种在南方颇为流行的草帽被称为"迪克西帽"，在美国，"迪克西"指美国南部和南方人。1886 年，草帽被改为帆布制作，正式成为美国海军的水兵帽。2016 年起，戴卷檐帽的美国女水兵也统一改戴迪克西帽。当今采用迪克西帽作为水兵帽的国家除了美国，还有部分南美国家。

> 第二次世界大战期间，头戴迪克西帽的美国水兵和戴无檐大檐帽、飘带系在左侧的英国水兵

水兵帽飘带是"为纳尔逊戴孝"吗？

许多国家的水兵帽后都飘着两根飘带，随风飘动时分外好看。其实，这所谓"两根飘带"实际是一根飘带，在水兵帽帽墙上绕了一圈在背后打结留下的两条"尾巴"，而这根纱带在帽子正面部分会印有军舰或军队的名称，有助于快速识别水兵的国籍和所属舰艇。在帽墙上缠纱带的做法在草帽时代就已经十分常见了。草帽时代，飘带应该如何系在帽上并没有统一的规定，有的军舰让水兵帽的飘带长长地飘在身后，有的军舰把飘带打个蝴蝶结放在帽子侧部或后部。1857 年，英国海军首次统一海军军服，规定飘带为新式海军水兵帽的固定配饰，要求缠在帽墙上以显示舰艇名称，不过仍然没有规定飘带如何系好打结。直到 1893 年，英国海军正式统一了飘带的佩戴方式——缠在帽墙上，并打成蝴蝶结，统一系在帽子左侧。

> 苏联英雄、上等水兵维克多·德米特里耶维奇·库斯科夫（Виктор Дмитриевич Кусков，1924-1983）是一名鱼雷艇轮机兵，他所在的部队——波罗的海舰队鱼雷艇第 1 支队第 1 大队——于 1944 年 2 月被授予了"近卫军"称号，因此他的水兵帽上系着圣乔治带图案的飘带

采用无帽檐大檐帽作为水兵帽的国家大多都保留有这条飘带，苏联和俄罗斯时期还为获得"近卫军"称号舰艇或部队的水兵换发圣乔治带图案的飘带，彰显其精锐身份。

关于这两根飘带的来历，有一个流传甚广的说法，即"为纳尔逊戴孝"之论。

纳尔逊是英国海军史上的杰出将领和民族英雄，自 1803 年开始，他率领英国海军在大洋之上与拿破仑的海军将领维尔纳夫开展了一场猫捉老鼠的游戏。拿破仑希望维尔纳夫率领法西联合舰队引开英国海军主力并歼灭之，为入侵英国打开海上通道，但最终法西联合舰队却被困在了西班牙的加的斯港内。1805 年 10 月 21 日，纳尔逊指挥的英军舰队和维尔纳夫指挥的法西联合舰队在西班牙加的斯的特拉法尔加海角以外海面相遇，是为特拉法尔加海战。纳尔逊的指挥、战术及训练皆胜一筹，法西联合舰队遭受决定性打击，主帅维尔纳夫和 21 艘战舰被俘。此役之后法国海军精锐尽丧，一蹶不振，拿破仑被迫放弃进攻英国本土的计划。纳尔逊本人也在此役中阵亡。

据说，英国海军得胜回国，为了纪念纳尔逊，故而在帽后缀上黑纱以示悼念，然而此说站不住脚。

首先，在 1805 年，英国海军还是戴草帽的，帽缀飘带是为了标示水兵所属的军舰舰名。其次，即使是在特拉法尔加海战之后，英国水兵的飘带也并不是飘在脑后，而是左侧打结。最后，用黑色飘带以示哀悼的这种用法并非欧洲葬礼的传统，反而与东方的招魂幡、灵旗颇为相似。最重要的是，这种说法并未在英国海军的相关档案中得到证实。称水兵帽飘带是为纳尔逊戴孝，显然是东方野史文人的刻意附会。东方的文人看来，服饰都是有意义的，不理解的情况下，强行解释也要拿出一套象征含义来。水兵帽飘带是"为纳尔逊戴孝"一说在有的国家流传甚广，甚至影响了水兵帽的设计。

不过，如果真的要为水兵帽的飘带强行赋予一种意义的话，不如将其视作是舰艇的锚链。这样，水兵帽就是战舰。头戴战舰式样的水兵帽，象征与战舰共存亡。这总比"为纳尔逊戴孝"听上去更具有海军特色。

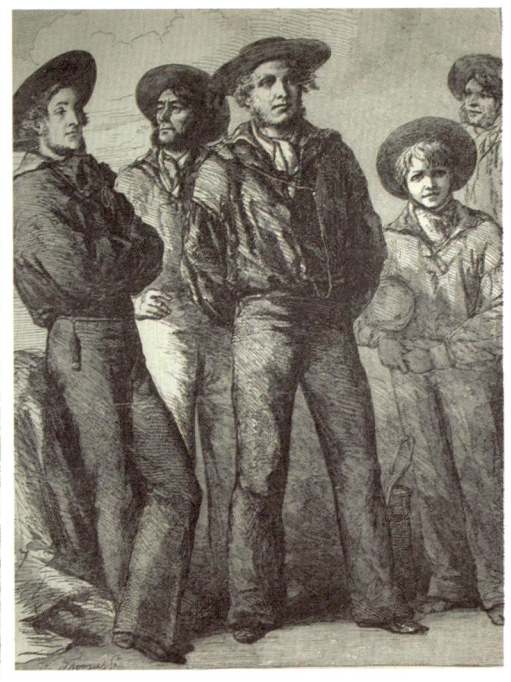

> 第一次世界大战期间一名上岸作战的德国水兵

> 1854年的英国水兵，头戴草帽，穿着套头披肩水兵服和喇叭裤

适应海上生活的水兵服式样

水兵离不开舰艇和大海，水兵服的式样，更多的是为了体现海上生活和作战的需要。以前，世界上各国的水兵服五花八门，并没有统一的规定。哪怕是在海上霸主英国，海军水兵服也一直无统一制式。前文说过，"布雷泽"号的舰长曾经让水兵统一穿着短款的"Frock Coat"。有的舰长甚至让水兵穿扮成小丑——19世纪中叶，英国海军"小丑"号（HMS Harlequin）的舰长根据自己军舰的舰名，让水兵们穿上五颜六色的花衣服，好似小丑一般。这种打扮引起了媒体的负面评价，也促使英国海军在1857年正式统一海军水兵的制服。这种水兵服在部分军舰上曾经使用过，因为其便于海上工作而被正式采用推广开来，引领了世界各国水兵服的设计。

在舰艇上生活和作战，水兵经常要在狭窄的舱室里进进出出，而且要经常爬桅杆，上上下下，活动受到很大的限制。如果身体正面缝有衣扣、衣襟，则经常会发生挂碰，不便于水兵在舰上进行作业。因而，水兵服不是开襟式，而是套头式；水兵裤的开襟也从前方挪到了侧方。为了便于落水时逃生，便于卷起裤脚清洗甲板，水兵裤采用了宽阔的喇叭裤式样。在大海中航行，常有狂风巨浪，在很大的颠簸中，难免有人呕吐，为了减少促使呕吐的外部条件，避免紧扣的衣扣对颈部造成刺激，水兵服的上衣都设计成无领式的。可是敞开的衣领在海风中不利于保暖，于是就增设了宽大的披肩。

披肩的来历也有多种说法。一说旧时水手长期在海上生活，淡水资源匮乏，很少洗头，于是经常会把头发梳成辫子，油腻的辫子容易把衣服弄脏，大家就在脖子系上四角围巾，隔开辫子和衣服，脏了就解下围巾洗一下。一说水兵们爬到高处时传递命令，为了让声音更为聚拢，于是在领子上安装了巨大的披肩，披肩飘起来，可以起到聚音喇叭的效果。然而，英国海军在 1815 年就已经不允许水兵梳辫子了，而首个水兵服披肩是在 1830 年出现的，况且最早的披肩是圆形，后来因为便于裁剪，才改为了方形。至于英国海军的披肩上的三道白边，纯粹是一种装饰，各国海军的披肩上白边数量不同，也是设计师的设计思路有别而已。

水兵服是海军士兵的专利，而海军高级别的士官和军官则不穿水兵服，也是与士官、军官较少进行舰上体力劳动有关。经过多年海风考验的军官和士官，也没有必要再穿着无领式的披肩服来防止刺激领口了。

水兵裤到底是不是"女裤"

水兵裤是当代军服中最为古怪的一员了：宽松肥大，侧开襟。这种式样的裤子并非源自英国。世界上第一个采用"喇叭裤"作为水兵裤的国家是美国。19 世纪早期，在美国海军还没有统一制服的年代，部分水兵就开始穿着喇叭裤了。喇叭裤便于卷起裤脚，方便冲洗甲板，而且便于落水后快速脱掉逃生。宽大的裤子在落水时可以将裤口裤腰扎起，容纳更多的空气以提供浮力，使水兵得救。

至于水兵裤采用侧开襟，前文已述，是为了便于爬桅杆。不过，关于水兵裤的来历，相信很多人都听过一个"误穿女友裤子捡回一条命"的故事。

在流传的各种版本中，这个故事的发生时间很准确：1713 年。主角也很

> 1702年，英荷联合舰队在维哥湾海战中全歼法西联合舰队

清楚，英国海军军舰"海狼"号和其上的一名士兵约翰·卡尔。话说当天，"海狼"号接到命令紧急出航，急急忙忙地驶出爱丁堡港。航行还不到半小时即遭遇敌舰，"海狼"号势单力薄，很快被击中，燃起熊熊烈焰沉没。全舰38名官兵只有1人生还，即约翰·卡尔。他之所以幸免于难是因为他身上的裤子。据说约翰·卡尔出发前与女朋友住在一起，接到紧急出航的通知后，他迷迷糊糊地起了床，黑灯瞎火地把女朋友的裤子穿上就走了。军舰下沉时，他迅速跳进海里。当他头朝下钻进海里时，"呼噜"一声，他身上的裤子却自己脱掉了，并在裤管里充满了气，卡尔来不及多想，伸手一把抓紧鼓成气泡的裤子，在海上漂流了17个小时，终于被人发现救了起来。事后，英国海军部发现女裤救了卡尔一命，而其他官兵落水后的裤子贴到了肉上，怎么也脱不下来，越来越重，无法逃生。海军部觉得这种女式不开裆的裤子，很适合海上水兵穿着，因此让水兵穿上了"女裤"。

这个故事听上去很有传奇色彩，不过查遍英文资料，却未见其记载。细细分析这个故事，也经不住推敲。

首先，1713年英国海军军舰落单被敌击沉的可能性不大。1713年，正是西班牙王位继承战争（1701—1714）末期。这场战争中英国、荷兰与法国、西班牙分属两大阵营。1702年，英荷海军即在维哥湾海战中全歼法西联合舰队。1704年，英国海军攻占了西班牙最南端的直布罗陀并一直由英国统治至今。

威武外挂：古今军队的服饰标识

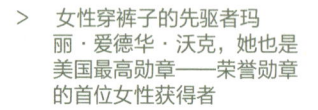

> 女性穿裤子的先驱者玛丽·爱德华·沃克，她也是美国最高勋章——荣誉勋章的首位女性获得者

> 反映特拉法尔加海战中纳尔逊阵亡的油画，图中许多英国水兵穿着蓝白条纹衫

到1708年，英荷一方完全控制了大西洋和地中海的制海权。既然如此，在战争即将结束的1713年，怎么会有一艘英军战舰独自从北方苏格兰的爱丁堡出航半小时即遭到伏击沉没呢？

其次，英国海军没有任何一艘军舰名为"海狼"号。而在英国海军中，与"海狼"最为接近的，就是"狼"号了。英国海军以"Wolf"或"Woolf"为名的军舰先后有16艘之多，然而在1713年的英国海军作战序列中，却没有任何一艘"狼"号。在1713年之前，英国海军于1699年下水了一艘单桅风帆战舰"狼"号，这艘"狼"号在西班牙王位继承战争中，于1704年法国海军尚未彻底失去制海权之时被法国人俘虏，再也没有回来，1712年被法国人出售拆解。而英国海军下一艘以"狼"命名的战舰则要到1731年才能下水。

其三，故事主人公的人名不似一个真正的英国人名，更像是随意编出来的。约翰也好，卡尔也罢，都是常见的英语人名，但仅仅是名，并非是姓。说一个英国人叫"约翰·卡尔"，就好似说一个中国人只有名而无姓一样，将两个名连在一起而不称姓，也不符合英语人名的称呼套路。更何况，约翰、卡尔都太稀松平常了，好像张伟王伟刘伟一样在中国比比皆是，增加了这个故事的不可信度。更何况一名士兵怎么会在岸上和女朋友住在一起呢？怎么

> 头戴红绒球水兵帽、身穿白宽蓝窄条纹衫法国的水兵

还会突然接到紧急命令往回赶呢？

最重要的一点，欧洲女人旧时是不穿裤子的，穿裤子是男人的专利。美国历史上第一位女军医玛丽·爱德华·沃克（Mary Edwards Walker，1832—1919）曾在美国内战时期因为数次穿长裤而遭到拘捕，因其立下过战功，美国国会给予她穿裤子的特权。但是其他女人则依然没有穿裤子的权利。连自由的美国都是如此，更不要说传统的欧洲了。19世纪末以来，随着女权运动的发展，女人要求穿裤子的呼声愈发激烈，也出现了为方便骑车骑马而设计的女裤。但女裤真正流行开来，还要得益于20世纪的两次世界大战。由于战争，大量女性进入军队工作，为了方便女性工作，女裤推广了开来，侧开襟的女裤正式出现在历史舞台上。20世纪下半叶以来，随着女性平权意识的发展，女人也开始穿着正开襟的裤子，侧开襟女裤也渐渐式微。既然侧开襟的女裤历史很短，那1713年的英国又是哪里来的女裤呢？

而且，侧开襟的裤子并不比正开襟的裤子更便于穿脱和贮存空气。裤子便于穿脱，是取决于是否宽松肥大。女裤的传奇故事的始作俑者应该也是某个文人，这个穿女裤逃生的故事，也可能是他按照自己理解以讹传讹制造出来的坊间传奇罢了。

被战斗民族发扬光大的海魂衫

提到海军军服，就不能不提到款式经典的蓝白横条纹圆领 T 恤衫——海魂衫。这种引领了时尚圈潮流的条纹衫起源于浪漫的法国布列塔尼地区。17 世纪起，这种服装就在法国东北的布列尼塔半岛地区开始流行，故而英语称之为"布列塔尼衫"（Breton shirt）。穿着这种蓝白条纹衫的主要是渔夫、水手，当然也包括海军里的水兵。

今天在我们看来，蓝白条纹的海魂衫浪漫而又潇洒，但是在中世纪的欧洲，条纹服饰一直是"罪恶滔天者"的象征，职业刽子手、异教徒、麻风病人和不具有市民权利的社会阶层等必须身穿条纹服装。最典型的就是囚犯的条纹装。在大航海时代，欧洲海军和海盗在很多时候是没什么区别的。为各国君主劫掠、开辟殖民地时，只要一纸任命状，海盗就化身为海军。军舰上的水兵，很多也是穷苦无处谋生的海边平民，甚至大量的水兵是被抓来入伍的。

穿上条纹装，好处有很多：其一，实际上彰显了水兵在舰上的低下地位；其二，旧时海军水兵的服装费用是舰长和将军们支付的，采用条纹装，可以节约本来就紧张的染料经费。至于说蓝白条纹装掉入海里容易被发现，相信也是没出过海的人臆想出来的——苍茫的大海上，人的喊声在狂风中难以听见，在遥远的距离上，只有红色、橙色等明亮的颜色才能有效引起舰上人员

> 可可·香奈儿的海洋风时装设计

> 十月革命前高举带有革命口号旗帜的沙俄水兵

的注意，蓝白条纹装容易引起注意，实在是略显牵强。其实，真正让蓝白条纹衫变得显眼的背景并非是大海，而是风帆军舰上的白色风帆。水兵们身着蓝白条纹衫站在帆桁上列队，倒是会显得较为显眼。

19世纪，随着水兵地位的逐步改善，有的国家，如英国，逐渐不再让水兵穿条纹衫了。但是法国人却在统一海军军服式样时将条纹衫确定为水兵的专属服饰。1858年，法国海军制定了法式海军条纹衫的生产标准：蓝色条纹宽0.4英寸（10毫米），蓝色条纹之间的白色条纹宽度为蓝色条纹的两倍，条纹衫的身体部分有20道或21道蓝色条纹（因服装号型大小而异），袖子上有14道蓝色条纹。此后，头戴红绒球水兵帽、身穿白宽蓝窄条纹衫的水兵形象成为法国海军的象征。除了法国海军外，荷兰海军在1877年至1965年间也采用了法式条纹衫作为水兵服装。

尽管在欧洲，除了法国、荷兰外，大部分海军都取消了条纹衫，但是这种彰显低下地位的条纹衫却因为法国著名时装设计师可可·香奈儿（Coco Chanel，1883—1971）的一件设计而流行起来。香奈儿在1917年推出了一个

> 卫国战争时期上岸战斗的苏联水兵，身着海魂衫

> 20世纪50年代，马尔格洛夫大将和身穿海魂衫的苏联空降兵们在一起

以海洋风为主的时装设计，采用了法国海军的条纹衫图案，这使得条纹衫的影响力再次增大，也让条纹衫正式踏入了时尚圈。在军队中，条纹衫大放异彩并与"硬汉"形象相挂钩，则是在有着"战斗民族"美誉的俄国。

俄国在19世纪70年代正式将水兵习惯穿着的条纹衫确定为海军正式制服，1874年8月19日，沙皇尼古拉一世的次子，俄国海军大臣、海军元帅康斯坦丁·尼古拉耶维奇（Константин Николаевич，1827—1892）大公正式签署命令，以蓝白条纹衫为海军水兵的内穿底衫，蓝色条纹之间的距离为44.45毫米，蓝色条纹宽度是间距的四分之一，即11.11毫米。这一时期，俄国的条纹衫比法式条纹衫相比，更为稀松。直至1912年，俄国条纹衫才把蓝白条纹宽度都改为11.11毫米，形成了独具风格的俄式条纹衫。俄国保留蓝白条纹衫的原因，一方面是封建传统浓厚，水兵地位并没有多少改善，另一方面是蓝白两色正好是俄国海军旗圣安德烈旗的颜色。

俄式海军条纹衫获得"海魂"之称号，是在苏联时期。十月革命中，俄国水兵作为布尔什维克坚定的支持者，在武装起义斗争中扮演了重要角色，

身穿条纹衫的革命水兵和工人一起伴着"阿芙乐尔"号的炮声冲进了冬宫，宣告了苏维埃的诞生。

卫国战争中，为了弥补陆军步兵部队的不足，遭到封锁失去了港湾和军舰的苏联水兵被重新组织起来，编为步兵投入作战。卫国战争期间，有 35 万苏联水兵被编入步兵部队投入战斗，共包括 1 个海军步兵师、40 个海军步兵旅和 6 个海军步兵团。（俄语中直译为"海军步兵"的部队，在汉语里一般被翻译为"海军陆战队"，指海军中以两栖作战为本职的两栖部队；而汉语里所说的"海军步兵"，在俄语里直译过来是"海军射击兵"，指原为海勤部队上岸改编来的步兵部队）

身着黑色水兵服，露着条纹衫的苏联海军步兵战士在战斗中让德军措手不及，常常从敌后迂回登陆并主动攻击敌人。他们作战勇猛，无所畏惧，经常会爆发出强悍的战斗力，成为德国侵略者的梦魇——"俄国水兵不要命了，端着枪上岸来揍我们了！"从敖德萨、莫斯科、列宁格勒、塞瓦斯托波尔、斯大林格勒一直到柏林，到处都有海军步兵战士的身影。著名的王牌狙击手瓦西里·扎伊采夫（Василий Зайцев，1915—1991）就是出身于海军步兵师。卫国战争中，苏联海军步兵用 112 次登陆作战证明了自己的实力，5 个海军步兵旅和 2 个海军步兵营被授予"近卫"称号，122 名海军步兵部队官兵被授予至高荣誉——"苏联英雄"称号。而条纹衫也成为苏联精锐部队的象征，也被赋予了"海魂"的含义。苏军战士们有一句口号："Нас мало, но мы в тельняшках！"翻译过来就是："尽管我们寡不敌众，但是我们都穿着海魂衫！"体现了兵力劣势条件下的大无畏精神。

苏联和俄罗斯时期空降兵也以海魂衫作为自己的服装，这要源于战后曾两度出任苏联空降兵司令的瓦西里·菲利波维奇·马尔格洛夫大将（Василий Филиппович Маргелов，1908—1990）。1941 年 11 月，时任列宁格勒方面军步兵第一师第三团少校团长的马尔格洛夫调任特种滑雪第 1 团团长。这个团是一个海军步兵团，由失去了军舰的波罗的海舰队水兵组成。在海军步兵任职时，陆军出身的马尔格洛夫与水兵们结下了深厚的战友情谊，尽管马尔格洛夫的军衔是陆军少校，但水兵们还是愿意称呼他为"海军少校"（俄语中陆军少校是"майор"，海军少校"капитан 3-го ранга"则直译为"三级舰长"）。

威武外挂：古今军队的服饰标识

> 两名俄罗斯海军军官，左侧的少将同时佩戴肩章和袖章；右侧的上校是岸勤军官，所以没有袖章

1941年11月21日，马尔格洛夫指挥海军步兵绕过战线，在位于敌后的拉多加湖向德军发起了一次突袭。战斗中马尔格洛夫身受重伤，被水兵们拼死救回，后送疗伤，离开了海军步兵团。尽管此后他再也没有指挥过海军步兵部队，但马尔格洛夫一直将这段经历视若珍宝。1954年，他出任苏联空降兵司令后，坚持让空降兵战士们也穿上了海魂衫。在阿富汗的山区和格罗尼兹的街头，在红场阅兵的空降兵战士和孤胆英雄列别德身上，继承自海军的海魂衫彰显着精锐部队的虎胆雄风。

海军军官军衔袖章有统一标准吗？

早在英国海军身穿"Justacorps"式外套的时代，海军就开始在袖口绣上不同的条纹以表现军官的级别。原因很简单，军官站在高处，为了便于低处的士兵观察，佩戴军衔袖章是一种十分方便的做法。陆军广泛使用肩章以后，海军也引入了肩章，但是更多情况下是作为礼服佩戴。19世纪的英国海军中，军官着蓝色"布雷泽"军服时，各舰队司令有权自行决定麾下军官是否佩戴

088

肩章——直到威尔士亲王爱德华（后来成为爱德华七世国王）一纸命令，统一了英国海军军官的穿着规定，英国海军平时就不再佩戴肩章了。

世界各国海军几乎都会在蓝色军服上佩戴袖章，大部分海军的袖章都是整圈绣在衣袖上，但俄罗斯海军、意大利海军的袖章只有短短的一道，越南海军的袖章是半圈。此外俄罗斯海军在佩戴袖章时同时佩戴肩章。各国海军的袖章上还会添加一些独特的装饰符号——例如很多国家效仿英国，袖章最上一道会绕出一个圈；朝鲜人民军海军袖章最上方是突出的三角折杠。更多的国家则通过在袖章上方钉缀不同的星徽来表明兵种和专业岗位。

各国海军大多使用军衔袖章，那么军衔袖章有统一的国际标准吗？如果不按照所谓的"国际标准"来设计，是不是会存在"自我矮化"的现象呢？并非如此。苏联和俄罗斯时期海军以将官的宽饰带为上校的标志，四道杠是中校，三道杠是少校；而英美国家四道杠为上校，三道杠为中校，也没见英美国家在与俄罗斯海军交往时觉得"被矮化"。德国海军尽管四道杠为上校，但却以三道杠为少校，中校采用三道杠夹一道细杠的形式来表示。法国海军则不走寻常路，将官不用饰带而用不同数量的星星，上校五道金杠，中校三道金杠两道银杠，少校四道杠，简直把英美海军"矮化"得要命了。还有罗马尼亚海军，校官与大部分国家的将官相似，一道宽饰带加普通饰带，而将官则加了两道宽度不同的宽饰带，这岂不是用上校来对等大部分国家的上将了吗？

总体上看，世界各国海军袖章图案的递增规律，按照校官尉官图案的不同，主要分为以下几大类：

1.英美系。即上校四道杠，中校三道杠，少校两道杠加一细杠，上尉两道杠。英国和美国海军袖章的主要区别在于，英国海军少尉无袖章，海军中尉是一道杠；美国海军少尉一道杠，中尉一道杠加一细杠。英美系海军袖章在世界各国应用最广，前英国殖民地、英联邦国家和美洲的80多个国家都在使用英美系袖章军衔。

2.苏联（俄罗斯）系。即上校一条将官宽饰带，中校四道杠，少校三道杠，大尉两道杠加一细杠，以下与美国海军相同。使用苏联和俄罗斯系袖章的，除了俄罗斯，还有哈萨克斯坦、阿塞拜疆、保加利亚、越南等国。

威武外挂：古今军队的服饰标识

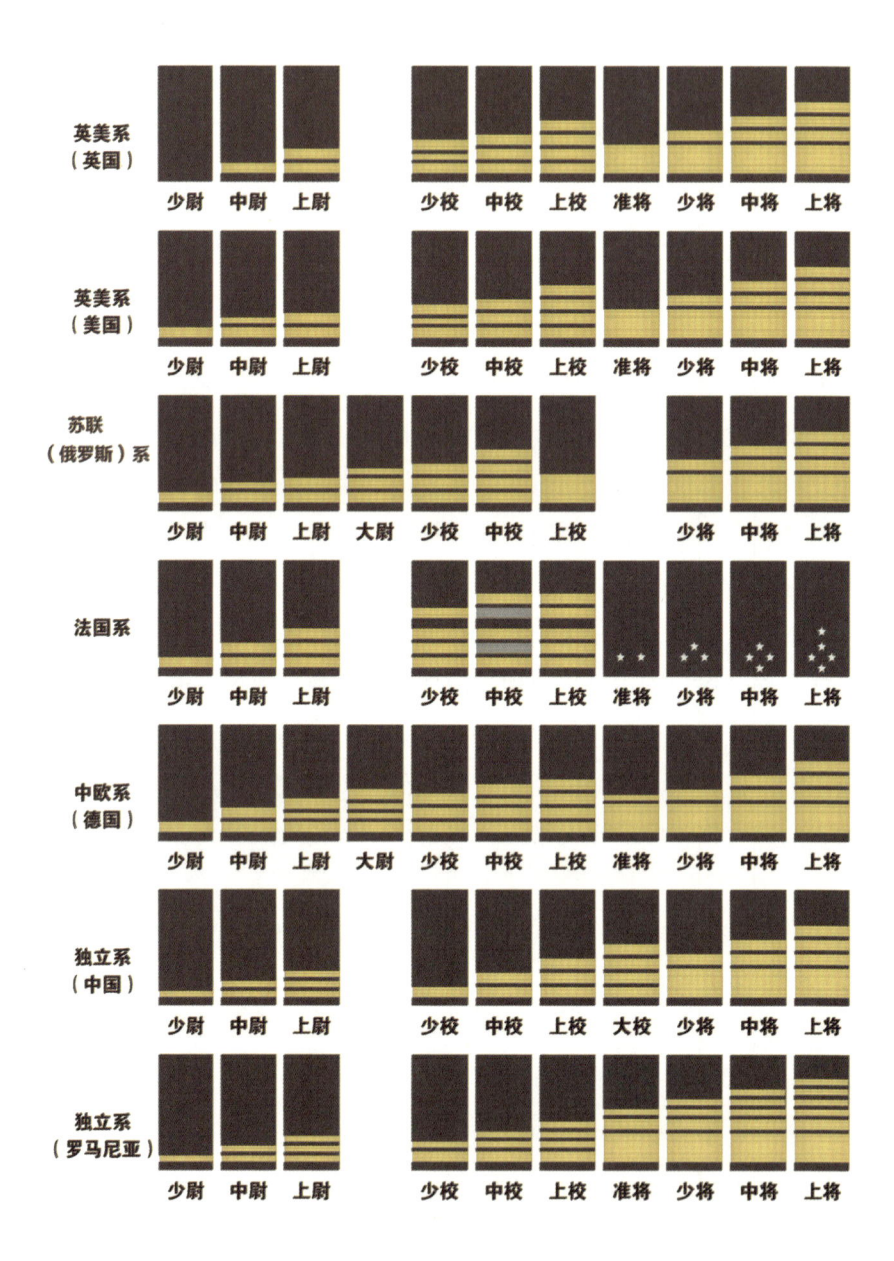

注：为了便于对比，袖章环、袖章星徽和高于上将的的军衔一律未标注出。

> 世界各国海军军衔袖章图案对比

3. 法国系。即上校五道金杠，中校也是五道杠但有两道是银色，少校四道杠，上尉到少尉分别为三、二、一道杠。除了法国外，使用这种军衔体系的大多是非洲的原法国殖民地国家，以及亚洲的柬埔寨，数量不多，十几个。

4. 中欧系。即上校四道杠，中校三道杠加一细杠，少校三道杠，尉官或与英美系相同，或与苏联和俄罗斯系相同。使用中欧系军衔袖章的，有德国、波罗的海三国、巴尔干半岛大部分国家、乌克兰、芬兰、挪威、比利时、土耳其和伊朗，数量也是十几个。

5. 独立系。即"将校尉三个类别各自独立，分别逐级增加"的识别方式。罗马尼亚、意大利、波兰、几内亚比绍、突尼斯、莫桑比克等七国海军的袖章采用这种方式。像罗马尼亚、意大利和波兰海军，尉官分别为一道至三道杠，校官在尉官的基础上加宽饰带，将官则要么再加两条宽饰带，要么再加一道更宽的饰带。这么排列的好处是将校尉泾渭分明，一目了然。但无论怎么排，都无法让上校变成四道杠。

此外还有一些国家没有采用军衔袖章，数量极少，略过不计。

尽管海军军衔袖章并没有"国际统一标准"，但从数量上看，英美系袖章占据了世界各国海军军官军衔袖章的主流，再加上上校标识相同的中欧系，使得"四道杠上校"成为最普遍的一个识别特征。不过，本国的军服是否有必要服从于所谓"国际标准"并无成例，适合自己的才是最好的。

战场上的五彩缤纷
功能繁杂的军服颜色

服装是最讲究颜色的，自古以来，人类就极为重视服装颜色。在军队里，军服色彩的选择也十分慎重，因为军服颜色与军兵种、地理气候环境有着密切的联系，在设计军服颜色时，要考虑到军服色彩对人的视觉、错觉所产生的特殊作用。各国军服的颜色，都是根据本国所处的时代、气候、地埋坏境和传统习惯而定的。军服上的颜色，不仅具有装饰美观的作用，更是和军服的功能息息相关。

布尔战争中换来的教训：军服当用保护色

"排队枪毙"时代，世界各国军服鲜艳明亮，在战场上极为显眼。随着火器的发展和"排队枪毙"战术的式微，军队开始使用保护色作为军服颜色。最早使用保护色军服的是英国军队。19世纪40年代，实际统治印度的英国东印度公司组建了一批部队以巩固统治，英国陆军准将亨利·蒙哥马利·劳伦斯任命陆军中尉哈里·伯内特·拉姆斯登（Harry Burnett Lumsden，1821—1896）在印度北部白沙瓦地区（今属于巴基斯坦）组建了"先导团"（Corps of Guides）。在制作军服时，拉姆斯登针

战场上的五彩缤纷 | 功能繁杂的军服颜色

> 身着卡其色军服的先导团官兵。该团由英国白人担任高级军官，由印度本地人担任低级军官和士兵

> 第一个采用卡其色作为军服颜色的哈里·伯内特·拉姆斯登，后晋升中将

对当地黄土地裸露多、风沙大的特点，为了侦察时便于伪装，选定了"卡其色"作为军服颜色。"卡其"（khaki）是乌尔都语（巴基斯坦本地语言）的音译，指的是地表尘土的颜色。在印度的殖民作战行动中，这种军服起到了较好的伪装效果。

卡其色军服出现在驻印度的英军身上，随后也被驻非洲地区的英国军队采用。1868年，驻印英军被抽调前往阿比西尼亚（今埃塞俄比亚）作战，卡其色军服在非洲的大地上起到了非常完美的伪装效果。在苏丹的马赫迪起义中，英军驻苏丹地区军队也穿上了卡其色军服。不过，英国陆军部并没有下令强行推广卡其色军服，许多地区的陆军部队依然穿着鲜艳的红军装。说来也奇怪，卡其色军服的优点已经在印度、阿比西尼亚和苏丹显现出来了，但军方却没有意识到保护色的重要性。很快，英军就要为自己的傲慢付出代价了。

17世纪，荷兰人来到南非进行殖民活动，逐渐形成了南非的荷兰人后裔民族——布尔人。"布尔"在荷兰语中是农民的意思。18世纪，英国人来到南非，随后便与先到的布尔人为争夺南非殖民统治权进行了长期的斗争。经过多年的冲突，在英国的强大实力面前，布尔人被迫向北面迁徙，于1852年和1854年分别建立了德兰士瓦（正式国号为"南非共和国"）和奥兰治两个

093

布尔人共和国。

1867年，奥兰治河地区发现钻石。奥兰治自由邦政府立即声明了这一地区的主权。而南非的英国殖民者却极力反对，并阴谋策划吞并两个布尔人共和国。1876年，德兰士瓦共和国陷入财政困难，同时与非洲本土的祖鲁人王国发生冲突。英国殖民者向德兰士瓦进行游说，劝其接受英国统治。内忧外患之下，德兰士瓦共和国接受了并入英国的要求。1879年，英国通过战争消灭了祖鲁王国，解除了布尔人面临的最大威胁。而英国统治期间并没有改善布尔人的生活条件，反而征收苛捐杂税，引起了布尔人的极大不满。1880年，德兰士瓦的布尔人发动反英起义，恢复南非共和国（德兰士瓦），保罗·克留格尔（Paul Kruger，1825—1904）出任总统。第一次布尔战争爆发。

第一次布尔战争爆发后，驻南非的英军在乔治·科利（George Colley，1835—1881）将军的率领下迅速发起进攻，试图扼杀布尔人的反抗。1881年2月，德兰士瓦军队在马朱巴山（Majuba Hill）附近击败了来犯英军，乔治·科利当场阵亡。战斗中，英军的红色军服极为显眼，成为布尔人军队的活靶子。此次胜利迫使英国在保留部分权力的名义下，承认德兰士瓦的独立。历经此战，结合印度、苏丹等地殖民军队的先进经验，英国认为有必要改变野战军服的颜色，1895年正式将卡其色军服作为夏季野战服。到第二次布尔战争爆发时，英军已经以整齐的卡其色军服形象出现在南非战场上。

> 1881年2月27日，英军在马朱巴山遭到布尔人痛击

> 马朱巴山之战示意图，军服颜色只是其失败的一个次要原因

国内的大部分文献都认为英军是在第二次布尔战争期间（1899—1902）吃了红色军服的亏，然后才换穿卡其色军服的。这种说法是以讹传讹。首先，英军的卡其色军服早在印度殖民作战期间就已经出现，在远征阿比西尼亚和马赫迪战争中崭露头角，英国人就算再迟钝，英国军方思维再保守，也不会用将近半个世纪的时间才意识到换发卡其色军服的重要性。其次，第二次布尔战争爆发前，卡其色是军装专属颜色的概念已经深入人心，英国人将战争期间进行的大选称呼为"卡其大选"（特指 1901 年大选），就是这种观念的直接体现。最重要的是，英军留下的历史图像中，第二次布尔战争时，陆军官兵的确是身着卡其色军服冲锋陷阵，英军总司令"屠夫"基奇纳（Horatio Kitchener，1850—1916）身穿卡其色军服的形象就出现在诸多宣传海报上了。

之所以出现这种误传，原因也很简单。第二次布尔战争中英军的确损失惨重，在国际上也陷入了舆论危机，投入重兵，战果不佳，最后尽管取得胜利，但确实是一场"惨胜"。这与第一次布尔战争中英军穿红衣遭伏击惨败的事实相似。许多国内研究者对两次布尔战争没有深入辨析，也没有调查英军到底穿的是什么衣服，把"红色""隐蔽""惨败"等因素想当然地联想起来，自然就得出了"第二次布尔战争英军穿红衣惨败然后更换卡其色军服"的结论了。

不过，卡其色被世界各国军队所接受，的确是受到英国在非洲军事实践的影响。美西战争期间，美国陆军开始穿着卡其色野战服，俄国是 1906 年，德国则是在 1910 年。

蓝白并非为浪漫：海军军服颜色源自实用

世界各国海军大多采用蓝白两色作为海军军服的颜色，在当代海军文化里，这两种颜色被解释为"大海的蓝色和浪花的白色"，听上去十分具有浪漫气息。然而，海军军服使用蓝色，并非出于如此浪漫的原因。18 世纪起，蓝色成为海军军服尤其是海军士兵军服的主流颜色的原因很简单——在当时的生产条件下，只有靛蓝为基础的染料可以耐得住阳光的暴晒和磨损，而其他颜色染成的布料长时间在海上穿着，会造成极大的褪色和磨损。因此，蓝

> 特拉法尔加海战中英国海军炮组

色成为海军军服的主流颜色。至于蓝色象征着大海，这可以视为一个巧合。

英国海军采用的蓝色并非鲜艳的色调，而是蓝中发黑、发青的一种深蓝。这种蓝色除了不容易被晒褪色外，还便于舰上工作，十分耐脏。英文里将其称为"navy blue"，即"海军蓝"。在中文里，这种颜色也被称作"藏青色"。由于藏青色极度接近黑色，所以有的国家的海军军服索性直接使用黑色，例如美国海军。尽管实际上是黑色，但是美国人依然将这身军服称作"海军蓝"，也是基于海军军服的蓝色传统。

18世纪的海军没有使用白色军服，原因很简单，白色不耐脏。军官们虽然效仿上流社会的绅士，曾经穿过白裤子，但是随着海军服制的规范化，英国海军取消了白色裤子，改为与蓝上衣颜色相同的蓝裤子。直到1877年，随着非洲殖民地的开拓，航行在热带地区的军舰上需要一种凉快的服装，于是便推出了白色的热带制服。英国海军的白色热带制服由一件白色"Tunic"外衣和白色长裤组成。由于金黄色的袖章在白色军服上不太明显，这种军服改为佩戴军衔肩章。由此，奠定了白色在海军军服中与蓝色分庭抗礼的地位。

区分识别成传统：兵种色让人眼花缭乱

卡其色成为陆军军装主流颜色后，绿色系的制服在各国军队中大为流行，加上早已经成为主流的蓝白色海军军服，以及 20 世纪登上历史舞台的蓝色空军军服，构成了各国军服的主流色彩。但是除了军种主色外，军服上依然有着更为复杂的兵种色，既区分了不同的部队，也让军服变得五彩缤纷。

英国陆军从 17 世纪中期开始穿红色军服，这使得不同部队、不同兵种的士兵在战时很难相互区分。为了便于区分，英军在制服的衬里上采用了不同的颜色，用以区分不同的单位或不同的专业，这就是兵种色的起源。1881 年，英国陆军用以下颜色区分不同的部队：英格兰和威尔士的团使用白色，苏格兰的团为黄色，爱尔兰的团为绿色。除此之外，获得"王家"称号的团不论来自哪个地区，都使用深蓝色作为军服饰色。

> 拿破仑战争时期的法国线列步兵，左侧红色衣领和帽饰的是掷弹兵，右侧黄色衣领和帽饰的是轻步兵

德国不似英国人那么繁琐，用复杂的颜色来区分不同的部队。不过，随着科技的发展，陆军中传统的步、炮、骑三大兵种开始日益丰富。即使是在过去，步、炮、骑三大兵种的军服也是不同的，第一次世界大战期间，新增加的兵种需要在实用和独特之间获得一种新的形象——军服式样无法大改，那就在领章、肩章边饰、帽边饰以及衣领等位置都使用不同的颜色加以区分吧。第一次世界大战后，魏玛共和国时代的德国陆军有 11 种兵种色：步兵—白色，参谋和文职—洋红色，炮兵—红色，烟雾（化学）兵—酒红色，汽车运输兵—玫瑰红色，骑兵—金黄色，通讯兵—柠檬黄色，猎兵—草绿色，驮运兵—浅蓝色，辎重兵—橙黄色，工程兵—黑色。随着军队的扩充，新兵种不断加入，德国陆军的兵种色后来增加为 16 种，涉及的兵种科目更增加到上百种。

苏联军队自成立以来，也一直使用复杂的兵种色系统，与德国用白色作为步兵兵种色不同，苏军中的步兵使用红色作为兵种色。除了传统的兵种外，苏军的一些特殊部队也拥有自己的兵种色。大名鼎鼎的内卫部队使用蓝色作为兵种色。

内卫部队是反间谍和隐蔽战线斗争的核心，隶属内务人民委员部。在隐蔽战线残酷的地下斗争中，内卫部队高度的警惕和怀疑有力保卫了苏维埃政权的安全，是确保红军立于不败之地的法宝。在卫国战争爆发前，内卫部队对于德军即将入侵这件事情，始终保持着高度的警惕而德军在发起入侵之时，也曾狡猾地让化装潜入的部队专门戴上了苏军内卫部队的蓝色大檐帽，企图迷惑苏联红军。不过，魔高一尺，道高一丈，苏联内卫部队通过证件铁钉、服装材质、勋章材质等种种细节，揪出了许多潜入红军内部的德国间谍，取得了辉煌的成就。

> 1937年的苏联内卫部队

苏联卫国战争期间，除了内卫部队遭德军忌恨外，另一支遭到德军忌恨的部队就是使用绿色兵种色的边防军了。在反抗德国入侵的战斗中，边防军抵抗最为激烈，以至于德军发现绿领章的苏军军人一律杀害。这下，苏军卫生兵就倒了大霉——卫生兵的兵种色也是绿色。尽管卫生兵的领章上面还有个高脚杯和蛇的卫生兵符号。

美国也有兵种色这一说，不同的兵种都有自己的专属颜色，不过有的兵种只有一种兵种色，有些兵种则会有两种兵种色。在平时战时都只有一套制服的时代，兵种色还具有识别的功能，但随着迷彩服的盛行，各种识别章的出现，如今美军的兵种色更多的只是作为一种传统和军队文化而存在了。

赤橙黄绿青蓝紫：航空母舰上的五彩马甲

在当代军服中，五颜六色的兵种色只留下了装饰和美观的功效，但是在现代航空母舰上，起到识别作用的彩色军服依然在发挥着作用。现代航空母舰是一个硕大无比的海上机场，每一艘航空母舰上从事各项工作的舰员多达几千人。例如美国"尼米兹"号航空母舰，大约有6000多名舰员，仅暴露在飞行甲板上的舰员也高达千名。飞行甲板虽然面积较大，但面对如此众多、密集的人员活动，各种人员分工不同，工作区域却交叉重叠，几十种不同性质的工作混杂在一起，必然会出现一种嘈杂吵闹、忙乱无章的局面。

飞行甲板上通常呈现这样的景象：飞机在滑行，喷气发动机在运转，人们在奔跑，哨声和警报声在回响，舰载机在弹射和回收，有些人在为舰载机加油，还有一些人在搬运弹药……数百项工作在飞行甲板上同时展开，给指挥协同带来了困难，有时一点小的疏忽就会带来严重后果。有人说，航空母舰的飞行甲板是世界上最危险的地方，丝毫不过分。如何区分这些人？如何让上千名舰员在工作时忙而不乱？美国作为世界上的航母大国，率先为甲板作业的舰员配发了五颜六色的马甲。这些花枝招展的"彩蝶"正是航空母舰

> 美国航空母舰甲板上身着五颜六色马甲的工作人员

甲板运作有条不紊的秘诀。

美国海军航空母舰飞行甲板工作人员的工作服分为7种颜色，以紫、蓝、绿、黄、红、棕、白七种不同颜色工作服和救生背心区分不同的工种。

穿黄色工作服和救生背心的人员主要负责舰载机的调度、引导，他们是甲板上唯一有权调度、引导舰载机移动的人员，包括飞行甲板军官、飞机调度军官、飞机弹射军官、阻拦军官、飞机引导员。飞行甲板军官负责确保甲板工作人员和设备的安全有效作业。飞机调度军官负责监督航空母舰飞行甲板和机库甲板上所有舰载机的调度，协助航空部门长管理飞行作业。飞机弹射军官和阻拦军官在飞机调度军官的配合下，分别负责指挥弹射器和阻拦装置操作人员，确保弹射器和阻拦装置安全高效地工作。飞机引导员为飞行员提供视觉信号，负责引导舰载机。

穿蓝色工作服和救生背心的人员在穿黄色工作服人员的指挥下，具体负责飞机的调度和移动，包括升降机操作员、飞机移动和轮挡员、牵引车司机、传令兵。身着蓝色工作服、头戴白色头盔的升降机操作员会根据指示将舰载机从机库升至舰面；如果遭受意外攻击，他们会立即将飞机封藏在机库里。飞机轮挡员穿蓝服、戴蓝盔，他们负责抽除和垫上轮挡。穿蓝服、戴蓝盔且工作服或救生背心上印有T字符号的为传令兵。而穿蓝服、戴蓝盔、工作服

> 美国航空母舰上身穿蓝色背心，头戴蓝色头盔的牵引车司机

或救生背心胸背印有牵引机符号的则是舰上的牵引车司机。

　　穿绿色工作服和救生背心的人员有弹射器、阻拦装置、尾钩操作员，飞机、甲板设备维修人员，以及直升机着舰信号员和货运员、摄影师。其中，弹射器、阻拦装置、尾钩操作员分别负责所有飞机弹射起飞装置、飞机回收阻拦装置的具体操作、安全检查和复位，确保舰载机能够安全高效地弹射起飞和回收。飞机维修人员和甲板设备维修人员分别负责飞机和飞行甲板设备的维修与保养。直升机着舰信号员负责用手势信号指挥直升机起飞和着舰。货运员负责除武器弹药和燃油外所有货物的搬运、装载工作。摄影师负责用图像和视频记录飞行作业，撰写安全报告，用于存档和对外发布。

　　穿红色工作服和救生背心的舰员承担极具危险性的工作，包括机载武器弹药的搬运、装卸，问题弹药的处理以及消防、救援等，这些人员是军械员、飞机失事救护员、消防员和爆炸物处理员，都身穿红色工作服和救生背心、戴红色头盔。有时，要员上航空母舰飞行甲板时，也穿红色工作服和救生背心。

　　穿棕色工作服和救生背心的是飞机器材检查员和外场机械军士长。

　　穿紫色工作服和救生背心的是航空燃料员，负责舰载机的加油和排油，并为舰上机动设备补充汽油，为弹射器添加润滑油，为喷气发动机试验提供燃油等。

> 美国航空母舰上身穿红色背心的军械员正在运送弹药

> 美国航空母舰上身穿白色背心的医护人员

　　美海军航空母舰上穿白色工作服和救生背心的人比较多，主要负责舰载机和机组人员的安全，包括舰载机联队质量控制员、中队飞机检查员、液氧员、安全员、医护人员以及飞机降落军官、空运军官。其中，飞机降落军官身着标有"LSO"的白色工作服和救生背心，他们要详细了解降落飞机的特性、气象情况、飞行员情况，并随时与飞行员联系，及时准确操纵灯光信号，确保飞机安全着舰。医务人员胸背均标有显眼的红十字。

　　穿戴不同颜色工作服/救生背心和头盔的工作人员在飞行甲板上工作时，都有他们自己明确的职责范围。美海军航空母舰飞行甲板作业规程明确规定：在飞行作业期间，工作人员若没有正确穿着飞行甲板工作服，是禁止在飞行甲板上活动的。甲板工作人员数量众多，属性各异，在同一个飞行甲板平台上，协调有序地进行甲板作业是首要的工作内容。其次，克服噪声、火灾、重物冲撞、落水等可能带来的伤害，也是甲板工作人员必须具备的防护措施。因此，美海军为航空母舰甲板人员配备了工作服、救生背心、头盔（救生背心和头盔前后都有白色反光带）以及双重听力保护装置、护目镜、飞行甲板靴、阻燃手套等。甲板人员作业前，必须按照规定，检查是否按规定穿戴整齐。军械员、飞机失事救护员、消防员、爆炸物处理员和航空燃料员工作时还需要穿上特种防护服，包括爆炸物处理防护服、消防服、海上搜救人员抗暴露服、燃料处理连体防护服等，当然所穿特种防护服颜色要与人员分工相符。

> 法国海军"戴高乐"号航空母舰飞行甲板上身穿彩色马甲的工作人员

美国海军的先进经验也被世界各国海军所借鉴。法国海军"戴高乐"号航空母舰的甲板作业服颜色分为黄蓝绿红白棕紫七种。穿黄色马甲的是甲板指挥官和起降指挥官。穿蓝色马甲带黄竖杠的是甲板传令官,蓝马甲带红"T"字的是牵引车驾驶员,蓝马甲带红竖杠的是甲板固定系缆员。穿绿色马甲的是弹射器系缆员,绿马甲带黑竖杠的是飞行中队技术员。穿红色马甲的是油料加注员,红马甲带黑竖杠的是军械员。穿白马甲的是飞行跑道军官,白马甲带黑竖杠的是弹射器、阻拦器操作手,白马甲带黑"L"字的是升降机操作手,白马甲带红十字的是医护人员。穿棕马甲的是飞机看护员,棕马甲带黑竖杠的是警卫人员。穿紫马甲的是随军牧师。总体上看,法军的马甲颜色略混乱,不如美军清晰有条理。

07

神秘的涂鸦
令人眼花缭乱的迷彩服

如果有人问你，军人的颜色是什么？很多人可能会脱口而出"绿色"。这个大陆军主义的回答不能让海军、空军满意，浪花白和天空蓝难道就不是军人的颜色了吗？其实，如果非要为军人指定一种颜色，"迷彩"似乎可以成为一个较为妥当的答案。

何谓"迷彩"？首先让我们看一下这个词的定义："迷彩是由绿、黄、茶、黑等颜色，组成不规则图案的一种新式保护色。"一提到保护色，许多人的误区就是"使自己隐匿的颜色"，也就是可以让自己藏起来不被发现。其实非也。迷彩，顾名思义，是一种迷惑对方的色彩，迷惑即可，并非隐匿。正如英文中"迷彩"一词"Camouflage"，本义是"伪装"。迷彩自诞生以来，就一直在军事伪装中发挥着重要作用，而人类历史上出现的各式迷彩服也五花八门，成为军营中一道独特的风景。

> 1918年的英国海军"百眼巨人"号航空母舰

最初的迷彩：舷舰难分的海军舰艇迷彩

在人类军事史上，迷彩的首次出现并非为了制成迷彩服用于单兵伪装。最初在军事伪装中采用迷彩的是英国。19世纪80年代，英国开始在海岸防御工事中采用迷彩涂装，普利茅斯周围的海岸防御工事被漆上了不规则的红、棕、黄、绿色块。随后，海军水面舰艇也开始采用迷彩涂装，主要是在军舰上模仿斑马花纹喷涂的黑白条纹迷彩。

在海战仍然依靠目视侦察和光学攻击的时代，军舰冒出的黑烟早已暴露己方舰队位置，此种条件下隐匿踪迹的意义不大，但是军舰上喷涂迷彩以歪曲军舰轮廓，让敌方难以识别型号，误判航速，对增加己方军舰生存能力有着重要作用。尤其是在火炮射击需要留出提前量的情况下，军舰上的迷彩若是将舰艏伪装成舰艉，让敌舰判错军舰航行方向，留错了提前量，则会少挨几发炮弹。军舰迷彩在世界各国海军中广泛应用，从一战到二战，涂着各式迷彩的军舰驰骋于大洋之上。除了黑白条纹的"眩晕迷彩"外，各国也根据本国军队的实际情况，发明了多种多样的舰艇迷彩。

随着海战侦察和攻击走向超视距，使用迷彩涂装的军舰数量逐渐减少，但仍有部分在视距内作战的舰艇在使用迷彩涂装。

威武外挂：古今军队的服饰标识

一战迷彩头盔：首款迷彩单兵服饰

第一个将迷彩从军舰身上拿到士兵身上的，是德国人。但德国人在士兵身上采用迷彩，并不是给士兵穿上迷彩服，而是使用迷彩钢盔。自钢盔在第一次世界大战中出现以来，虽然能够较好地保护士兵头部，但钢盔反射强光而吸引狙击手或火炮射击也是各国军队面临的一个难题。因此，德国士兵经常用泥土、树叶或油漆自行对钢盔进行喷涂。1916年到1917年，德军曾为钢盔配发冬季的白色盔罩和夏季的灰色盔罩。

1918年7月，德国总参谋部发布命令，规定了钢盔伪装的正式标准，要求士兵根据不同的季节、作战区域地理环境，相应地用绿色、棕色和黄赭色等油漆，在钢盔上喷涂几何形状的斑块，各斑块间用手指宽的黑线分隔。这种喷涂不仅防止了反光，而且在战壕阵地战的环境中，从视觉上歪曲了钢盔的外形轮廓，对敌方狙击手起到一定的迷惑效果。

除了德军，其他国家也开始使用这种涂装的迷彩钢盔。例如，1917年参战的美国，紧急从英国订购了一大批MK1型钢盔（即"布罗迪钢盔"，Brodie helmet，以设计师布罗迪的名字而著称），同时在国内根据MK1型钢盔的版型进行生产，此种钢盔命名为"M1917A1型钢盔"。后参战的美军吸

> 第一次世界大战中头戴迷彩钢盔的德军突击队士兵

> 美军在第一次世界大战期间使用的M1917钢盔，采用了迷彩涂装

取了英、法、德等国军队的经验,也给钢盔涂色以进行伪装。一般来说,美军让让士兵用 3 种 ~6 种颜色的油漆在钢盔外表绘上图案,以使其与周围环境混在一起作伪装。美军的钢盔迷彩伪装没有德军那么系统规范,没有统一制定的标准,各军各师甚至各团都有不同的模式,而且士兵自行手绘出来的迷彩图案看上去更像涂鸦作品,至于实际伪装效果就参差不齐了。

二战迷彩罩衫:迷彩服崭露头角

随着现代科学技术的发展,各种光学侦察器材也相继出现,对军服伪装隐蔽的要求趋于更高。传统的单色军服已经不能满足战场的伪装要求了。在这种情况下,迷彩服横空出世,孕育而生。

1929 年,意大利研制出世界上最早的迷彩服,意大利的首款迷彩服采用了棕、黄、绿和褐黄 4 种颜色。这种迷彩服被称为"Telo mimetico",这个词在意大利语里的意思是"迷彩布"。这种色彩版型的迷彩图案被意大利人使用了 60 多年,直到 20 世纪 90 年代才更换了新款迷彩图案。

意大利 1929 式迷彩既是世界上最早的迷彩图案,也是使用时间最长的迷彩图案。在 1929 年首款迷彩图案诞生之时,意大利军队主要用迷彩布来制作罩衣,这也是第二次世界大战期间各国军队运用迷彩服的主要方式。

继意大利之后,世界各国军队也纷纷研发出了迷彩服。德国早在 1937 年就开始配发迷彩罩衫,其颜色以绿色、黄色、茶褐色为主,适用于橡树叶、

> 1944 年,身着"Telo mimetico"迷彩罩衣的意大利士兵

> 意大利的"Telo mimetico"迷彩颜色图样

> 1944年,一名身着迷彩罩衫的德国士兵

棕榈叶、豌豆、悬铃木等植被条件下的伪装。我们在历史照片、影视剧里经常能看见在毛料军服外面套着迷彩罩衫造型的德军士兵。除了罩衫外,德军也生产过迷彩的背包、装具,还有迷彩跳伞服。1941年,德军入侵克里特岛时,专门为伞兵部队配发了分体式的迷彩跳伞服。到了战争后期,非罩衫式的迷彩作战服也开始在德军中出现。

狙击手、空降兵和陆战队:特殊军兵种先行的经典迷彩

第二次世界大战中,苏联、英国和美国的迷彩服并非一开始就普遍装备全军,而是在少数特殊军兵种率先使用,随后逐渐流行起来,成为一代经典。苏联的双色大叶迷彩,英国的丹尼森迷彩和美国的猎鸭迷彩就是二战中盟军迷彩服中的经典之作。

苏联的双色大叶迷彩伪装服

苏联红军的军服主要以土黄色为主,并没有大规模配发迷彩服,迷彩在军中主要也是以罩衫的方式配发使用的。苏军生产的伪装罩衫种类很多,除

了适用于俄罗斯寒冷冬季的白色伪装服外，最主要的就是双色大叶迷彩伪装服了。苏军对迷彩服的研究起步并不晚，在意大利1929年发明首款迷彩服后，苏联在20世纪30年代初就研发出了一体式的伪装服和分体式的伪装服，这种伪装服的迷彩图案采用双色模式，在浅绿色的罩衣上印有一个个巨大的深黑褐色的色块，因为色块巨大如树叶，故被称为"双色大叶迷彩"，也因为其酷似阿米巴变形虫，被称为"变形虫迷彩"。

苏军的迷彩罩衣极为宽大，穿在身上松松垮垮，在脑后有一顶风帽，可以连钢盔一起罩起来，并通过纽扣固定起来，这种宽松的效果非常有效地打破了人体轮廓，伪装效果极佳。在苏联红军中，穿着迷彩伪装服是精英部队的象征，侦察兵、战斗工兵、狙击手都是迷彩伪装服的使用兵种。在女狙击手英雄帕夫柳琴科和她的战友们留下的历史照片中，我们能看见经典的双色大叶伪装服。除了狙击手部队外，实际上普通步兵部队也有配发迷彩罩衫，作为公用被装使用，一般来说一个步兵连会配备10到20套，有需要的时候按需取用。

由于双色大叶迷彩在密林里的伪装效果有限，苏联又于1942年研发了"桦树叶"迷彩，适用于在密林地区的伪伪。此时，苏军的罩衫采用了双面设计，一面继续是双色大叶迷彩，另一面则是桦树叶迷彩。在不同地区作战时，可以根据需要正穿或反穿。二战后，双色大叶迷彩逐渐退出苏军作战序列，但桦树叶迷彩一直被苏军使用到20世纪六七十年代。

英国空降兵的丹尼森迷彩

引领英军迷彩服发展的军兵种是空降兵。第二次世界大战是空降作战迅速发展的重要历史时期，不论是德军还是英军和美军，都在实践中积累了丰富的空降作战经验。在当时，空降部队绝对是优于常规步兵的精锐部队，空降兵的服装也和常规步兵有着较大差别，这主要是由空降作战与传统地面作战的需求差异所决定的。而这种独特的服装也成为空降兵们自身的骄傲。

1940年，英国通过仿制缴获的德国空降兵跳伞夹克研制出了英军的伞兵夹克。1942年，英军伞兵少校默文·威廉·丹尼森（Mervyn William Dennison，1914—1992）在此基础上设计出了一种新的伞兵服，以其姓氏命名为"丹尼森迷彩服"。丹尼森迷彩服主要配发英军特种作战部队、空降部队、滑翔机飞行员、机降部队等需要执行伞降或机降任务的作战人员，穿着在降落伞具以及作战装具以内。丹尼森迷彩服是一种短拉链半开衫的夹克衫，下摆正中有一条俗称"海狸尾巴"的宽帆布条，平时通过金属扣固定在背后下摆正中，在跳伞前，将金属扣解开，穿过裆下固定，防止伞降过程中罩衣被气流向上吹起。

丹尼森迷彩服的迷彩图案极为特殊，被称作"笔刷迷彩"。卡其色斜纹布上印有豆绿色和深棕色的色块，这些色块是用宽刷子蘸着不褪色的染料手工刷在成品罩衫上的，因此得名。所以，每一件丹尼森迷彩服的颜色都是各不相同的。由于配发较少，而且仅限于空降兵等精锐部队使用，故丹尼森迷彩服在英军中颇为抢手，很多人都会费尽心思通过各种门路弄来一件。英军高级军官会自行定制华达呢材质的丹尼森迷彩服用于日常穿着。随着装备数量的增加和生产规模的增大，丹尼森迷彩服由之前的手工涂装改为更加快捷高效的丝网印刷，想得到一件丹尼森迷彩服也变得更为容易。

第二次世界大战后，英军继续使用丹尼森迷彩的图案，直到20世纪70年代被新型裂片迷彩服替代为止。

美国海军陆战队的猎鸭迷彩

> 身着丹尼森迷彩服的英国陆军元帅蒙哥马利

> 1944年，一名身穿猎鸭迷彩的美国陆军装甲2师士兵在诺曼底地区

二战中的美军基本还是穿着卡其色、土黄色的单色军服，不过在太平洋战场，美国海军陆战队的一种迷彩服取得了极佳的效果，成为迷彩服历史上最为经典的一款——猎鸭迷彩。美国海军陆战队的猎鸭迷彩标准名称叫作"M1942式斑点迷彩"，也被称作"蛙皮迷彩"，这种迷彩是由加利福尼亚的园艺家诺维尔·吉莱斯皮（Norvell Gillespie，1913—1973）设计的，这种布料可以让他在猎野鸭时更隐蔽地接近目标，因此得名。

与苏军的迷彩罩衫类似，M1942斑点迷彩服也是双面穿的，一面色彩偏绿适用于春夏季，一面色彩偏黄适用于秋冬季。由于猎鸭迷彩与太平洋岛礁上的地表颜色较为相符，取得了较好的效果，故被美国海军陆战队选用。由于在太平洋战场上取得了成果，美国陆军装甲第二师一度也为自己的士兵配发了猎鸭迷彩，并将其带到了欧洲战场。但是由于德国党卫军也普遍穿着迷彩服，穿着猎鸭迷彩的美国陆军容易被友军误伤，于是又不得不停止穿着。第二次世界大战后，世界各国出现了很多效仿猎鸭迷彩生产的迷彩服，尽管色块大小形状和颜色都略有区别，但都是在猎鸭迷彩的基础上衍生而来，成为世界迷彩家族中一支庞大的力量。

战后日益壮大的迷彩家族

二战后，迷彩服在世界各国军队中逐渐变得常见起来，也衍生出了诸多不同的派系和类别。

法国蜥蜴迷彩：并非模仿蜥蜴皮

蜥蜴迷彩是法国自20世纪50年代起开始使用的一种迷彩服，其正式名称是"TAP47迷彩服"。这种迷彩服之所以得名为"蜥蜴"，并非因为其图案模仿了蜥蜴的皮肤，而是因为身着这种迷彩服的法国伞兵在阿尔及利亚独立战争中被称作"蜥蜴"。蜥蜴迷彩服的图案源自英国的丹尼森迷彩，也是类似于笔刷刷出的条纹图案。但是蜥蜴迷彩的图案远比丹尼森迷彩复杂。丹尼森迷彩是单一颜色，且笔画之间不相交，蜥蜴迷彩则交织在一起，错综复杂。

法军的蜥蜴迷彩在越南抗法战争中开始使用，随后，法军士兵又穿着蜥蜴迷彩经历了阿尔及利亚战争。1966年拍摄的电影《野战雄狮》（The Lost Command）中，就体现了穿着蜥蜴迷彩的法军先后在越南、阿尔及利亚遭遇失败的历史形象。除了法国外，葡萄牙军队也使用蜥蜴迷彩，不过法国的蜥蜴迷彩主要是横纹，葡萄牙的则是竖纹。

法国的蜥蜴迷彩一直使用到20世纪80年代。

> 法国蜥蜴迷彩的图样

虎斑迷彩：越南战场扬名天下

法国的蜥蜴迷彩衍生出的一种新型迷彩就是虎斑迷彩。虎斑迷彩的特点是窄窄的条纹，笔画交错，在布料上组成复杂的图案。由于条纹较窄，酷似老虎的斑纹，故而得名。

最早采用虎斑迷彩的是南越军队。越南抗法战争期间，法国一直扶持越南南方政权，南越军队借鉴法军的蜥蜴迷彩，开发出了自己的虎斑迷彩。而虎斑迷彩之所以名声大振，还是和后来美国参与的美越战争有关。美越战争之前，尽管曾经有过装备猎鸭迷彩的经验，也有了米切尔迷彩

> 法国电影《野战雄狮》中身着法军蜥蜴迷彩服的著名演员阿兰·德龙（Alain Delon）

布，但大多用于盔罩、雨布，陆军部队并没有大规模配发迷彩服。美军全面介入美越战争之前，派到南越军队中的美国顾问就穿上了南越提供的虎斑迷彩，并在虎斑迷彩上佩戴美军的徽章。美军全面介入美越战争后，发现虎斑迷彩能够更好地适应于越南的雨林环境，于是身处越南的美军特战部队便率先开始穿着虎斑迷彩。由于美国陆军"绿色贝雷帽"特种部队穿着了虎斑迷彩，从而使得这种迷彩的知名度逐渐提升。虽然这种风格深受部队喜爱，但并不是美军官方认可的制式军服。

美越战争结束后，虎斑迷彩也被许多国家采用。泰国、菲律宾是生产虎斑迷彩最多的国家。

> 一种虎斑迷彩的颜色色样

> 美越战争中，身着虎斑迷彩的美军士兵

丛林迷彩：美国引领的世界潮流

四色丛林迷彩服可能是世界上最知名的迷彩服之一了。1948 年，美国陆军工程研究与开发实验室（Engineer Research & Development Laboratory）研制出了一种四色迷彩服，以该机构的英文首字母命名为"ERDL 迷彩服"。这种迷彩服采用了黄绿色、深绿色、棕色及黑色 4 种颜色，模拟丛林地区的树叶来实现伪装效果。故而，ERDL 迷彩也被称作"树叶迷彩"。ERDL 迷彩正式服役的时间却很晚，到了美越战争后期才穿到美军士兵们身上。1968 年，美国海军陆战队正式开始穿着 ERDL 迷彩。

1981 年，美军研发了一种新的迷彩服，即 M81 四色丛林迷彩服。M81 四色丛林迷彩服是 ERDL 迷彩服的延续。从 1981 年到 2006 年，美国四大军种都穿着 M81 四色丛林迷彩，与此同时，这种迷彩也被世界绝大部分国家学习效仿。到现在，世界上四分之一的军队依然穿着类似 M81 四色丛林迷彩的军服。

裂片迷彩：大英帝国的独特风采

20 世纪 60 年代初，英国开始研制出新一代迷彩服，用以取代丹尼森迷彩。历经多个版本，终于于 1968 年正式定型，这种迷彩服被称作"裂片迷彩"，英文是"Disruptive Pattern Material"，故多简称为"DPM 迷彩"。DPM 迷彩也是一种四色迷彩，但是颜色块的分布却是好似破裂的色块，不完整，也没有条纹。在用色上，比起美国的四色林地迷彩添加了更多的黑色元素，能够更好地适应北欧的林地环境。裂片迷彩有多种版本,标准的裂片迷彩是针对温带地区设计的,背景为卡其色,加入黑色、棕色和明亮的绿色。此外,英国还设计了沙漠裂片迷彩和热带裂片迷彩。使用裂片迷彩的,还有英联邦的多个国家。

雨点 VS 斑点:两个德国泾渭分明

作为最早应用迷彩服的国家,德国在战后迷彩服的发展上也没有落在他国身后。分裂中的德国各有一款独特的迷彩——民主德国的雨点迷彩和联邦德国的斑点迷彩。

民主德国的雨点迷彩花纹独特,浅色底色上,分布着一条条纵向雨点线,在各国迷彩服中独树一帜。雨点迷彩的原型是德国于 1931 年研发试验的一款迷彩,但是没有得到大规模应用。战后,民主德国国家人民军于 1965 年开始

> 1969 年美越战争期间,身着 ERDL 迷彩服的美国海军陆战队军官罗伯特·米勒(Robert Mueller,1944—)接受表彰,他后来担任美国联邦调查局局长

> 1987 年,身着 M81 丛林迷彩的美国海军"海豹"突击队员

> 1988 年,身着 M81 迷彩的美国空军士兵

> 2000 年,身着 M81 迷彩的美国国民警卫队士兵

神秘的涂鸦 | 令人眼花缭乱的迷彩服

> 2012年，正在进行训练的俄罗斯内卫部队士兵，身着俄军的四色丛林迷彩服

> DPM裂片迷彩颜色

> 英阿马岛战争中，英军身着DPM裂片迷彩执行作战行动

> 20世纪60年代，身着雨点迷彩的民主德国国家人民军士兵和苏联军人在一起

正式装备这种迷彩服。在冷战前沿的柏林，这种迷彩服的形象曝光率极高，成为民主德国国家人民军的典型象征之一。除了民主德国外，波兰、捷克斯洛伐克和保加利亚也曾经装备过雨点迷彩。随着1990年两德统一，雨点迷彩也正式走入了历史。虽然从今天的眼光来看雨滴迷彩伪装效果不强，但它在当时却因为适合东欧地貌和简单易造而迅速普及华约陆军，并几乎成为民主德国人民军的标志。

与民主德国同文同种的联邦德国也从二战中的试验版型迷彩中获取了灵感，研制出了斑点迷彩。联邦德国联邦国防军在战后一直穿着灰色作战服，1976年，联邦德国采用斑点状色块进行层层叠加，形成了一种造型独特的迷彩。联邦德国试验的斑点迷彩方案有多种颜色版本，三色、四色、五色到六色均

115

威武外挂：古今军队的服饰标识

> 2004年，正在和美军进行联合训练的德军士兵。正在进行实操的德军士兵身着斑点迷彩，周围观看的美军士兵身着四色丛林迷彩

> "巧克力碎"迷彩图案

有。最终确定的方案是五色斑点迷彩，由15%的浅绿色、20%的浅橄榄色、35%的深绿色、20%的棕色和10%的黑色组成。20世纪80年代，联邦德国联邦国防军一直穿着灰绿色军服，直到两德统一后，斑点迷彩才正式装备德军。随后，奥地利、比利时、阿尔巴尼亚等国也纷纷效仿。

"沙漠风暴"显威名：独特的"巧克力碎"迷彩

1962年，中东地区局势日益紧张，美军认为，未来可能会介入阿以冲突，于是便针对中东地区的沙漠环境，开始研发一款迷彩服。美国在本土西南部的沙漠中进行了多次试验，但是随着后来美军注意力转向越南，这一试验计划被搁置了。美越战争后，美军回归中东后，研发沙漠迷彩服的计划便再次提上日程。1976年，沙漠作战服（Desert Battle Dress Uniform，简称"DBDU"）研制成功，随后装备驻沙漠地区的美军部队。

沙漠作战服的迷彩图案使用了6种颜色，以浅褐色作为基底色，上面覆盖着大片淡绿色和深浅两种棕色条纹。在浅色的大底色上，零星分布着黑色和白色小斑点——这是在模拟沙漠地区的石砾和阳光下的阴影。而这种零星的小斑点，又为它赢得了"巧克力碎"的昵称。

1991年的海湾战争，美军身着沙漠作战服，以摧枯拉朽之势横扫伊拉克军队，一边倒的战果震惊全世界，引发了一轮新的军事变革。在美军战斗力震惊全世界的同时，采用"巧克力碎"迷彩的沙漠作战服也显得颇为耀眼。

20 世纪 90 年代中期，美国淘汰了采用"巧克力碎"迷彩的沙漠作战服，但"巧克力碎"迷彩依然在许多国家焕发着蓬勃的生机。

海洋迷彩：军种形象的生动体现

20 世纪 80 年代，一种使用月白、叶绿、海蓝、黑褐 4 种颜色组成的四色迷彩开始出现在世界迷彩家族中，这就是海洋迷彩。海洋迷彩并非一种全新的迷彩形状，而是在以往迷彩的基础上，采用蓝、白色调，使适应于陆地的迷彩服能够适应蓝天白云背景下的大海环境。这种迷彩适合于远离大陆的岛礁上穿着，但是在内陆作战的话，则不能继续使用。

随着海洋迷彩形象的日益深入人心，这种迷彩除了海洋环境下的伪装功能外，还被人为赋予了一种新的功能——海军军种形象迷彩功能。世界上多个国家都为海军配发了海洋迷彩服。例如，美国海军的 NWU 工作服，就是基于数码迷彩模式的一种海洋迷彩；越南海军潜艇部队也穿着一种蓝色海洋色调的猎鸭迷彩；日本海上自卫队也有海洋迷彩的作业服。当然，此种情况下舰艇舰员身着的海洋迷彩服已经没有了伪装的作用，只是用来表示军种特征罢了。

数码迷彩：像素方格的综合运用

数码迷彩，就是使用计算机像素格组成的迷彩。1976 年，美国西点军校

> 1981 年，美军中央司令部首任司令罗伯特·金斯顿（Robert Kingston, 1928-2007）中将在非洲的一次多国联合演习上试射德国 G3 机枪，他身穿着"巧克力碎"迷彩的沙漠作战服

> 2008 年，西班牙军队身着"巧克力碎"迷彩在阿富汗进行训练

威武外挂：古今军队的服饰标识

> 美国海军海洋迷彩版的 NWU

> 加拿大军队的 CADPAT 数码迷彩

的蒂莫西·奥尼尔（Timothy O'Neill，1943—）中校最早注意到了像素色块在伪装上的作用。他在一辆退役的 M113 装甲运兵车上进行了试验，用边长 2 英寸的像素格组成了迷彩图案，喷涂在这辆装甲车上，取得了良好的效果。但是他的研究并没有被运用到迷彩服上。

数码迷彩服将传统迷彩服的色块像素化，运用计算机进行设计喷涂，形成复杂的迷彩色块。这种新的像素化图案不同于传统迷彩的平滑边缘，数码迷彩色块的散乱无序，就隐蔽性而言，数码迷彩比传统迷彩要更好。传统的迷彩都是以许多不规则的斑点或条纹组成的，这些斑点或条纹的边缘平滑，界限分明。以丛林迷彩为例，在 150 米以上范围的丛林条件下隐蔽效果较好，但如果小于这个距离，隐蔽的效果就会大打折扣。而数码迷彩的诞生成功地解决了这一难题。数码迷彩运用像素点阵的视觉原理，使得不同颜色间的边缘模糊化，在视觉上有渐变的特点，可以提高近距离的隐藏能力。因此，数码迷彩取代传统迷彩，成为各国迷彩服发展的一个趋势。传统的迷彩服进行像素化处理后，都可以演变成新式的数码迷彩。

1997 年，加拿大军队推出了 CADPAT 迷彩服，这是世界上第一款数码迷彩服。加拿大的这种 CADPAT 迷彩服，实际上是对先前加拿大裂片迷彩的数码化。加拿大之后，美国海军陆战队在 2000 年开始使用新的作战服 MCCUU，而 MCCUU 采用的迷彩被称为"MARPAT 迷彩"——陆战队迷彩。陆战队迷彩分有丛林数码、沙漠数码两种。美军官方数据表明，数码迷彩能够在实战中起到很不错的伪装效果。随着美国海军陆战队 MCCUU 数码迷彩的出现，美国陆军、海军、空军也都有了各自的数码迷彩服——ACU、NWU 和 ABU。数码迷彩出现后，世界许多国家也纷纷启用了数码迷彩。新加坡、泰国、意大利、约旦、韩国、哥伦比亚、斯洛文尼亚、爱沙尼亚等国家军队也广泛装备有各种数码迷彩。

迷彩服的未来发展

经过近百年的发展，迷彩服已经成为世界上最主要的军服式样。除了光学伪装功能外，红外伪装等功能也被赋予其上。一些国家的设计人员在印制迷彩色斑的染料中加入了特殊的化学物质，使迷彩服反射红外光波的能力与周围自然景物相似，从而达到迷惑近红外夜视仪的目的。一套优秀的迷彩服，不但要起到在白天迷惑敌人肉眼的功能，还要有防仪器侦察的能力。目前，各国装备的迷彩服基本具备了防近红外及微光夜视器材侦察的能力。

除了防近红外光侦察的能力，有关人员正在研制可防远红外（即热红外）及雷达侦察的迷彩服，以便让士兵在战场上完全"隐身"。随着科技的发展，未来的迷彩服也许会有更多的惊喜，且让我们拭目以待。

> 美国海军陆战队采用 MARPAT 迷彩的 MCCUU 作战服

08

兵不离人驰骋战场
功能齐全的单兵携行具

军人在作战时随身穿着或佩戴，用于携带武器、弹药及其他必需品的专用装具就是单兵携行具。要想打扮成一名战场上的士兵，仅仅穿上军装拿起武器是不够的，那只不过是"徒有其表"，只有穿戴上了专门的单兵携行具，才能算得上真正像一名士兵。

战场上，一名士兵携带的武器弹药和其他必需品数量种类较多，负担量将直接影响其作战效能和持久能力。要达到方便随时取用、便于携带、不影响正常的战术动作的总要求，就需要可靠好用的专门单兵携行具。所以世界各国军队历来都将单兵携行具的研究和发展作为一项重要工作，依据人机工程学原理不断改变单兵携行方式，从而达到两大目的：第一，使负荷在人体上的分布更趋合理，携行更轻松且不影响战术动作；第二，方便取用装备和生活用品，实现快拿快放。看上去这个要求很简单，其实想做到这一点并不容易。

自战争诞生以来，人类历史上各式各样的单兵装具携带方式五花八门，直到20世纪起，才诞生了真正意义上的单兵携行具。

单件分挂的携行方式

自古以来，本没有专门的单兵携行具这一概念，士兵在战场最早携带装具的方式就是单件分挂式。单件分挂，就是单具单用，多具披挂。早在冷兵器时代，一名手持冷兵器的士兵，将武器拿在手上，就可以走上战场进行厮杀，即使是长途行军的时候，也是如此。为了方便携带，将短柄刀剑直接披在腰带上，就是最原始的携行方式。腰带作为携行具的核心部件，自古以来就一直在单兵携行中具发挥着重要作用，士兵就在腰带上悬挂刀鞘、弓袋、箭袋等装备。

战争进入热兵器时代，外腰带依然是军人不可缺少的主要装具，但是随着装备数量的增多，小小的外腰带难以承载过多的重量，于是单兵的负重逐渐从腰带向肩膀分担。例如，军官在外腰带上佩戴手枪，容易使外腰带一端下坠而影响携带，于是出现了从一边肩膀斜挎至腰间的武装带。而单兵携带子弹数量的增加，也使得腰间的子弹盒演变为斜挎子弹带和胸挂弹夹袋。

单件分挂的携行装具种类五花八门，但不管种类如何变化，实际上都是将单一功能的装备携带具一件件带在身上。例如，对于一名步兵来说，既然要携带步枪，那就要携带配套的弹夹，就需要对应型号的弹夹袋；需要投掷手榴弹，就要携带手榴弹袋；需要用望远镜观察，那就要携带望远镜盒；需要喝水，那就需要水壶；需要野营住宿，那就需要携带被褥帐篷……每一样东西都是单独的，大部分都需要依靠肩膀斜挂在身上。这就是最典型的传统单件分挂式携行。

单件分挂式携行的历史十分悠久，19世纪中期以来的近代军队，广泛采用此类方式来携行装具。单件分挂的优点在于简单，不用考虑多种装具的整合，只要能够携带，挂在身上就行了。一般来说，单兵携行的物品可以分为战斗装备和生活保障装备两大类。通俗一点，就是身上挂的枪支弹药和背上背的被褥卧具。例如抗战时期中国军队的标准单兵装具，就包括缠绕斜挎的子弹袋、手榴弹袋、刺刀、挎包等，军官则是外腰带和武装带、手枪、弹匣以及地图文件包。如果要考虑露营的问题，那么每个人就会背上打成背包的被褥。

随着士兵身上携带装具越来越多，其弊端也越来越明显。

第一，单件分挂极其繁琐，不便于快速穿脱。每携带一样装备就要缠一条带子，才能将自己的装具披挂完全，如果装备很多，一条一条带子缠在身上，呈"五花大绑"状，严重影响穿脱速度。在战斗间隙，如果贸然解下装具，遭遇突然袭击，短时间内难以快速重新披挂；如果不解下装具，则无法使士兵得到充分的休息。如果士兵受到重伤需要解开衣服进行治疗，缠满身体的带子也会迟滞治疗进程，甚至危及生命。

第二，单件分挂人机工效较差。从肩上斜挎到腰侧，即使用外腰带将斜挎背带束紧，装具的重力点也集中在臀部周围。在运动中，各件装备或相互碰撞，或与身体发生碰撞，前后挪动，往往需要用双手将两侧的装具按住，这样不仅不利于跑动中保持平衡，而且失去了携行具解放双手的作用。在树林间穿行，带子数量越多，就越容易被树枝勾住，不利于行动和隐蔽。而且，反复交叉的带子勒肩勒颈，压迫前胸，也容易加速士兵的疲劳。

第三，单件分挂装具不易于保管保养。种类繁多的装具管理麻烦，紧急情况下拿去携带很有可能会漏掉一两样，野战条件下也容易散落丢失；保养也需要一件一件逐个清洗、晾晒，少一件都可能对单兵的作战效能造成负面影响。

在单件分挂的时代，为了减少士兵携带的装具数量，一些国家生产设计了组合式的携行具。但是除了携行具上的几种弹药袋外，水壶、背包、指南针、地图等多种装备仍然需要单件分挂，这种组合式携行具并没有跳出"单件分挂"的窠臼。

由于存在多种不利因素，进入20世纪，各国军队开始设计专用的单兵携行具。

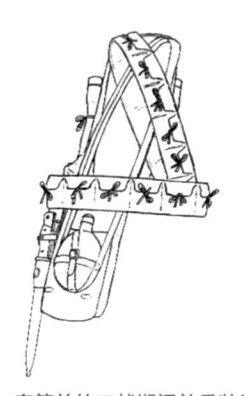

> 一套简单的二战期间单兵装具

依托携行带的一体式携行具

由于单件分挂的携行方式存在诸多弊端，进入20世纪，世界各国开始研制专门的单兵携行具。对士兵来说，最重要的装备就是枪支弹药了，因此弹匣和手榴弹袋/包是携行具中必不可少的组件。此外，指南针、军锹、防毒面具等常用装备也要以合理的方式携行，因此携行具上还要有一些相应的包具。当然，为满足基本生存的需要，携行具中还要有水壶套、背囊以容纳水壶、野战食品及各种生活用品。而为了将各部分组件整合起来，还需要携行腰带、背带或相应的挂载平台。这就是最初的一体式携行具。

何谓"一体式"？弹药、防毒面具、水壶、饭盒等装具袋都连在一起，携行具只有一件。平时，携行具上按照标准配置将容纳装备的装具安装好，然后放置在指定位置，需要使用的时候，士兵只需要像背背包一样把背带挎上两肩，然后系上腰带扣，就可以完成全部装具的穿戴。虽然仍然有个别小物件需要单独携带，但整体上看，不管是小弹药包还是大背囊，都可以一个动作完成穿脱。比起单件分挂携行方式来说，已经完成了质的飞越。

一体雏形：基于背带的单兵携行具

19世纪末到20世纪初，欧洲各国开始依托Y形或H形背带来对多种装备进行携带。此期间，例如一战时的德军，就有多款Y带与外腰带组合起来的一体式背带。在外腰带上，通过专门设计的连接卡具将弹药匣、手榴弹、水壶、文件包等装具悬挂于其上，背后可以与突击背包或生活背包相连，携带其他物资。这种通过一体式背带携带专用装具的携行方式，可以说是一体式单兵携行具的雏形。

在1899年至1902年的第二次布尔战争期间，英国陆军传统的单兵皮带在战争中表现不佳，英国希望设计一种新的单兵携行具来满足士兵在战场上的需求。1906年，阿诺德·伯罗斯（Arnold Burrowes，1867—1949）少校提出了一种新的单兵携行具设计方案。1907年，改进型单兵携行具通过了军方的鉴定试验，表现极佳，被批准列装生产，并被命名为"1908型单兵携行具"。

英军的1908型单兵携行具可以说是基于H形编织带设计制造的单兵携行

> 第一次世界大战期间的德军士兵，身上是1911式背带

> 第一次世界大战期间穿着1908型单兵携行具的英军步兵

系统。它包括一条76毫米宽的编织腰带和两条51毫米宽的编织背带，整体连在一起后形成一个H形背带，类似马甲一样穿在身上。两条51毫米宽背带在身体正面竖直平行，从两肩垂下，在身体背面交叉，并固定一只单兵背囊。胸前的51毫米背带上安装着弹药袋，左右各有5只弹药包，每包可放3个5发子弹的弹夹，一名士兵最多可以携带150发子弹。除了背上的背囊外，还有水壶和背包。

1908型单兵携行具有两种状态——行军状态和战斗状态。行军时，背包是斜挎在腰侧的；战斗状态下，背包和背囊则被卸下，便于投入战斗。理论上说，如果不算"李·恩菲尔德"式步枪的话，一名步兵在行军状态的负重是25.9千克，在战斗状态下的负重是22.3千克。

1908型单兵携行具实现了初步的一体化，但是很快就落后于时代了。随着第一次世界大战中单兵装具的发展，钢盔、防毒面具和手榴弹成为步兵不可或缺的装备，而1908型没有考虑这些装备的携带需求。此外，如果需要执行多样化的任务，携带更多的弹药、单兵工程装备和单兵干粮的话，1908型单兵携行具又显得捉襟见肘了。在战时，穿上了1908型单兵携行具的英军士兵还要再"五花大绑"地佩戴上防毒面具袋、手榴弹袋等装备。但不管怎样，这种一体式单兵携行具的雏形已经开始正式登上历史舞台。

> 第一次世界大战期间穿着 1908 型单兵携行具的英军步兵,可见背上背包的背负状态

名副其实:美军 M1910 型单兵携行具

在发展专用的单兵携行具方面,美军一直走在世界各国前列。1910 年,美军的 M1910 型单兵携行具,就已经可以算是早期比较现代化的携行具了。M1910 型单兵携行具由战斗携行具和生活携行具(即背囊)两部分组成,在大多数国家还使用背带串起专用皮质装具的时代,美军就已经在 M1910 型携行具上采用卡其布了,大大减轻了单兵负重重量。

M1910 型单兵携行具的核心是两根侧 Y 形带(背后看上去是交叉的,所以有人称之为"X 形带"),下方连接着卡其布外腰带。卡其布外腰带上悬挂着步枪弹匣包、急救包、水壶套、干粮包,Y 形带起到分担负荷的作用,背后悬挂的突击背囊使用暗扣与 Y 形带相连。穿上以后就好似穿上了一件背背佳,十分方便。携行具中的背带看上去和背带裤上的吊带差不多,主要用途是分担腰带上负载的重量,增加背负的舒适性。此外,如果有人负伤或阵亡,战友们还可以抓住背带把他拖回来。军官使用的 M1910 型单兵携行具则用一个手枪弹匣包替代了步枪弹匣包。

M1910 型推出之后,美军在其基础上不断改进,可以在 Y 形带、外腰带和背囊上增加悬挂新的组件,丰富了它的功能。不久,美军又配发了更加优

> 美军的 M1941 型携行具，在 M1910 的基础上改进而来

> 二战期间，一名佩戴着 M1928 携行具的美军士兵

良的 M1912/14 携行具，主要的改进是可以把干粮包折叠后放进背囊，并增加了一个工具包。骑兵使用的 M1912/14 携行具则用牛皮制成，并增加了弹药筒、绑枪带和一条可以斜挎在身上的子弹带，用来携带更多的弹药。

M1910 单兵携行具的各个组成单位，在二战期间经过多次改良，变得更加适合战斗需求，并能根据不同的单兵武器，组成外形近似、功能各异的组合，适应不同的使用需求。

美军在 M1910 型携行具基础上改进的各系列携行具一直使用到二战后，并影响了许多盟国军队的携行具。

复杂考验：英军 1958 型单兵携行具

第二次世界大战中，英军改进 1908 型单兵携行具的不足之处，研发出了新的 1937 型单兵携行具。由于机枪的普及，英军士兵需要在战时能够携带更多的弹药，于是新的单兵携行具应运而生。1937 型单兵携行具与 1908 型相比，由背包、望远镜盒、指南针包、手枪套、手榴弹袋、弹鼓带、弹匣袋等部件组成，可更换部件更丰富。战后，英军基于 1937 型的成功经验，研制了 1958 型单兵携行具。

> 1944 年，一名佩戴着 M1941 单兵携行具的美军士兵

> 1944 年，正在展示 1937 型单兵携行具的英军士兵

1958 型单兵携行具采用帆布材质制作，运用了模块化设计理念，从 20 世纪 50 年代开始，一直使用到 20 世纪 90 年代中期。其服役时间极长，使用范围极大，除了英国本土外，1958 型单兵携行具还出现在 20 世纪 60 年代的印尼—马来亚战争、20 世纪 70 年代的北爱尔兰暴乱、20 世纪 80 年代的马岛战争和 20 世纪 90 年代的海湾战争中。除了英军使用外，英国的殖民地和前殖民地也广泛使用这种单兵携行具。

1958 型单兵携行具一般由背带、腰带、弹药包（可悬挂刺刀、装榴弹发射器）、水壶包、后腰包、雨披卷和背包组成。背包上方有两根用于捆绑毛毯或铺盖卷的袋子，背包正面留有固定头盔的带子，雨披卷的外侧有用来装铁锹、镐头的口袋。其标准的模块化腰带可以根据需要更换其他配件，例如睡袋的防潮垫、手电筒以及用来装特殊用途装备的副包。

20 世纪 80 年代末，英军开始采用 PLCE 单兵携行具来替代 1958 式单兵携行具。PLCE 即"单兵携带承载装备"（Personal Load Carrying Equipment）的首字母缩写。由于帆布材料在潮湿气候条件和寒冷环境下会出现缩水和不稳定的问题，英军吸收了美军在美越战争中的经验，改用尼龙制作新的单兵携行具。早期的 PLCE 依然是一体式的设计，随着英军单兵装具的发展，PLCE 也发展出了更多新的型号。

威武外挂：古今军队的服饰标识

> 英军 1958 式单兵携行具实物

> 英军 1958 式单兵携行具

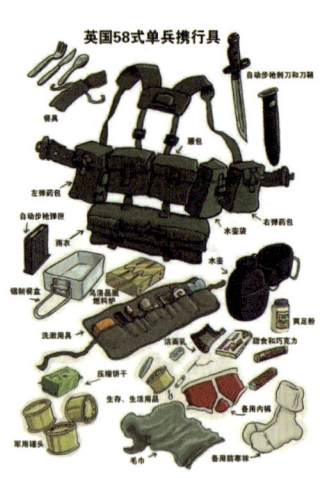

战后主流：琳琅满目的一体化单兵携行具

从第二次世界大战后到 20 世纪末，一体式携行具成为世界各国单兵携行具的主流。美军有 M1967 携行具，俄罗斯于 20 世纪 90 年代列装的 6Ш92 型单兵携行具等。

比起早期简单的 Y 形带，一体式单兵携行具大多采用加宽背带的设计方式，降低了肩部负荷。材质上，抛弃了造价高、重量大、不易保养的牛皮，浸水后重量大增的帆布和防火性差的尼龙，大多采用经济实惠的防水涤纶材料制成。腰带、连接扣、弹药匣和手榴弹匣大多采取安全快开设计，可以在需要时实现"一键解脱"，但又不会在运动中因误操作而解开。装具袋/包的尺寸通用可调节化，同一尺寸的装具袋/包微调尺寸后，就可以放入不同型号的同类装备，增强了通用性。携行具在背包、背带上多安装有扩展接口，可以根据任务需求进行组合配置或加装新的装具，也可以根据个人使用习惯调整某一装具袋/包的位置，实现了模块化的设计。

依托战术背心的模块化携行具

一体式单兵携行具逐渐发展，背带逐渐加宽以减小压强，以至于一些设计师直接设计出了更好地与人体贴合的战术背心。战术背心使得单兵负载质量在人体上分布均匀，使用方便，人机工效较好，是携行具的发展趋势。

末世途穷：未能挽救意大利的世界首款战术背心

世界上第一款战术背心是哪个国家发明的？很多人脑子里会跳出美国、英国或者德国。然而，尘封于历史的档案告诉我们，世界上第一款战术背心是意大利人发明的。

1938年，"贝瑞塔"1938年式冲锋枪研发成功，随后装备意大利陆军。贝瑞塔公司是历史悠久的武器制造商，成立于1526年，500年来一直为意大利军队提供武器装备。第一次世界大战末期，贝瑞塔公司研制出了"贝瑞塔"M1918冲锋枪，比德国的MP18冲锋枪的服役时间更早，可以被认为是世界上第一款冲锋枪。发射手枪弹的冲锋枪体积小、重量轻、射速高，可以为单兵提供持续的火力输出，一问世就受到了各国军队的喜爱，成为突击队、空降兵等精锐部队的必备装备。然而，高射速的冲锋枪需要士兵能够携带更多的弹药，传统的依托背带单兵携行具最多可携带4个弹匣，数量有限。贝瑞塔公司为了提高单兵携带弹药量，便把目光投向了战术背心。为了提高单兵弹药承载数量，"武士"战术背心由此诞生了。

"武士"背心十分简单，套过头部穿在身上后，需要在身体侧面用纽扣扣紧。背心在身体正面缝制有弹匣袋。与传统的弹匣袋将弹匣竖着放置不同，这种弹匣袋是横在胸前的。因为弹匣袋横着堆在一起，酷似日本古代武士的盔甲，故而得到了"武士"的名字。这种背心在胸前最多可安装7个弹匣袋，最少4个。

等到"武士"背心研制成功的时候，意大利的国内局势发生了巨大的变化。1943年，苏军取得了库尔斯克会战的胜利，盟军也登陆西西里岛，墨索里尼在意大利国内的地位岌岌可危，随后被罢免软禁。意大利国王命令意军与盟军谈判，随后，意大利王国向盟军投降。为了挽救法西斯盟友，希特勒派出军队进入意大利，一举攻占了罗马，并抢出了墨索里尼。墨索里尼在希特勒的扶持下，于意大利北部建立了"意大利社会共和国"，继续对抗盟军。同时，墨索里尼组建了一支军队，由于战斗力较低，主要配合德军担负反游击作战的任务。在反游击作战中，持续的火力输出尤为重要，"贝瑞塔"1938年式冲锋枪继续作为意大利军队的装备。意大利社会共和国的空降部队和海军陆战队就成了"武士"背心的首个用户。

战争已经接近结尾，随着意大利的彻底失败，这款战术背心没有引起人们太多的注意，随后就湮没在历史的尘封中。

表现平平：战术背心诺曼底小试牛刀

除了意大利的这次尝试外，在"武士"战术背心问世的同时，英国人也研发了一款战术背心，但是并没有大规模配发部队，也并不被士兵们所看好。富有创新精神的英国人于1942年设计出了自己的战术背心，并发给特种部队进行试用。加拿大和美国也得到了几件样品带回本国试用。比起一体式携行具，这种战术背心可以携带更多的装备。美军研发的背心被称为"突击背心"（Assault Vest），本体采用12号棉布料，前方有四个口袋。下摆左右两侧各有一个手榴弹袋，内有一条16英寸织带，可以用来固定手榴弹或烟幕弹。肩上有两个快速扣环，方便结合其他装备或枪背带。背心正面安装了两个快速扣环，可以快速穿脱。背心背后有两个大口袋，替代了传统的背包，左侧可固定刺刀，上方的大口袋盖可固定工兵铲，下方的大口袋外侧有松紧带，可以调节口袋大小。

> 穿着五弹匣袋版"勇士"战术背心的意大利士兵

> 美国1944年生产的突击背心正面

> 美国1944年生产的突击背心背面

总体上看，这个背心与现代的战术背心相比，略显笨重，而且采用了棉布料，使得整个背心闷热、沉重，很多士兵对其评价不高。况且战时已经有大量传统携行具的库存，因此美军没有考虑大规模配发使用战术背心。

然而，已经生产出来的一些战术背心还是通过各种渠道配发给了一些部队使用。在诺曼底登陆的历史照片中，几乎所有的突击队高级军官或资深士官都穿着战术背心，可能使用新装备可以带来一种充分的优越感，所以总会有人想办法搞到这些新式的战术背心。然而在抢滩登陆时，战术背心却成了一种致命的装备！战术背心的优点是承载量大，本身也较重，落水后迅速吸水变得极为沉重。幸亏它有快开扣的设计，几乎所有穿着战术背心的士兵都迅速将其抛弃以求自保。登陆后，士兵们纷纷又捡回轻便的一体式背带携行具。虽然这种战术背心的先行者失败了，但时过境迁，通过改进材料，减少背部布料包裹度，战术背心最终还是重见天日，再度兴起。

持续输出：载弹量巨大的专用弹药背心

传统的战术背心往往是专用的，背心正面缝制了放置弹夹、手雷的袋子。背心穿好后在身体表面不易移动，能够更好地固定所承载的装具。

1952 年，美国陆军研制出了一款 40 毫米口径的圆球形"炮弹"，专门用来弥补手榴弹和 60 毫米迫击炮之间的火力空白，用来取代操作繁琐、精度糟心的枪榴弹。发射这种弹药的榴弹发射器于 1960 年年末研制完成，而后开始

> 诺曼底登陆中穿着突击背心的美军士兵

威武外挂：古今军队的服饰标识

> 穿着 M79 榴弹背心的一名美国海军"海豹"突击队员

> 1988 年，在阿富汗的苏军特战部队士兵，穿着带有多个弹匣袋的战术背心

大量装备美军，由此诞生了一款经典的武器：M79 榴弹发射器。

1961 年，首批 M79 榴弹发射器交付给美国陆军。1962 年，M79 榴弹发射器出现在越南战场上。由于其轻便、可靠性好，为最小的步兵单位提供了极为方便的机动火力，因此美军士兵都很喜欢在战斗中有 M79 的伴随。而作为步兵班里的 M79 榴弹手，如何能携带更多的榴弹，就成了作战装具需要解决的问题。1968 年，美军专门针对 M79 榴弹手的战场需求，设计研发了 40 毫米榴弹背心，供给榴弹手穿着。这种背心可以容纳 24 枚 40 毫米榴弹，可以为步兵班组提供较为持久的重火力。

美国以外，专用弹药背心的身影也随处可见。苏联入侵阿富汗时，专门为特种部队配发了可以承载多个弹匣的战术背心。这类专为特种部队设计的大载弹量战术背心在战斗中发挥了重要作用。

模块化组合的 MOLLE 携行具

当然，一体式背带携行具采用了模块化设计，战术背心也在一直探索采取模块化的设计。美国海军"海豹"突击队曾经使用过的 ABA 背心采用了按扣 + 搭扣的方式来将装具袋 / 包固定在背心的不同位置，战斗背囊也是通过

> 穿着 MOLLE 携行具的美军士兵

> MOLLE 系统图解

> MOLLE 附包在背心上的固定方式

> MOLLE 系统的附包

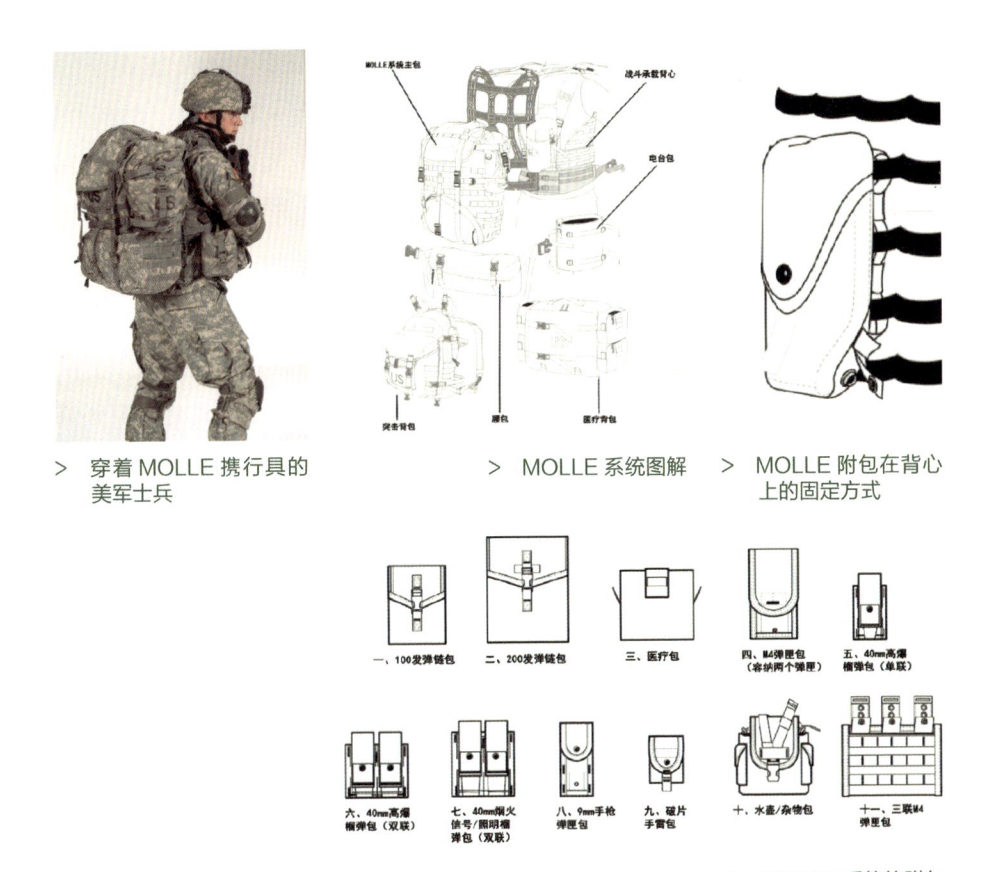

搭扣与背心相连。但毕竟背心上的按扣点是固定的，限制了装具袋/包的组合方式。直到 MOLLE 出现后，才真正解决了战术背心模块化组合的问题。

MOLLE 是美军在 1998 年推出的模块化战术背心携行具，其一问世就得到了高度关注。MOLLE，即"模块化轻量承载装具系统"（Modular Lightweight Load-Carrying Equipment），各单词首字母相连简称为"MOLLE"，有人将其称呼为"莫利"。MOLLE 是在美军的 ALICE 装具系统和 ETLBV 装具系统基础上设计出来的。MOLLE 系统的核心是战术承载背心，背心上横向分布着一道道承载条（有人称之为"莫利布"），11 种标准附包和其他尺寸的附包可以根据需求，采用固定的搭扣方式在承载条上牢固固定，组成不同的配置方案。

MOLLE 最大的特点就是模块化组合，不同的模块通过独特的横向承载条和搭扣安装，士兵可以根据自己的需求自由组装配置方案。MOLLE 提供的 11 种标准附包有 100 发弹链包、200 发弹链包、双联装和三联装 M4 弹匣包、单联装和双联装 40 毫米高爆榴弹包、双联装 40 毫米烟火榴弹包、9 毫米手枪弹匣包、手雷包、医疗包和水壶杂物包，可以组合成步枪手、手枪手、机枪手、榴弹手、医疗兵等最基本的组合方式，满足一个步兵班组的使用需求。

MOLLE 推出后，世界各国军队也根据自身条件，设计出了各自的单兵模块化战术背心携行具。例如俄罗斯的6Ш112战术突击背心,也是采用了利用"莫利布"横向承载条来进行模块化自由组合，实现不同功能。同时，为了满足多样化的作战需求，还出现了自浮力式战术背心和防弹战术背心。自浮力式战术背心在内层通过拉链加装浮力层，可以提供一定的水中浮力，为落水士

> MOLLE 的步枪手配置示意图

> MOLLE 的机枪手配置示意图

> MOLLE 的军官（手枪手）配置示意图

> MOLLE 的榴弹手配置示意图

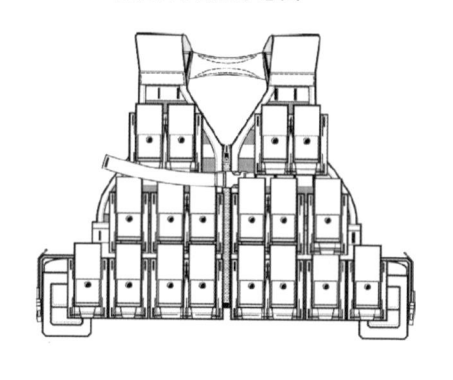

兵自救提供一定的便利。防弹战术背心则是在内层设计了防弹板层，插入防弹板就可以将防弹衣和战术背心结合起来。未来的单兵携行具，当属防携合一的模块化战术背心。

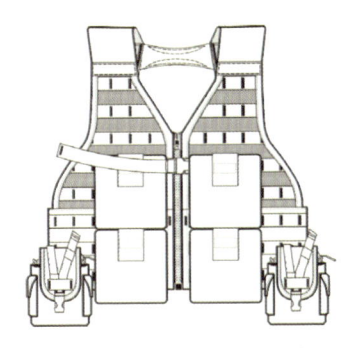

> MOLLE 的医疗兵配置示意图

> 俄军 6Ш112 战术突击背心

上天入地显神通
功能独特的防护性军服

人靠衣装马靠鞍,穿衣是社会文明程度的一种表现。作为军人的服装,军服除了具有御寒和美化作用外,更重要的功能是战场防护和伪装。它既能反映军人的仪容风度,又能反映一个国家的国威、军威,同时也体现了一个国家的科技、经济水平。随着军事科技水平的提高,各种现代化的探测手段和定位系统广泛运用于战场。为了有效提高战场生存能力,军服的生产设计中也应用了各种新技术、新材料,军人穿上各种功能独特的特种军服,可以九天揽月,可上五洋捉鳖。

军用头盔:历史悠久焕发新生

头盔,自古有之。我们平时描述冷兵器时代士兵装束用的"盔甲"中的"盔"和"甲胄"中的"胄",都是指头盔。古代武士的头盔,是用来防御冷兵器的,对于刀砍斧劈、枪刺箭射,有一定的防护作用。17世纪以来,随着火器的发展,枪械的射程和杀伤力大大提高,使得头盔的防护作用大为减弱。因为金属制的头盔即使压得人抬不起头来也挡不住火枪的直接射击,所以干脆不戴图个轻便。到19世纪，除了用于礼仪场合的头盔外，战场上的士兵已经基本不再佩戴头盔。

到了19世纪末20世纪初，随着火炮在火器中所占比重越来越大，弹片杀伤的比率越来越高，军队才重新开始装备头盔，装备头盔的目的，并非防御子弹的杀伤，而是防护各种弹片对头部的伤害。

世界上第一顶现代军用头盔诞生在第一次世界大战中的法国。第一次世界大战爆发后，协约国军队和同盟国军队在西线战场上投入了大量兵力，而火炮的应用也给双方军队带来了巨大的伤亡。1914年9月的马恩河会战，英法联军伤亡达到26万之多。法军总参谋部在分析士兵伤亡情况时发现，77%的士兵是头部受伤，其中80%的头部创伤足以致命。在这一数据的分析下，法军的一位天才工程师提出了发明头盔保护头部以减少伤亡的建议，他就是工程技术少将路易·奥古斯特·亚德里安（Louis Auguste Adrian，1859—1933）。

亚德里安自参军以来一直在法军中从事军需工作，曾经在马达加斯加服役，但从未指挥过作战。1913年，时任陆军军需部副部长的亚德里安因身体原因提前退役，但一年后世界大战爆发，他又被召回军需部任职。分析了战场上士兵的伤亡情况后，他发明了一种0.5毫米厚紧贴头部的金属帽，可以戴在法国士兵的克皮帽内。1915年初，这种帽子制造了70万顶，但防护效果仍然不理想。1915年2月21日，法军总司令霞飞命令陆军军需部设计一款钢盔配备给士兵。为了加强对弹片的防护，亚德里安结合法国消防队员的头盔形状，设计了一种只有700

> 普法战争时期头戴尖顶盔的普鲁士士兵，此时这种头盔的装饰作用远大于防护作用

> 第一顶现代意义上头盔的发明者，法国陆军工程技术少将亚德里安

威武外挂：古今军队的服饰标识

> 亚德里安最早提出的头部防护方式，后来被更完备的 M1915 头盔所取代

> M1915 头盔，即"亚德里安盔"

克重、7 毫米厚的头盔，命名为"M1915 头盔"。M1915 头盔取得了极大成功，到 1916 年，法军伤兵中，头部受伤的比例降低到了 22%，其中只有一半是致命伤。

亚德里安发明头盔的过程，有一个流传甚广的传说：法国军队某部遭到德军袭击，只有一名炊事兵将铁锅扣在头上得以幸存，亚德里安视察医院时见到了这名士兵，由此仿照铁锅的样子制造了头盔。

笔者认为，这只是一个坊间传闻罢了。亚德里安自己并非一线的统兵大将，而是一位杰出的军事工程师，在军需装备领域有着诸多发明创造，例如"亚德里安帐篷"等，更不要说 M1915 头盔的外形早在法国消防队中就已经存在了。现代战争中任何一款装备的设计和研发，都是建立在科学的数据分析之上的，而不是灵光一现式的拍脑袋突发奇想。法国军队发明头盔，是通过对战场上士兵受伤情况的分析汇总，对"大数据"的综合判断，得出了头部需要保护的科学结论。而亚德里安也先是制造了紧贴头部的金属帽，效果不理想后才进行改进发明了头盔。"铁锅启发说"不仅不符合军事装备的研发流程，而且在英文、法文文献中也未见踪迹。这种虚构传闻在特定的历史时期，满足了大众"灵机一动就可以有巨大发明创造"的心理，因而在中文文献中流传开来。

头盔虽小，但对于士兵头部的防护十分重要。自亚德里安的 M1915 头盔以来，现代军用头盔经历了从钢盔到纤维增强复合材料头盔的发展过程。纤维增强复合非金属头盔中主要有锦纶（尼龙）头盔、玻璃纤维头盔、芳纶头盔、

> 第一次世界大战期间，英军士兵使用的飞碟状 I 型头盔（布罗迪头盔）

> 一名士兵头戴美军 M1 型头盔，并插上了树枝作为伪装

超高分子量聚乙烯头盔等。20 世纪 80 年代以前，各国步兵装备的头盔主要是用高锰钢或其他特种钢冲压而成，这种头盔价格低廉，但是较重，防弹和隔热性能差，佩戴不舒适，还有二次破片伤人的危险。

根据作战需求来看，军用头盔应具有防破片、防子弹直射、防钝击碰撞、防激光、防火耐热、减震降噪、伪装等多种功能，在不妨碍正常战斗动作的前提下尽可能增大防护面积和范围；可与防核辐射、防毒、防生化武器的专用装备配套使用。在满足防护要求的同时，还要能提供通信、夜视、观瞄、定位等多种功能，使头盔成为这些专用装备的承载平台；同时根据需要灵活配置，与整个 C4I 系统要有良好的适配性。在兼顾各兵种的不同性能要求的前提下，走通用化、系列化、标准化的头盔研制路线，有利于头盔的生产、装备、管理与战场应用，获得最佳的费效比。

随着材料科学的进步，士兵们逐渐淘汰了沉重的金属制头盔，戴上了相对轻便且防护效果更佳的凯夫拉、芳纶材料的头盔。特别是随着模块化设计思路的引入，一方面头盔自身开始模块化，可以根据不同士兵的需要安装或拆卸相应的模块，以提高防护效果或降低重量；另一方面头盔本身成为单兵装备系统的一个模块，具备和其他装备（如夜视仪、电台、摄像机等）相结合的功能。此外，随着现代战争方式的变化，据统计，越来越多的头部负伤不再是因为弹头或弹片的打击，而是由于冲击波，因此如何做到既防弹又防震，成为现代头盔亟需解决的问题。

防弹衣：当代士兵的随身铁布衫

说起对身体的防护，自然要追溯到冷兵器时期的铠甲。直到进入火器时代，人们仍然没有放弃用这种"硬碰硬"的思维来解决火枪弹丸对人身的杀伤问题，由此出现了最早的防弹衣。

防弹衣的发展可以追溯到美国南北战争时期，当时，有些部队装备了重达 2.3 至 3.2 公斤的胸甲，用以防御毛瑟枪弹。第一次世界大战期间，机枪、火炮的大规模应用使得弹片对士兵的威胁极大提高，战场人员伤亡的 80% 是碎弹片造成的。军事装备工程师从钢盔和古代铠甲的原理上得到启发，研制出了第一代防弹衣。这种防弹衣实际上就是钢盔加上一块钢质胸甲，几乎就是古代铠甲的变种。第一次世界大战期间，战场上部分不需要剧烈运动的人员（如机枪手、哨兵、工兵等）曾使用过这种防弹衣。但由于这种防弹衣太重，约 10 公斤，不便于行动，因而未能很快普及。

第二次世界大战中，碎弹片造成的伤亡仍占 60% 左右。为了提高战场人员的生存能力，人们在第一代防弹衣的基础上加以不断改进。这期间的防弹衣依然是硬质钢材料制成的。美国陆军航空兵的一项研究显示，空勤人员伤亡的 70% 是由低速子弹和高射炮火所致。为了减少地面防空炮火对轰炸机乘员的杀伤，于 1943 年给轰炸机乘员配发了飞行员头盔和防弹衣。美陆军军医

> 2006 年，一名美国海军陆战队士兵头戴凯夫拉材质的 LWH 头盔（陆战队轻型头盔）在伊拉克遭到狙击手的射击，子弹击中了头盔正前部，但幸亏有头盔的保护，他只是额头受了轻伤。当然，这种情况也是极其罕见的，如果射击者的距离再近一些，他就有可能丧生

> 1917 年，身穿铠甲式防弹衣的德国士兵

> 第一次世界大战期间装备法国军队的防弹衣，图中的法国士兵刚刚进行了防弹衣性能测试

> 1942年，身穿防弹胸甲的苏军战斗工兵

局对其防护性能进行了鉴定，效果很好。空勤人员穿上防弹衣后，伤亡率降低了58%，胸部伤的死亡率从30%降到8%，腹部伤的死亡率从30%降到7%，受保护部位的负伤率降低了74%。

朝鲜战争时期，美军加速发展头盔和防弹衣。美国陆军率先装备了全尼龙避弹衣，海军陆战队装备了玻璃钢避弹衣。这两种避弹衣重量均在2.7至3.6千克之间。此时的防弹衣已经开始由硬质防弹衣向软质防弹衣发展，即用以柔克刚的方式达到保护身体的目的。软质防弹衣利用具有韧性的纤维消耗子弹的动能，同时还将动能向命中点以外的区域扩散，使其难以伤害人体。

美越战争中，美军大量使用了直升机。为了防御地面火力，要把整个飞机都装上钢制装甲是不现实的，用尼龙防弹衣装备飞机乘员效果又较差。美军从20世纪60年代中期开始，采用轻质陶瓷片作为防弹材料，用于直升机防护，同时也用来制造防弹衣。这种陶瓷片防弹衣能挡住7.62毫米和12.7毫米的高速子弹，但是陶瓷片太脆，易被打碎，被射中一次便不能再穿。为了弥补这种防弹衣的缺陷，美军生产了可插入陶瓷片的防弹背心，前胸和后背上，缝了很多紧密相连的小口袋，里边插上陶瓷片，可根据需要随时换用。

随着化纤工业的飞速发展，凯夫拉等优质化纤防弹材料成为防弹衣的主要选材。其强度较高，并且有很好的柔韧性，制成的防弹衣穿着舒适，防护性好。此外，防弹衣也引入了模块化的设计理念，能够与单兵携行具（俗称"战术马甲"）相结合，实现携护合一。

> 美越战争期间的美军防弹背心

但是，即使是软式防弹衣，由于防弹材料的透气性远不能和普通衣料相比，在战场上长时间地穿着，对于士兵来说仍然不是一件很轻松的事——鱼与熊掌不可得兼，这是士兵永远都要面对的无奈。

防弹衣已经成为现代单兵防护装备的标志。但毋庸置疑的一个事实是，在某些方面它的作用被不恰当地夸大了。在防弹衣越来越普及的今天，认识到防弹衣的局限性，明白防弹衣并非完全保险，是十分必要的。

首先，老化的防弹衣是军人的"隐形杀手"。各种新型软质防弹材料，包括凯夫拉在内，都属于人工合成的化学纤维，它们在日常使用过程中，都会因为光照、潮湿、霉变等原因而发生自然老化。其中影响最大的是日光照射。在阳光直射的情况下，防弹纤维老化的过程会大大加快，累积到一定程度后，其抗张强度会急剧下降。另一个重要因素是潮湿，这是防弹衣使用过程中无法避免的。无论是雨水还是汗水，防弹纤维在受潮后，强度都会受到严重影响。此外，防弹纤维的寿命还和温度有关，低于 10 摄氏度或高于 240 摄氏度的环境对防弹材料强度有不利影响，特别是局部材料受到弹头巨大的冲击后，温度很容易超过 240 摄氏度。因此防弹衣在某种意义上是一种很"娇贵"的装备。

以色列曾发生过这样一个事例，驻守加沙附近的以色列伞兵在一次偶然"试验"中发现，他们广泛配备的某型防弹衣竟然被 30 米外的 M-16 步枪轻易击穿，经过调查，发现这些防弹衣已经超出了使用年限，其防弹板和防弹纤维已经老化和腐蚀。无论何种防弹衣，都存在有效寿命的问题，以高分子

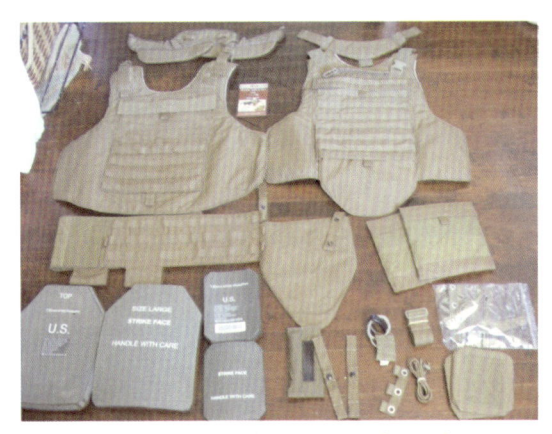

> 美国海军陆战队的模块化战术背心（MTV），可以将防弹板插入背心中，实现防护功能

材料为主体的软质防弹衣更是如此。也就是说，在经过一定年限之后，防弹衣的强度将不能保证使用者的安全。因此，大多数国家军队在和平时期都是不普遍装备防弹衣的，因为如果全部装备的话，不仅采购费用惊人，而且若干年后就需要全部更新一次，换下的防弹衣则要全部报废，在经济上很不划算。即使是军费充裕的美军，也只是伊拉克地面战争结束后，才开始全面配发防弹衣，实际装备时也是根据需要，新旧型号、高低档次合理搭配，并非人人都装备昂贵的最新型号。而且防弹衣本身并不复杂，只要掌握核心材料的制造技术，一旦爆发大规模战争，再组织成批生产也来得及。

其次，未能贯穿的"钝伤"也会带来巨大的伤害。在弹头未能穿透防弹衣的情况下，其冲击动能却仍会作用于人体上，产生所谓"冲击凹陷"，形成类似于钝器猛击造成的伤害，除淤伤、青肿外，严重的可能造成人体的内脏、骨胳受伤，甚至致死。在防弹衣未被击穿的情况下，这种"非贯穿性损伤"就是衡量防护质量的重要依据。软质防弹衣受"钝伤"的影响比较明显。1962年夏的美国底特律，两名身穿防弹衣进行持枪抢劫的匪徒碰上了正在巡逻的警察。警察使用一支M1911A1手枪发射了两枪，其中一枪正中一名劫匪胸部，后者几乎是两脚离地摔倒。不到一小时后，这名歹徒死在医院中。尸体解剖发现，枪弹虽未能击穿防弹衣，但巨大的冲击力打碎了歹徒的4根肋骨，碎骨刺穿了肺动脉。这虽然是个别事例，但很能说明问题。

最后，防弹衣不能完全保险，是因为使用者有可能反复中弹，这在战场上是常见的情况。如果出现反复中弹，士兵往往不能及时更换防弹衣或防弹板。软质防弹衣在经受住"第一击"后相应部位的纤维就会拉伸或者断裂，或因弹头的高温而烧焦，对再次来袭的弹头很可能不再具备防御能力。对复合防弹衣来说，防弹板的碎裂是吸收能量的主要方式，遭受一次命中后就会造成相应部位较大面积的破坏，严重降低了整个防弹衣的防弹性能，在邻近部位再次被直接命中时，防弹材料能否抵挡"第二击"就很成问题了。而且防弹衣在受到反复冲击时，防弹板通常会发生移动而偏离原位，也在一定程度上影响使用者的安全。

防弹衣绝非是万能产品，尽管它还有种种问题，但它的存在确实能大大提高使用者的生存概率。从美军在伊拉克的战争实践中可以清楚地发现，防弹衣使士兵的生存能力有了飞跃性的提高。费卢杰之战中，美军共阵亡38人，伤275人，死伤比为1：7左右，伊拉克战争开始以来总的死伤比例也大致如此。阵亡者的减少主要归功于普遍装备的防弹衣，这样步枪及各种轻型榴弹的威力就大打折扣。随着新材料的不断出现和旧有问题的逐步克服，未来的防弹衣必定会更轻、更耐久、更舒适，而且能抵御更大的挑战，同时它还会和多功能军服甚至是"士兵系统"的发展结合起来，最终成为使用者战斗力和信心的可靠保障。

飞行服：天之骄子的空天战袍

飞行员是天之骄子，头戴飞行头盔，身穿专用飞行服的飞行员也是无数

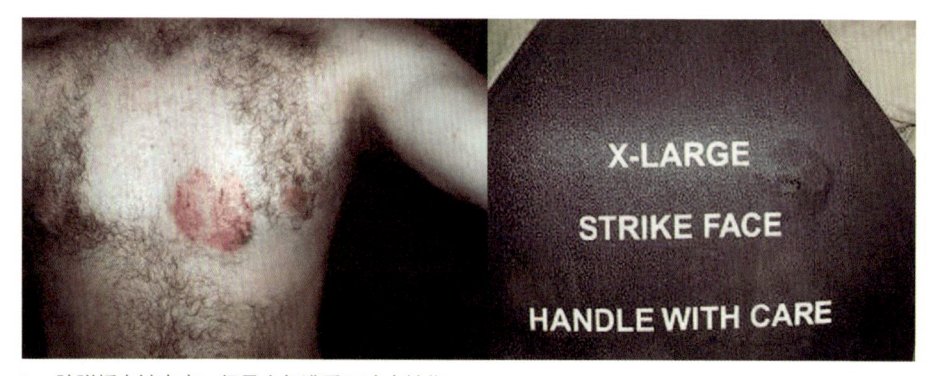

> 防弹板未被击穿，但是人却遭受了冲击钝伤

> 身穿防弹背心的伊拉克士兵

年轻人羡慕的对象。飞行员身穿的飞行服五花八门，大多数是夹克式和马裤式，也有浑身密闭的"连体服"，甚至还有"开裆裤"。

军用飞机是一个以飞行员为中心、人机结合的综合系统，只有飞行员的能力得到正常发挥，才有可能完成预定的任务。飞行员比飞机更为宝贵。高空是一个低温、空气稀薄的环境，飞到一定高度后，飞行员就必须佩戴氧气装备，并采取一定的保暖措施。随着现代战斗机性能的不断提高，飞行员可能面临的环境越来越恶劣，对个体装备防护系统的依赖程度也越来越高。可以说，现代战斗机不管性能多高，离开个体防护系统就毫无战斗力可言。如果满足不了对飞行员的防护要求，轻则导致飞行员短时或永久性的身体损伤，重则会危及飞行员的生命和飞机的安全。飞行服就是在这种条件下产生的。

人类升空飞行始于气球飞行，因此最初的飞行人员个体防护装备也源于气球飞行。1874年，法国人在气球上升到约7000米时首次使用了氧气。1874年3月22日，携带氧气装备的气球第一次上天，达到了约5500米的高度。这时的氧气装备是分别装有40%氧、60%氮和70%氧、30%氮的两个氧气袋。

1903年，飞机被发明并很快应用于战争。第一次世界大战时，出现了随降落伞一起使用的氧气装具。这时候的飞行座舱并不封闭，所以飞行员选择的服装通常以防风保暖作为主要目的，而供氧设备也是单独放置于座舱之内。基于保暖、轻便、防风的需要，皮风衣、皮帽搭配风镜迅速在飞行员中间流行开来。

美国陆军于1917年成立了航空服装理事会，专门负责设计管理航空队服装。根据飞行员的实际需求，参考当时的着装习惯设计皮制短款飞行服。第一款夹克于1927年定型，即为A–1飞行夹克。A–1飞行夹克以马皮制成，短款明扣设计，引领了美军此后近百年的飞行夹克式样，也形成了一代潮流。

除了穿着厚厚的棉领夹克外，英国空军率先于1917年发明了电热服装，每套电热服装包括一件电热背心、一双电热手套、一双电热鞋和一顶电热飞行帽，比普通的棉服更具有保暖性。此外，英国人还在第一次世界大战期间试验了抗浸服，即使飞行员冬季迫降于寒冷的海水中，浸泡数小时也不会冻死。

1932年，英国布里斯托尔航空公司试飞员、空军退役上尉西里尔·尤文斯（Cyril Uwins，1896—1972）驾驶一架敞式座舱飞机升到1.3万米的高空，这种高度下的温度为–56摄氏度。1938年，意大利陆军上校马里奥·皮依（Mario Pezzi，1898—1968）驾驶一架涡轮增压飞机飞升到了1.7万米，创造了飞行高度的纪录。飞机升到4000米以上后，飞行员必须吸氧。1.2万米以上后，由于外界空气稀薄，气压比海平面气压的五分之一还低，此时人体所处的环境必须加压，氧气才能进入肺部和血液中。这种缺氧环境下，要么对整个座舱

> 身穿厚厚棉服的美国飞行员　　> 身着A–2飞行夹克的美国B–17轰炸机机组成员

加压，要么让飞行员呼吸加压的氧气。在高空，通过氧气面罩简单地强迫加压的氧气进入飞行员的肺部，会引起飞行员身体向外膨胀。因而，必须在人体外部肺部处加压，使之与氧气在肺部的内压力平衡。解决这个问题的办法就是发明一种全密封的加压服和面罩，以便能人工维持在高空服装内的压力。这就产生了"加压服"的概念。

1934年，美国飞行员怀利·波斯特（Wiley Post，1898—1935）成为第一位穿加压服驾驶飞机的人。他穿的加压服内衬由橡胶制成，能充气，外层保持服装形状，但里面没有安装活动关节，穿上整套服装后会非常热，不舒适且笨重。1936年，英国生产了由两层涂胶布制成的全压服。裤子的腰部处固定有橡胶环，以便借助弹性钢带与服装上部相连接，加压的氧气在服装内循环，虽然全压服不灵活，但能在极高空维持驾驶员的生命。随着远程侦察飞机的发展，当高空座舱压力泄漏时，使用全压服能够保证任务完成。全压服不仅能帮助飞行员抵御缺氧症，而且还能够抵御高空酷寒的侵袭。不过，由于全压服穿戴极为笨重，不够舒适，作为全压服替代品的代偿服随即出现。与全压服相比，代偿服只是部分加压，提供较短时间的保护，因此又叫"部分加压服"，使用范围比全压服更为广泛。

第二次世界大战以来出现了高空高速的喷气式飞机，飞机在高速飞行的过程中，以及进行剧烈空中格斗，做出复杂机动动作的时候，飞行员承受的加速度过载极大，将会对飞行员造成严重的伤害。例如，人站在地面上，地

> 身着加压服的意大利飞行员马里奥·皮依完成高空飞行后凯旋归来

> 美国SR-71"黑鸟"高空侦察机飞行员身着全封闭式的加压服

147

心的引力是从头到足，成为正超重。当人体受到正超重作用时，血液向下身流动，血液重量增加，人体内脏下坠，引起呼吸困难，出现恶心、腹部疼痛等症状，无法忍受。此时由于血液全部聚集到下肢，导致头部血压降低甚至为零，飞行员会发生灰视（眼睛周边视力丧失）、黑视（眼睛看不见），甚至引起意识丧失。为了抵抗加速度过载，人们开始认识到必须研制一种装备来阻止血液的非正常流动，这就是抗荷服。

1941年春天，加拿大人弗兰克斯（Wilbur Franks，1901—1986）发明了一种以橡胶为衬里的厚重棉布服装。该服装穿在人体心脏以下的部位。这种服装可充满水，当产生飞行过载时，水对人体腹部和下肢施加压力，防止脑部血液流向腹部和下肢。服装内的水可以饮用，对坠入海中的飞行员来说非常有用。随后，澳大利亚人发明了利用涂胶布制成的五囊抗荷服，即由一个腹部胶囊和腿部4个胶囊串联相通，由压缩空气充气。使用专用抗荷调压器，根据飞行过载大小控制抗荷服的充气量，抗过载效果很好。1944年，美军首先开始使用五囊充气抗荷服。20世纪50年代，英国空军开始采用抗荷裤。英军抗荷裤由非弹性的尼龙织物制成，并在腹部、大腿外侧和小腿内侧处装有橡胶气囊，每当作用在飞行员身上的载荷超出2G时，胶囊就自动充气，拉紧裤面织物，并依次作用压力。为了便于穿脱，抗荷裤实际上并不是一条密闭的裤子，而是用皮带捆在腿上的加压装置，因此是"开裆裤"的造型。抗荷裤常常作为加压服的一部分并与加压背心或紧身上衣一起在高空飞行时使用。

1967年以来，抗荷服和代偿服已经组合为一体。

20世纪70年代起，西方国家开始发展第三代战斗机。第三代战斗机重新对战场环境进行了识别，主要突出低空大速度、高机动性为主的战术性能。鉴于飞行空域和空战大多发生在8000至1.2万米的高度，在防护装具配套方案中开始强调：降低供氧总压值、简化个体防护装具、注重提供短时间的应急救生能力。要求供氧装备简化、轻便，使用方便，生理负荷小，不再要求危险环境下的持续作战能力，而是强调救生和脱离

> 抗荷裤

战场的能力。因此英国率先提出了将全身代偿服+飞行密闭保护头盔改为"加压供氧面罩+代偿背心+抗荷裤"的简化体系,同时还要满足高速弹射的逃生需求。这种体系逐渐成为自20世纪80年代以来世界各国战斗机飞行服的发展趋势。

如今,美国第四代战斗机F-22飞行员的飞行服包括以下装备:HGU-86/P头盔,允许以1112千米/的速度弹射逃生;MBU-22/P加压供氧面罩,与头盔、面罩相兼容的防化镜、防化帽套及喝水装置;CSU-18/P代偿背心;CSU-19/P全覆盖囊式抗荷服,同时具备防化和抗浸功能;CSU-31/P通风服;CSU-80/P防化/抗浸防寒服,提供浸入0摄氏度水中的防护;PRU-57/P有源隔噪声装置;CRU-104/A或CRU-105/A机载制氧系统;CRU-106/A供氧抗荷调节器,其性能指标比第三代个体防护装备有较大提高。苏联从20世纪70年代开始了飞行员综合防护系统的研究。当前,俄罗斯苏-27、苏-30等飞机使用的是ППК系列抗荷服和ВВК-15背心囊式代偿服,使用高度为2万米,同时具有抗荷和通风功能。苏-27、苏-30等战斗机使用的是АД-15抗调器,采用预充压大流量气动式抗调器,气源为氧气,使抗荷供氧合二为一。供苏-30、苏-27等战斗机飞行员使用的3Ш-7及其改型头盔采用玻璃钢外壳、硬衬垫加调节网混合式内衬系统、滤光镜采用单层有机玻璃制造,下放形式有手动和自动两种,与KM-35M面罩配套使用飞行高度可达20千米,与弹射座椅中央导流板配套使用,允许弹射速度高达1300千米/小时。

> 身穿代偿背心和抗荷裤的美军女飞行员

防化服：劫后余生的重要保障

自从化学武器开始应用于战争以来，防范化学武器袭击，确保士兵保持持久作战能力，就是军队必须解决的一个重要问题。实际上，早在化学武器出现之前，人类为了防范毒气就已经制造出了防毒防化装备。古希腊人曾经使用普通的海绵用来防范毒气瘴气。早在黑死病横扫欧洲各地时，瘟疫医生就配戴了功能类似防毒面具的护具，这个面具眼睛处装有玻璃护目镜，前端鸟嘴状构造装有龙涎香、蜜蜂花、留兰香叶、樟脑、丁香、鸦片酊、没药、玫瑰花瓣以及苏合香等芳香物质，具有杀菌、隔离疾病作用，可以说是防毒面具的前身。18世纪以来，随着矿业的发展，矿工在地下作业时不可避免地面临有毒气体的伤害，防毒面具得到了极大发展。

1915年4月22日，在比利时的第二次伊普尔战役中，德军首次对协约国军队施放毒气。德军在顺风大规模布洒氯气云雾，发动了历史上第一次毒气袭击，造成英法联军1.5万人中毒伤亡。同年5月31日，德军又在东线对俄军进行了更大规模的化学攻击，在12千米的正面上，一次使用1.2万具毒剂钢瓶，施放了264吨氯气。在第一次世界大战中，由于交战双方大规模使用化学武器，这大大刺激了防毒面具的研制工作，个人防护被认为是最基本和最有效的防毒方法。在德军首次大规模化学攻击的第四天，法军就开始给部队配发浸以硫代硫酸钠、碳酸钠溶液和甘油的防毒口罩。英军也赶制了"黑纱口罩"，并配发部队。出现光气后又使用了浸乌洛托品的防毒口罩。这些浸有化学药剂的防毒口罩都称为"湿面罩"。作为应急防护器材的湿面罩，依靠浸在口罩上的化学药剂与毒剂反应的原理，在短时间内提供了有效的防护。

随着毒剂氯化苦的出现，浸有化学药剂的防毒口罩对它不能有效防护，于是各国纷纷采用装填有活性炭的特制滤毒罐来吸除毒剂，滤毒罐挂在使用者的胸前，用波纹状的导气管连接到可遮蔽人员面部的、采用橡胶或皮革制成的面罩上。这就是最初型式的防毒面具。

为避免长导气管给士兵带来负担，德国将滤毒装置组合为一个罐子，用螺纹直接拧入面罩的前部，形成了独特的猪嘴式防毒面具。其核心滤毒装置

> F-22座舱内的一名飞行员　　> 驾驶苏-30MKM战斗机的马来西亚飞行员

称为滤毒罐，内部采用多层过滤结构，并装有滤毒剂。

坊间传说，协约国军队遭到德军毒气袭击后，在战场上幸存的野猪身上获得了防毒面具的灵感，这一说法并无可靠的外文文献记载，也与防毒面具在协约国、同盟国两大阵营中的应用历史不符，恐怕也是一种流传甚久的民间传闻罢了。

随着化学武器的发展，仅仅使用一个防毒面具已经不能妥善对士兵进行全方位保护了。化学武器不仅仅通过呼吸道进入人体造成人员伤亡，与皮肤接触也能造成士兵皮肤的大片溃烂，导致重伤减员。非致死性的化学武器比致死性的化学武器给军队带来的损失更大，给战场上士兵造成的心理压力也无法估量。为了全方位防护化学武器，全身性防护保护士兵身体的防化服应运而生。

按结构形式来看，防化服一般可以分为连体式和分体式、密封头罩式和非密封头罩式、衣裤式和斗篷式多种类型。连体式化学防护服上衣和裤子连为一体，通常都带有头罩，有的还带有手套和靴套（或靴子）。分体式化学防护服上衣和裤子为分体结构。密封头罩式化学防护服头罩为整体气密结构，可将人员头部及呼吸面具同时罩于其中，人员视觉由封闭头罩面部的宽大眼窗来保障。非密封头罩式化学防护服头罩面部有开口，与呼吸面具、防护眼镜等配合。一般情况下，连体式和密封头罩式化学防护服比分身式、非密封头罩式化学防护服的密闭性能更好、防护等级更高。由于防化服生产成本较高，穿戴需要进行专业培训，故一般部队并不配备专用防化服，只配备防毒面具。防化服只配备给防化专业部队或作战部队中的防化分队。

目前典型的防化服包括一般气密防化服、内置式重型防化服、外置式重型防化服和防火防化服等类型。

一般气密防化服也称"轻型防化服"，多采用隔绝材料制造，重量较轻，材料的防护能力也有限。结构形式多为连体式，也有分体式，鞋套或靴子也可能和服装连成一体。头罩为非密封结构，袖口、裤口处有密封结构，可在与防化手套、防化靴等配合时保证气密；通常与隔绝或过滤式防毒面具、防毒口罩及防化手套、防化靴等配合使用；有的也采用分体式结构，使用透气材料制造；一般为一次性使用或有限次使用产品，有的也可多次重复使用。一般气密防化服属中、低等级化学防护服，往往在沾染程度较低的场合使用。

内置式重型防化服一般为连体、密封头罩、手套和靴套（或靴子）与服装一体的全封闭、气密结构设计。它采用隔绝材料制造，且材料具有较高的防护能力，能够防护气态、液态、固态和气溶胶态的各种状态毒物200多种，对绝大多数毒物的防护时间在8小时以上，同时具有一定的阻燃、抗磨、抗刺、耐撕裂性能，一般情况下可多次重复使用。内置式重型防化服可与置于防化服内部的正压自给式空气呼吸器配合使用，有的内部有冷却系统，穿着时需有人员辅助配合。该防化服属气体致密和气密型防化服，被认为是防护能力最强的防化服，通常用于高毒性物质、高浓度污染环境、存在液体泼溅及未知毒物种类和浓度的高危场合。一般来说，只有专业的防化学部队在特殊场合下才会穿着内置式重型防化服。

外置式重型防化服也是连体式，但头罩可为非密封。通常与正压自给式空气呼吸器配合使用，呼吸器置于防护服外部。相对于内置式重型防化服，该服装在穿着时与人员身体较为贴合，便于人员行动，但由于结构的限制，

> 第一次世界大战期间各种防毒面具展示

> 第一次世界大战期间的德国防毒面具

其防护能力稍低于内置式重型防化服，使用环境的危险程度通常也稍低于内置式重型防化服。在同样条件下使用时，穿着者通常作为内置式重型防化服穿着者的辅助作业人员。

防火防化服同时具有防火和防化学物质功能，该类服装表层均匀喷涂有耐火材料或镀有铝保护层，能在短时间内抵御高温对人体的伤害；内层材料具有防化学物质功能。整个服装结构及防化性能与内置式重型防护服相似，能够防御多种毒物和毒物的多种状态，主要在同时伴有着火和化学危害的高危场合使用。

需要说明的是，防化部队装备的多种防化服，并非一种型号包打天下，而是根据战场环境灵活选择。环境中存在化学危害，但危害物质种类、危害程度等均未知时，应使用防护能力最高的内置式重型防化服；已经确定是高毒性毒物及毒物的高浓度状态环境的话，应考虑使用重型防化服；对于危害程度较高但作业空间较为狭小的情况，可考虑使用外置式重型防化服；对于同时存在火焰和毒物危害的场合，应考虑使用防火防化服；如果除化学危害外，周围还存在摩擦、刺、割等危险，应考虑使用具有耐磨、防刺、防割功能的重型防化服。

> 法国军队的一般气密防化服

> 身穿一般气密三防服的加拿大士兵

威武外挂：古今军队的服饰标识

> 身着内置式防化服进行作业的美国陆军士兵

上天入地显神通 | 功能独特的防护性军服

> 身着重型防化服的俄罗斯防化兵

> 美国空军的防化作业,身着外置式防化服的化学兵在对身着内置式防化服的军人进行洗消

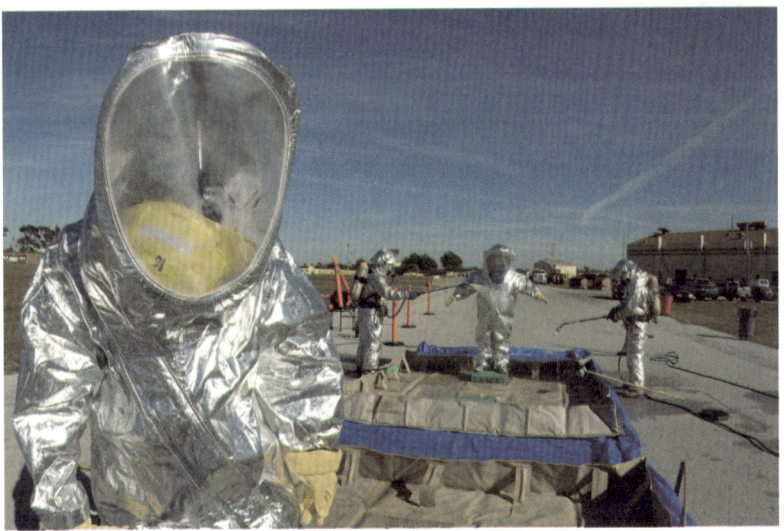

10 硝烟造就的时尚经典
从战场走来的流行服饰

军队服装服饰作为人类服装文化的一个要分支，同样具有服装在一般意义上的作用，即实用、审美和标识的功能。在人类历史长河中，伴随着军队的产生，为之服务的着装文化也悄然而起，并随着时代的发展而不断进步。不同的历史时期、地理区域和民族传统促就人类服装文化的丰富多彩，形成了生活在不同文化背景下的人关于穿着方式和穿着行为的各种社会规范，例如：服饰习俗、法律、禁忌、政治象征意义等等。因此人类着装既表现为个人行为，也表现为社会行为，对于作为集团识别标志的军服文化而言，更多地也体现出社会行为和群体规范。

服装是一种文化表现，世界各国和各个时期的军队服装服饰与当时的历史背景、文化传统、政治经济发展状况息息相关，无不带上时代的烙印。人类社会长期的实践活动，特别是近百年来科学技术的进步，极大地发展丰富了军队制服的材料和制作工艺，使得军服尤为重要的实用功能和识别功能趋于合理化、系统化。世界政治格局的变化、现代战争的多元趋势、现代武器的日新月异，使得现代军队朝着比以往更加专业化的道路上发展，军服在结构、材质以及标识配饰方面都有较大程度的进步和变革。为满足和适应军人日常生活和各种作战环境的需要，体现国家或政治集团的军备势力，各国军服的式样和品种，也经历多次重大变革。其中的优秀者虽然已经退出军服序列，但依旧为大众认可，并成为日常服装的时尚象征。

军装与平民服装的发展是相互影响，相互促进的。在法国大革命时期，身穿紧身长裤的"长裤汉"推翻了穿着灯笼裤的法国君主和贵族，于是，这种紧身长裤成为拿破仑及其军队反君主制的实用军装。20世纪两次世界大战期间，军装成为欧洲第一批进入批量生产的服装。尤其是在第二次世界大战期间，受强烈爱国主义的感召，许多平民开始将军装当作时尚服装来穿。各国为了加强爱国主义宣传并筹集战争资金，政府所倡导的戏剧和影视都偏向军事方面，军装的时尚理念也被传播开来。二战后，军装款式继续蔓延，大量剩余的军装也使军用商品店如雨后春笋般出现。

引领英伦风：战壕衣巴宝莉

引领风衣市场的标志性品牌"Burberry"有个别称"战壕衣"，这个硝烟味极浓的称谓来自第一次世界大战的堑壕战。第一次世界大战双方为躲避对方火力杀伤纷纷构筑壕沟工事，逐渐形成复杂坚固的筑垒防御体系，仅仅沿着韦斯特阵线，就挖了近2.5万英里的战壕。这相当于来回穿越美国8次。进入战壕的部队必须驻守两周后才能执行别的任务，恶劣的气候、糟糕的环境让普遍配发的防寒、防雨类服装失去作用。当时军服防寒、防雨外套主要分为两类：长到脚踝的呢大衣和外涂天然橡胶的棉内衬雨衣。棉内衬雨衣防雨但不保暖，呢大衣保暖但不防雨，用外置棉内衬雨衣内着呢大衣虽然可短期达到防风、防雨的目的，但过长的呢大衣很快就吸满了战壕的脏水而成为穿戴者的沉重负担。

> 1916 年的英军战壕　　　　　　　　　> 巴宝莉战壕大衣的广告

  当时，伦敦能够提供防寒、防雨外套服务的成衣商最终脱颖而出的有两家："Aquascutum"（雅格狮丹）和"Burberry"（巴宝莉）。雅格狮丹一家是深受皇室贵族喜爱的老店，其创始人约翰·爱默里（John Emary）解决了羊毛织物的防水问题并将其应用于成衣外套，而年轻的巴宝莉则通过开设户外用品店给农夫做工装外套，凭借优良的品质赢得了一批忠实顾客，在当时已经小有名气。1879 年，巴宝莉根据当时的牧羊者及农夫穿的麻质罩衫发明了华达呢面料，该面料兼具了挺括、耐磨、不易撕裂等特点，虽然在质地感和保暖性上不如雅格狮丹羊毛防水面料，但在价格上占据了极大优势。

  羊毛和华达呢面料都是天然纤维的一部分，指自然界原有的，或从人工栽培的植物和饲养的动物上获得的纤维。根据生物属性可分为植物纤维和动物纤维。植物纤维的主要组成成分是纤维素，又称天然纤维素纤维或天然蛋白质纤维，在化工业尚不发达的时期是服装面料的主要来源。其原料形成时间较长，如果没有前置时间较长的产业规划，很难在短时间大量增加市场供给，容易产生市场短缺，造成价格上涨。战时的物质紧缺环境又进一步放大了这一优势。

  军人除日常生活、学习、劳动等一般活动外，最主要的是军事训练和作战等特殊的活动，这些活动具有运动动作大、运动量大、运动环境复杂的特点。这就要求军服的结构必须适应人体的生理与各种战术技术动作的需要，任何结构的不合理性都会影响军人各种战术技术动作的发挥，甚至严重影响军人的生理健康等。

  当军人在不同场合，进行不同活动时，对军服的结构要求有很大差别。

如在室内休息、学习，人体活动量相对比较小，军服结构需要满足日常生活活动即可。参加庆典和礼仪活动时，运动量和运动动作都比较小，军服结构应注重于体现军人气质，民族风格，庄重美观。在训练、劳动、作战等场合时，军服结构设计，应着重考虑运动环境和运动特点，以适应战术技术的要求。不同的活动环境，对军服结构的基本要求是不一样的。如对气候环境来讲，夏季气候炎热，人体运动的程度相对比较大，人体散失水分比较多，军服结构应比较宽松，否则很容易汗水湿透衣服，湿透的衣服易贴附身体，束缚人的运动。冬季气候寒冷，人体因御寒穿衣较多，人体运动的程度相对比较小，军服结构应尽量减少容积，宜采用紧身的结构，以避免臃肿不便运动的现象产生。

军服作为军队重要的后勤装备之一，还必须具有与民用品不同的军事功能。如象征识别功能、伪装隐蔽功能、特殊环境防护功能等，以满足军人行军、执勤、作战的需要。因为这些功能直接关系到军人在战场上的生存能力、作战能力以及行军、执勤等多方面的综合效能，军服设计时应把军事功能放在最突出的位置上考虑。

巴宝莉在了解战场环境后，遵循了军服的结构适应性原则，即军服应适应军人作训活动时战术技术动作需要的准则，提出了双排扣、胸前的防风片、可立起的领口以及袖口绑带等符合军人要求的设计方案。巴宝莉的方案在成衣视觉效果上通过优化设计，满足了英国军事贵族的军事审美，获得军官群体的极大认同，成为战壕衣采购的首选。其经典设计在战后转为民用时依旧被普通民众认可，得以保留并成为风衣的时尚标志。

直到今天，我们仍然可以回顾下这些标志，尽管绝大多数穿着者已无法说清这样的标志是怎么来的，干什么用的。

标志一：长度刚好过膝，是为了方便战

> 身穿巴宝莉战壕大衣的英军军官

壕行动进行的改良。

标志二：肩袢，是为佩戴军衔肩章而专门设计的。

标志三：外置腰带，即为军装的外腰带设计。

标志四：风衣的背面肩部的附加布料，是借鉴当时军用披风的设计，因为肩部是淋雨最严重的部位，系起风衣腰带时这一小块附加布料使得雨水能够沿着它进行导流，防止沿着肩部接缝渗入风衣里。

标志五：总在一侧的可以用扣子固定起来的胸前布，源于枪托抵肩射击需要，在减少射击时的后坐力的同时也使得风衣更加耐磨。

标志六：袖子可以通过系带绑紧，与防毒面具共同配合防止接触性毒气对人体造成危害。

巴宝莉风衣与电影颇有缘分，《魂断蓝桥》为其加分不少，但也让公众形成了一个错觉，即巴宝莉风衣是军官专属服装，士兵不得使用。这个错误认识说明公众不了解英军的被装采购机制，英军对军官发放置装费，军官不享受所有被装配发，如有需要必须自行购买。巴宝莉就是属于必须自行购买的类型，所以士兵如果自行购买的话也能穿着使用。可以说巴宝莉的成功不仅仅来自战争、面料和设计，英军的置装费也功不可没。

> 身着战壕风衣的英军士兵

北海寒风中的产物：海军牛角扣大衣

牛角扣大衣（Duffle Coat）和风衣、小西装一样，都堪称历久不衰的经典单品，是如今世界各国颇为流行的服装款式。然而，这种服装之所以风行世界，是因为欧洲北海的凛冽寒风。

19世纪末20世纪初，德国开始崛起，德国海军制定了庞大的造舰计划。德皇威廉二世对世界殖民格局的愤愤不平引起了老牌殖民帝国英国的警惕，德国海军庞大的造舰计划让英国海军加强了对北海的巡航力度。

北海是大西洋东部的一个海湾，西面部分地区以英格兰、苏格兰为界，东面与挪威、丹麦、德国、荷兰、比利时和法国相邻，南部从法国海岸的沃尔德灯塔，越过多佛尔海峡到英国海岸的皮衣角的连线为界，北部从苏格兰的邓尼特角，经奥克尼和设得兰群岛，然后沿西经0度53分经线到北纬61度，再沿北纬61度纬线往东到挪威海岸的连线为界。北海南部经多佛尔海峡与大西洋相通；北部，经苏格兰与挪威间的缺口，与大西洋及挪威海相接；东部，经挪威、瑞典、丹麦之间的斯卡格拉克海峡和卡特加特海峡，与波罗的海相通。因为地缘的限制德国海岸线局限于波罗的海和北海一隅，其中波罗的海位置偏内且被四周国家环抱，只有北海方向能直面大洋。这种地缘环境决定了只要英国海军封锁北海外围，德国海军就是池塘里的舰队，

> 一件典型的牛角扣大衣

永无出头之日。北海处于极锋南北徘徊位置，气旋活动频繁，尤其冬季（11月至次年3月）经常发生风暴，可形成高达数米，甚至10米多的风浪，长期在这样的气象条件下活动的英国海军迫切需要一种便于舰艇甲板作业并兼具保暖性的冬季大衣。

因为甲板较为开阔，英国海军官兵在甲板作业时为对抗寒风，普遍戴手套。厚厚的手套无论是从口袋里掏取物品或扣紧纽扣都十分不便，于是，被称作"Duffle Coat"的海军牛角扣大衣就出现在巡航北海的英国海军之中。

这种服装是英国服装制造商约翰·帕特里奇（John Partridge）从比利时弗兰德地区安特卫普省的小镇迪弗尔（Duffel）学来的，进入英国后，被误拼作"Duffle"。这种服装前襟上安装着大大的牛角形状纽扣，两侧有两个大而舒适的口袋，外加一个可以抵御风寒的帽子，其粗呢的面料非常符合海军的需要。前襟上大大的纽扣和扣眼设计简单而实用，由略带弹性的细带首尾钉起，做成的扣眼让纽扣和扣眼的角度稍有不同，既可以固定紧，不用担心扣子脱落滑出，也非常适合戴着厚厚的手套穿脱外衣。中文里也因为这种扣子，将其命名为"牛角扣大衣"。

除了牛角扣这个特点外，这款大衣整体宽松，十分保暖，士兵可以在里面多穿一件外套。口袋深而大，便于暖手装东西，还可以保证东西不掉出来。防风的连帽不用摘下大檐帽就可以套上，便于保暖。领子部分的扣袢设计系上就可以挡住灌进脖子里的风，充当围巾。肩膀多余的布料在保暖的同时，

> 身穿牛角扣大衣的英国海军军官

> 1941年身穿牛角扣大衣的英国水兵

也可以减少肩部磨损，便于水兵工作。

第二次世界大战期间，英国陆军因这种大衣的便捷性，也大量进行了采购。因库存太多，在战争结束后，便大量低价销售给普通民众。在战后物质匮乏的时代，牛角扣大衣实用性好，得到了民众的高度认同。1953年，英国Gloverall公司保留了军用大衣的基本设计，针对时尚特征进行了改良，在大众范围内引起了一阵风潮。时至今日，"Gloverall"仍是牛角扣大衣的经典品牌。

飞行员的浪漫：空军飞行夹克

飞行员被称为"天之骄子"，而飞行员身上的服装也颇具神秘色彩，穿上飞行员的飞行服，也夹杂着人类对广阔天空的征服欲。由于加压服、代偿服、抗荷服等飞行服装不适于日常穿着，那么飞行夹克这种天上地下通行的服装自然进入了时尚设计师的视线。第二次世界大战结束以来，飞行夹克一直从未落伍，颇为流行，不仅是因为年代情愫，更是因为它的设计极为实用，考虑了穿着功能性，让人们爱不释手。

飞行夹克是伴随着飞机的诞生而出现的，为了适应高空飞行的严酷条件，各国开始为飞行员研制飞行服装。各国开发了多种多样的飞行服装。早期飞行服装的最大特点就是保暖——厚厚的棉服，浑身包裹，英国还研制了电热服。而引领潮流的飞行夹克则在美国首次出现。

1917年，美国加入第一次世界大战时，美军的航空力量只有陆军通信部队航空联队，军官65名，士兵1087名，其中飞行员只有25人，均为军官，飞机不超过55架。随着战争的来临，美国政府开始加强航空部队建设，陆军成立了航空服装理事会，开发各类飞行服装。1917年8月15日，美军研发出了一套茶色的皮革外套作为飞行服，其内侧附有粗厚呢绒料，衣领可立可折，衣长位于臀部至大腿膝盖部位的三分之一处。为了防止风从缝隙内吹进来，袖口可由环带悬垂物或纽扣来关闭。这是美军飞行夹克的雏形。

第一次世界大战后，美军吸取一战期间飞行服的研制经验，继续进行飞行服的研制。在对一战期间飞行服研究的过程中，美军服装设计师们发现，飞行服采用古典式的外套形式，下摆太长，十分笨重。飞行员穿着这样的服装坐在驾驶舱内操作飞机时会十分别扭,尤其是脚踩不同装置进行操作时,腿部移动不便,碍手碍脚。于是,新的飞行服的长度要短,到腰部即可,形成了飞行夹克的外观。高收腰短款设计,同时也可以避免飞行员进出狭小坐舱时挂到复杂的仪器开关。此外,将袖口衣领的拉伸带和纽扣取消,改为松紧织法,穿上之后自动就与皮肤贴紧,更加保暖。1927年,A-1飞行夹克正式诞生,成为美军飞行夹克的鼻祖(字母A指代夏季)。1931年,新款的A-2飞行夹克取代了A-1飞行夹克。

冬季的夹克则更注重保温性。尽管英国已经有了研发电热服的经验,但是电热服缺点较多,对电力依赖过度,而且可靠性不高。美军于是决定放弃电热服,换用动物皮毛材质,生产冬季飞行服。起初,美军的冬季飞行夹克采用中国的一种狗毛以及澳大利亚的海狸皮进行制作,但由于材料难以获得,后来改用更为常见的羊皮制作。例如1934年研发的B-3飞行夹克即采用羊皮(字母B指代冬季)。

20世纪30年代至40年代,美国陆军的飞行夹克不断推陈出新。1943年,美国陆军推出了B-6飞行夹克作为B-3飞行夹克的轻质升级版;1944年推出了B-15飞行夹克,在羊皮中加入了尼龙、棉丝等人造材料混纺而成。B-15在左衣袖上安装了插笔袋,由一个开合拉链口袋和两只笔袋构成,飞行员们

> 身穿B-3飞行夹克的美国陆军航空兵飞行员

> 内里颜色鲜艳的 MA-1 飞行夹克

可以用它来存放香烟和标明位置方向的彩色笔,这是一个非常实用的设计,被后来的飞行夹克继承了下来,并影响了诸多民用服装的设计。自 B-15 飞行夹克改进而来的 MA-1 飞行夹克为了便于与飞行头盔、伞具配合,取消了毛领,改用针织领。

1960 年,美国空军将 MA-1 飞行夹克的内里改为高可视度的橘红色,并加上了口袋和双面拉链。这样,一旦迫降,飞行员只要将夹克反过来,就可以成为一件紧急救生夹克。在气候和可见度良好的情况下,空中的救援人员很远就可以轻易发现,便于营救。MA-1 飞行夹克的后背还缝有救生字条,大意为美国政府承诺一旦飞行员被送还,必奉上丰厚酬劳答谢。这救命字条还附上七国语言,即使飞行员降落在异国他乡仍有一线生机。

陆军的飞行夹克不断推陈出新之时,美国海军于 1941 年采购了 M-422 和 M-422A 飞行夹克作为海军、海军陆战队和海岸警卫队飞行员的标准服装。M-422 系列飞行夹克主要是采用了毛领,更适应于海上凛冽的海风。值得一提的是,二战期间来到中国的美国援华志愿飞行队选购的飞行夹克,也是海军版的 M-422A。后来,M-422A 经过改进,于二战后被命名为 "G-1 飞行夹克",一直被美国海军使用至今。G-1 飞行夹克选用了质地更轻的山羊皮,前胸加了带着扣子的两个口袋。1986 年的《壮志凌云》中,汤姆·克鲁斯穿着 G-1 飞行夹克的造型吸引了大批美国青年加入海军,也让 G-1 飞行夹克名扬天下。

翱翔蓝天的浪漫，使得穿着飞行夹克的飞行员造型随着战时影响的传播而被全世界关注。战争结束后，退役人员的广泛穿着也让这种服装进入了街头巷尾。短款的设计颇显身材，与各种风格的裤子搭配，都能很好体现男性倒三角的身材特征，富有立体感，使得飞行夹克成为一种颇受大众欢迎的服装。当然，飞行夹克身上寄托着飞行员的浪漫，也寄托着人类对蓝天的向往和追求。

军服的设计特点被大量公众认可，说明其经历了从简单到丰富、从单一到系列、从平质到优质的变化，形成这一切的科学评估及选择体系功不可没。现代军服体系发展，经过长时间积累沉淀，到现在已经完成了从粗放式进度管理到全过程精细化管理的过程，其发展过程中，若不切实际地强行提升、简单套用、突出某一点，往往会得不偿失。违背了军事服饰基本特点的服装自然会出于服装面料、设计理念、实用效果等原因被淘汰出局，军人不会记得它，大众也无法认可它。设计成功的一款军服，也走入寻常百姓家，引领着时尚，影响着人们的平常穿着。

> 身穿 G-1 飞行夹克的美国海军军官

华美艳丽更重实效
军服设计的奥秘所在

军服是表现军人形象的重要组成部分，设计得体的军服不仅可以展现军人的良好形象，有效进行敌我识别，而且能够适应战场环境，具有极强的实用意义。

从豪华昂贵到日渐趋同：近现代军服设计原则的演变

19 世纪，近代军服的辨识效果已经达到了这样的水平：天气良好时，在隔着建筑物、小山或者树林的平坦地形上，肉眼在 1500 米距离处可以看到一支军队；在 1200 米距离处可以辨认出步兵和骑兵；在 600 米距离处可以分清制服上大的细节，比如背带和帽盔；到了 225 米距离处就可以看清楚制服上所有的细节，并辨认出行列中的军官。而在军服做工上，则讲究豪华、昂贵。法国军服是这一类军服的典范，例如，其近卫骑兵部队拥有 10 套不同的制服：作战服（tenue de campagne）、行军服（tenue de route）、野战服（tenue de charge）、常服（tenue de service）、执勤服（tenue de quartier）、厩务服（tenue d'ecurie）、社交服（tenue de societe）、便服（tenue de ville）、阅兵服（tenue de parade）和盛大阅兵礼服（tenue

de grande parade）等。曾担任过近卫军司令的拉纳（Jean Lannes，1769—1809）元帅在任上时，对于给近卫军部队配备艳丽昂贵的制服有着狂热的积极性，以至于近卫军预算严重超支，拿破仑不得不用贝西埃尔（Jean-Baptiste Bessières，1768—1813）替换了他。但是，在军服导致预算超支的同时，法军获得的荣誉感与战斗力也同样可观。

1840年，拿破仑遗体被运回巴黎时，他的金色灵柩就由一队老兵护送，而这些老兵依然穿着他们已经褴褛褪色的老旧军服。拿破仑一生的成就有很多，也很长——19世纪法国伟大的军事家、政治家，法兰西第一帝国的缔造者等等，其实完全可以再加上"双排扣大衣与西装三袖口的创造者"这一头衔。拿破仑战争的老兵在晚年的回忆录中有时候也会流露出对从前所穿庄严华美军服的悼念之情，他们认为，再也没有比此更完美的制服了，他们把这些军服和拿破仑的超凡魅力联系在一起。

> 身着华丽军服的拉纳元帅

在拿破仑的带动下，当时的欧洲君主纷纷成为"设计大师"，并极度重视军容仪表。据说，英王乔治五世曾经发表意见说，部队"军装上的一处破缝是可允许的，但一条皱纹是绝不可容忍的"。战胜拿破仑后，普鲁士国王腓特烈·威廉三世更是拒绝让约克大公（Erzherzog Johann von Österreich，1782—1859）的部队参加在巴黎举行的胜利阅兵式，因为他觉得这些士兵刚刚经历苦战，穿着弄破了的军服，"外表可怜"。

随着历史的发展，布尔战争让昂贵、鲜艳的军服逐步淡出战场，两次世界大战从功能需求上让军服的颜色和样式上呈现趋同性。二战后的越战、海湾战争极大地强化了世界强国的军服趋同程度。

近代军服与现代军服的区别，主要体现在受成本制约的样式、面料两个方面。在样式上，更注重简约的群体性与统一性；在面料选择上，则配合化工科技的进步，不再单一选择天然面料。我们可通过欧洲的阅兵式直观地感受到这一变化：从分列式最先入场的历史军服着装，逐渐过渡到现代化的军服。

军服、装备、人员三者构成的视觉冲击让公众印象深刻。军服是军人的外在标志，是一个国家军队的象征。质量优良、样式美观、功能完善的军服，不仅能增强部队的凝聚力和战斗力，而且可以振军威、提士气、壮国威。而形成这一效应的重要原因，就是军服发展历程中积累、沉淀下来的军服基本美学、艺术规律及文化传承。

视觉效果有讲究：近现代军服设计的基本原则

首先，军服一般遵循对称与均衡的原则进行设计。对称与均衡是美学中的两个形式法则。对称，是指同形同量的物体，依中轴而平稳存在。均衡，是指同形不同量的物体，通过杠杆作用，依支点而平稳存在。人在视觉上会自行寻找由对称与均衡形成的安全感。均衡且左右不对称的设计既有平稳感，又富于变化，达到静中有动、活泼欢快的目的。军服在体现对称与均衡感时，主要采用口袋、配套的肩章、领徽等部位的对称设计。而臂章、勋表、胸前配饰等部位，则采用非对称设计来表达均衡感，以体现军服庄重、威严的特点。

其次，军服的外观要遵循黄金分割比例的设计原则。物体的长短尺寸和整体比例协调才能给人以美的感受，而最佳比例即为黄金比例：0.618。这一比例来自人类对几何形状五角星的内在比例认知，任意分割五角星的内在比例均为0.618。应该注意的是，这样的比例关系会受到满足军服功能要求的取舍制约。因此，要求在一切部位、一切场合下都有良好的比例是不现实的。

除了遵循黄金分割比例设计原则外，军服在视觉上要有节奏感。节奏感

> 1814年，俄军进驻巴黎

> 2008年法国国庆阅兵上身着传统军服的法兰西共和国卫队骑兵

来自音乐，能让人产生既有关联又有变化的规律心理活动。军服的视觉节奏，主要由衣褶构成形与色、色与色、形与形三者间搭配过渡的关系，通过军服与人体的运动而移动变化，就像一块石头投入平静的水中泛起的波纹那样，由中心向外逐渐扩散，产生自然、优美的旋律感。

在军服的整体效果上，还要注重统一与渐变。军服的统一性旨在营造一种趋势性或一致性的感觉，以产生严肃、庄重、安静的效果。不过，统一性容易使军服显得呆板、单调、缺乏生气，还要通过渐变造成的反差，带来生动、活泼的动感。两者搭配可起到互补的作用。军服在两者的取舍中必须将统一置于首位，否则变化过多会杂乱无章。因此，必须达到整体协调、局部变化的要求。较为简单的方法是采用基本款式相同、带有区别变化的设计方式。例如，让男装的领子和口袋相对长一些，女装采用圆下摆、圆明贴袋，以此来体现区别与变化。

对于军服上的部件配置，要采用强调与突出的表现手法。强调，由军装的基本功能决定，应当将衣袋、腰带等具体配置设置在手的活动范围内，以方便使用。运用强调的表现手法，一定要少而精，起到画龙点睛的作用。突出是烘托重点的表现手法，采用突出来烘托的部分，放在人体的胸围线以上的范围内，用帽徽、肩章、领花等相互承接呼应，烘托出军队代表性特征，使视线集中停留在最显著的地方。

> 俄罗斯梁赞空降兵学院的女军人

此外，设计军服时，要注意军服的视觉偏差。在某种情况下，人的视觉会受到外界影响，产生与事实不一致的失真视觉效果。失真通常和光照下图案的分割、角度、色彩等对人眼生理、心理特性产生的影响有关。军服的设计中巧妙地应用了这一原理。两种不同的色彩，同类色光亮度接近，在边缘产生的对比较微弱；对比色光亮度差异大，在边缘可产生强烈的对比。红色与绿色是一对对比色，红绿配置，特别鲜艳。例如部分国家陆军军服和肩章的配色，军服为绿色，肩章以红色为底，这样鲜明的对比，使得军服更加醒目、生动。军服上的形状也会带来视觉上的偏差效果。多条的竖直分割线，引导视线向两旁移动，产生的是宽感；多条的横向分割线，引导视线上下移动，产生的是高感。竖线等份分割是长度感，横线等份分割有扁平感。因此，军服采用三角形大翻领，可以利用人眼会将钝角两边之间的距离估计偏小的特性，使人的双肩在视觉上显得宽厚。

最后，军服设计上要有文化传承。军服是服装中的一个分类，既有其特殊性也兼顾服装的基本性能。服装是一种文化表现，随着时代的发展而不断进步。不同的历史时期、地理区域和民族传统促成人类服装文化的丰富多彩，形成了生活在不同文化背景下的人们关于穿着方式和穿着行为的不同社会规范，例如服饰习俗、法律、禁忌、政治象征意义等。军队着装既表现为个人行为，也表现为社会行为。在人类历史长河中，伴随着军队的产生，为之服务的着装文化也悄然而起，世界各个时期和各个国家的军队服装服饰与当时的历史背景、文化传统、政治经济发展状况息息相关，无不带上时代的烙印。

> 英国陆、空军女兵和海军男水兵军服

应该注意的是，美的造型应以实用为前提。如果脱离军服的基本要求盲目追求美感，所谓的美观只能成为纸上谈兵。

近现代军服主要可以分为常服、礼服和作训服等。设计不同用途的军服时，还要遵循不同的设计原则。

常服是军人在平时和一般礼仪场合穿着的制式服装，要求庄重、大方、适体、舒适。

礼服主要用于严肃、庄重的礼仪场合。通过衣领、纽扣、军种装饰线等局部构件采用对称、均衡设计原理，并通过衣领驳头（平驳头、尖驳头）、纽扣（单排、双排）、材质、颜色的变化，区别夏礼服和冬礼服，配以各种装饰件（如绶带、胸标、名牌、臂章、标志符号等），既体现了礼服的庄重、大方、高尚、文雅，又有一定的时代感。

作训服是军人平时劳动、训练、执勤、作战时着穿的军服，设计有别于常服、礼服。主要表现在：第一，功能为主，即具有战术技术活动的适应性，有足够的裕量，易于通风散热，方便调节，便于穿脱换洗等。第二，重视军威，在保证功能的前提下，尽量体现军人的威武庄严。第三，平战兼顾，既保证战时需要，也要适合在平时训练、劳动、体育锻炼等不同条件下穿用。第四，便于组织生产，作训服的袖口、领口、下摆、脚口设计为可调封闭结构，减少了衣内外的热交换，缩小了暴露面积。为适应战术、技术动作要求，作训

> 俄军仪仗队军服上大量使用了红色配色

> 2012年，辛格·布拉尔（Jatinderpal Singh Bhullar）成为英国陆军禁卫师的首名锡克教士兵，他被特批不戴熊皮帽，而戴锡克教头巾

服的肩、肘、腰、臀、膝等部位均按最大活动幅度进行基本造型设计。作训服的整个设计在保证适用的前提下，给人力量感。

视觉识别区分明：近现代军服的识别功能

军服的设计上，还要通过军服的样式、色彩、图案、材质及标识符号的变化，以区别敌我、区别军兵种、区别军衔级别等。军服的视觉识别功能，是一项实用性很强的军事功能。一般来说，军服的视觉识别功能包括以下几点。

第一，从军服特点上加以区别。每个国家军队总是配发统一并有特点的军服，以示与其他国家军队的区别，其特点多体现在帽子形状及外衣样式上。如前文提到的波兰四方帽和苏联布琼尼帽，都是本国军服最典型的识别象征。

第二，从军服颜色上加以区别。颜色和图案给人的视觉反应是比较强烈的。视觉信息的影响也比较强烈，因而被广泛地应用在被装品的识别上。在伪装保护尚不重要的年代，军服多采用白色、红色等抢眼的色系。在军服色系日渐趋同的今天，则需要选择不同色号以深浅区分。

第三，从军服面料上加以区别。由于国民经济的影响、现有科技能力、军费限制等因素，各国军服在面料上多有不同，富裕程度较高的国家多采用对后勤保障要求高的呢料、皮革等面料，富裕程度较低的国家多采用对后勤保障要求低的腈纶等廉价面料。

第四，从军服符号上加以区别。各国军服均佩戴金属或非金属标识。该类标识证明该国军队军人彼此间的分工更加明细，责任更加清楚，有利于在战争和训练的环境中及时准确地了解彼此之间的关系，明确彼此间的责任分工，从而提高作战、指挥、训练的功效。

经济基础的决定作用：受物质条件制约的军服面料

军服制成后与民用服饰的重要区别是，军服在较长的时间内不会发生大的样式和面料变化。由此，军服的研制方既要能够着眼于本国科技发展和作战任务，又要具备国际科技发展和热点地区地理特征的前瞻性视角。军服与民用服饰一样具备商品价值（也称"经济性"），服装的使用价值是由服装本身的自然属性（成分、外形、结构和化学性质、生物学性质、物理学性质等）所形成的。军服具有商品的所有自然属性，但其社会属性则制约着服装的交换价值，同时军队的训练和作战对其自然属性还有特殊的要求，如要求具有一定的阻燃性、防核生化性、防弹性等特殊性能。价值是军品交换的客观尺度。军服同其他商品一样，以一定的价格购买支付企业应得的法定货币，企业支付相关人员工资，从市场购买生产原料等。军服不仅是商品，而且是一类具有特别性质的商品。军服价格过高会增加国家国防财政支出，影响国民经济。过于追求廉价，则会影响军人的荣誉感与军容。所以每个国家在选择自己的军服时，本国经济水平是重要的决策依据之一。

军服由面料制作而成，其品质和性能直接影响到军服的质量和用途。面料的合理选择对于确保军服优良性能来说极为重要。军服面料主要有天然纤维、化学纤维、动物皮革、人工皮革、橡胶五大类。

天然纤维是自然界原有的或经人工培植的植物上、人工饲养的动物上直接取得的纺织纤维，是纺织工业的重要材料来源。天然纤维的种类很多，长期大量用于军服的有棉、麻、毛、丝四种。棉和麻是植物纤维，毛和丝是动物纤维。全世界天然纤维的产量很大，并且在不断增加，是纺织工业的重要材料来源。尽管化学纤维产量迅速增长，但是天然纤维凭借对皮肤无刺激伤害、吸湿性抗熔性好、强力伸长能力小、抗静电性好等特点，在纺织纤维年总产量中仍约占50%之重的比例。化学纤维是通过对天然高分子化合物或人工合成的高分子化合物纤维进行化学处理，使其具有纺织性。化学纤维具有结实耐用、抗皱免烫、生产成本低、吸湿性和舒适性较好的优点，适用面较广。天然皮革按其种类来分主要有猪皮革、牛皮革、羊皮革、马皮革、驴皮革等，多用于外套及鞋靴。人工皮革是以类似化学纤维的方法制作成的皮革仿制品。橡胶具有弹性、绝缘性、不透水、不透气的特点，主要用于工作服类。

五大类面料中天然面料与化学面料互有优劣，不能简单地认为天然面料绝对优于化工面料。天然面料难以满足短时间内大量增加的需求，并且在纤维长短、粗细上没有一致性，而化工面料则具有上述优点，所以现代军服大量使用兼容化工及天然面料优点的混纺面料。

一个国家的军服面料选择和本国的科技水平与原料供给水平紧密相关，盲目或被迫选择不符合实际情况的军服面料会对本国军队战斗力产生负面影响。反之，会对本国军队战斗力产生增幅效应。

1928 年墨索里尼强制终止议会制，意大利成为独裁国家。为摆脱全球性经济危机对意大利国内经济的影响，墨索里尼推动意大利军队扩军备战，试图吞并非洲部分地区。同时，用军事需求为牵引，拉动意大利经济回升。在扩军过程中，意大利有限的资源多被海空军挤占，陆军军服需求量极大的毛呢面料严重短缺。

1935 年意大利的 SNIA 公司以牛奶作为基本原料，经过脱水、脱油、脱脂、分离、提纯，使之成为一种具有线型大分子结构的乳酪蛋白，再与聚丙烯腈进行共混、交联、接枝，制备成纺丝原液，研制出牛奶蛋白纤维。这种面料质地细密轻盈，光泽优雅华贵，色彩艳丽。由于该面料仅利用牛乳中 2.9% 的蛋白质作为制取牛奶纤维的原料，因此生产成本极高。该面料原计划用于民用高档服饰。为迎合墨索里尼鼓吹"真正的意大利文化"，意大利陆军选择该面料来生产部分军服。

1935 年 10 月，意大利军队越过马雷布湖边界，从南北两面向埃塞俄比亚发起进攻，试图吞并该国。穿着该面料的意大利军队很快发现，这种面料的吸汗性与透气性均不如呢质面料。更让人意外的是，该面料多清洗几次后极易破损。结合意大利军队在战场上糟糕的表现，当地的民众戏称身着该面料军服的意大利军人为"白乞丐"。事后意大利陆军发现，当时科技水平制造的牛奶纤维强度太低，不具备军事使用价值，不得已之下再次选择毛呢为军服面料。

> 入侵埃塞俄比亚的意大利军队

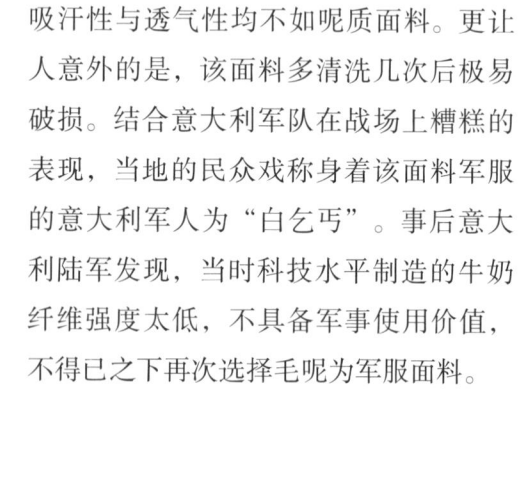

军服的画龙点睛之笔：金属纽扣的设计应用

军服佩戴的各种标志，具有标识军人的军衔、军种、兵种、勤务属性等作用。标识符号通常有帽徽、纽扣、兵种符号、肩章、臂章等，其中纽扣因其使用数量多，出现范围大而被誉为军服的眼睛。近代军服起源地的欧洲对其尤为重视，法国有句谚语："观其服装纽扣便知其是否军人。"可以说法国军服最根本和最典型的特点表现在纽扣上。法国海军和空军军服的纽扣是金黄色的，省宪兵的服装纽扣就是银白色的，机动宪兵的服装纽扣是黄色的。在陆军中，步兵（轻步兵除外）服装的纽扣为金黄色，工程兵、炮兵和通信兵的服装纽扣也是金黄色，但骑兵（北非当地人骑兵队除外）、列车员和军需部人员的服装纽扣为银白色。人们从大大小小的纽扣的特点可以判断法国有关军人属于什么部队。英国军队直到现在配发的礼服均不缝制扣子，由官兵自行在礼服上缝制有自己部队标识的扣子。

金属纽扣自带的质地感会提升服装的庄重性，近代军服均使用不同质地的金属纽扣增强仪式感、严肃性，有一定亮度并坚固耐用的金属都可作为军服的纽扣。大名鼎鼎的"五金"——金、银、铜、铁、锡中的锡，因其耐酸、耐碱、无毒、无味、不上锈、防腐蚀、能长期保持亮度等特点成为当时军服纽扣的首选。然而，金属锡却存在着"锡疫"现象。这个现象最早由亚里士多德发现，锡会产生灰色的斑点而"腐烂"掉，一旦和有"锡疫"的锡接触，也会产生灰色的斑点而逐渐"腐烂"掉。

受当时科学水平制约，人们并未确定"锡疫"的成因，一旦发现"锡疫"，即采用类似防止传染病的方法：隔离、替换、销毁。1867 年，俄国彼得堡军需部开仓发放冬装。奇怪的是，发放的军大衣全都没有扣子，官兵们对此十分不满。负责仓库保管的军官和士兵们都说，这些军装入库时，都钉有扣子，扣子是不可能丢的。

> 美国海军陆战队礼服

威武外挂：古今军队的服饰标识

那么，这数以万计的扣子究竟哪里去了？俄国科学家证明了锡的物理特性在室温时是常见的银白色金属白锡，富有延展性。白锡的晶体为正方晶结构，呈金属性，比重较灰锡重。当温度回降到低于13.2摄氏度的话，它会慢慢变为粉末状的灰锡。

因此，吸取彼得堡冬装事件的教训后，各国军队开始大量使用合金质的金属纽扣。随着科技的进步，金属材料的价值越来越高，现代军服的一般只在礼服、常服上采用金属纽扣，多选择轻便、廉价且金属稳定性好的合金材料；轻便能减少服装重量，廉价能大范围使用，而金属稳定性则决定纽扣的可使用时间。

科技带来的改变：军服的热学性能设计

军服是军人的"第二皮肤"。炎热时穿什么会凉爽，寒冷时穿什么会暖和，过去采用多地域、小范围的部队穿着进行相关试验，这样需要较长的时间才能获得的相关数据。军服在设计时因此无法选择新颖、优质的面料。20世纪40年代，美国制造了世界上第一个暖体假人，推开了服装热学性能模拟的大门。何谓服装热学性能？简单理解，研究服装热学性能，就是为了解决人在炎热时穿什么会凉爽、寒冷时穿什么会暖和的问题。

暖体假人通过仪器设备模拟人体与环境之间热湿交换，进而获得相关数据。这是一种从20世纪40年代逐渐发展起来的新的生物物理试验方法。暖体假人身材大小和普通成年人相似，由头、胸部、背部、腹部、臀部、上肢、手、下肢和脚等解剖段组成。暖体假人本体由铜、铝或玻璃钢制作而成，采用内部加热、内表面加热和外表面加热模拟人体温，将被测试服装穿着在假人身上，在实验

> 使用暖体假人测试作训服的保暖性

室内设置模拟不同气候条件的环境温度，由电脑设定与人体温度相同的假人体表温度，传感器获得数据后，通过数据分析判定服装的热学性能是否达到要求。

暖体假人的发展可分为三个阶段。1941 美国耶鲁大学约翰·B·皮尔斯基金会生理实验室（Laboratory Hygiene, John B. Pierce Foundation）的学者盖奇（Adolph Pharo Gagge，1908—1993）等人在美国科学杂志发表一篇文章，提出了克罗值的定义，即在气温 21 摄氏度，相对湿度小于 50% 和风速 0.1 米/秒的室内，一个健康的成年人静坐时保持舒适状态时所穿服装的热阻为 1 克罗值。该单位将人的生理参数、心理感觉和环境条件相结合，能被非专业人员理解和接受。美国军需气候研究所以此为理论基础研制了第一代暖体假人。由于该暖体假人为单段假人系统，不能反映人体体表温度分布，因此第一代暖体假人只能用于服装热阻的一般测试，并得到静态服装热阻值。

20 世纪 60 年代，人们研制了多段暖体假人，即第二代暖体假人。每段的体表温度和加热系统单独控制，且假人本体可以模拟人体不同姿势，做一些简单动作，从而进行服装热阻的静态和动态测试。

第三代暖体假人能模拟人体出汗，并可做较复杂的动作，能更真实地、更全面地反映人体、服装和环境的热湿交换过程，对服装的热湿传递性能作出综合评价。20 世纪 70 年代，使用出汗铜人对军服的透湿性能进行了研究。出汗暖体假人还用于民用服装热学性能的研究。

迄今为止，全球已研发了 100 多种暖体假人。按其用途可分为：干态暖体假人、出汗暖体假人、呼吸暖体假人、浸水暖体假人、数值暖体假人、小型暖体假人、暖体假肢和假头等。

不可忽视的环节：军服的设计生产与保管

军服进行结构造型设计的方法很多，归纳起来可分为下列四种。

第一，根据人体体型，预先制成服装版型的原型法，多用于军服大规模工业化生产。

第二，严格测量个人尺寸，军服精确合身的定寸法。此种方法只适用于个人定制，在各国配发的军服中均不多见。

第三，直接测量着装人身体的主要部位尺寸，然后制作出对应的衣片，再披在人体上进行造型校正的立体法。使用该方法制作的军服舒适合体，但制作时间长，无法进行大批量工业化生产，仅适用于重大场合及少数高级军官军服制作。

第四，严格测量个人尺寸，军服精确合身的定寸法。此种方法只适用于个人定制，在各国配发的军服中占极低的数量。

军服设计生产制成后，并不会立即交给军人，而是进入较长的储存保管环节。构成军服的主要材质为非金属类和金属类，这两类物质的物理特性有质的不同，科学经济地存储军服是各国后勤部门必须解决的问题。造成军服在存储过程中发生非正常损耗的原因主要是霉变、虫蛀、老化、锈蚀四大类。

霉变是军服在储存过程中发生的最主要的一种质量变化。大多数军服因为自身的结构、成分和性能，受到霉菌等霉腐微生物的污染后，在环境温度、相对湿度适宜的条件下，即会发生的霉变。霉变后的军服，不但失去外表的美观，而且发生物理机械性能和化学性能的变化，使用价值降低，甚至丧失。

军服中所含的纤维素、半纤维素是喜食纤维素蛀虫的食物，蛀虫对军服存储危害很大，严重时会使军服报废。此类蛀虫一般都能耐热、耐寒、耐干、耐饥饿，并具有一定的抗药能力。在适宜的环境条件下，能连续繁殖一年之久，有的还能继续繁殖二三年，且产卵量较多，卵的孵化率高，繁殖力强。

军服所含的纤维、皮革毛皮、胶粘剂等高分子材料在加工、储存和使用过程中，受到光、热、氧、臭氧、水等和内部因素的影响，品质逐渐下降，机械性能变差，从而降低甚至丧失其使用价值。这一现象即称为"老化"。

锈蚀则专指金属与周围气体或液体接触后发生化学作用或电化学作用所引起的破坏现象。军服的军徽、领花、金属纽扣等，生锈后会失去光泽、出现凹洞和斑点，严重影响使用价值。现代军服金属材质使用最多的铝材，在空气中的二氧化硫含量为 0.01% 时锈蚀速度会快速升高，当二氧化硫含量为 0.1% 时锈蚀速度可达到正常速度的 4 至 10 倍。

世界各国一般都遵循用密封切断传播途径、通风改善温度、吸潮控制湿度的基本准则，防止军服存放过程因霉变、虫蛀、老化、锈蚀问题影响使用。

正如苏联元帅朱可夫所说的："军服也是一种武器，它是军人威严的标志，穿上它，无论在严寒酷暑和风霜雨雪中，军人们都不会忘记肩负的使命。"一件好的军服和其他武器一样，都是国家文化、经济水平、科技含量的结晶。

> 一名澳大利亚女军人在仓库里领取军服

坚不可摧的战场红线
英国"龙虾兵"军服

英国作为老牌殖民帝国，曾经开创了辉煌一时的"不列颠治世"。自英国领导的反法联盟击败拿破仑一世起，到20世纪初第一次世界大战爆发前，英国作为世界上的一流强国，主导国际事务长达一个世纪之久。随着英军的铁蹄踏遍全球，大英帝国的版图覆盖了地球上四分之一的土地和四分之一的人口，成为人类历史上幅员最为辽阔的国家。由于版图辽阔，大英帝国治下的领土无论何时都有太阳照耀，因而被称为人类历史上继西班牙帝国之后的第二个"日不落帝国"。

进入20世纪，尤其是二战结束后，随着全球民族主义运动的兴起与英国国力的日渐式微，大英帝国逐渐瓦解，英国也逐渐从世界霸主的宝座上跌落。在美国霸权主义横行的年代，曾经的霸主英国看上去更像一个小小的跟班，昔日帝国风光已不再。但是，在传统的王室活动、国家形象上，英国仍然保持着昔日的排场和形象。最典型的，就是各类王室活动中盛装站立的熊皮帽子红衣士兵。不管是白金汉宫前的岗哨，还是女王生日上的仪仗队，红色的军服静静伫立，诉说着英国的昔日辉煌。一身通红的英国陆军士兵也获得了"龙虾兵"的称号。

> 2007 年，英国女王伊丽莎白二世和王夫菲利普亲王出席活动，菲利普亲王身着掷弹兵禁卫团的红色礼服

历史悠久：红衣本是王室用色

红色军服在英国陆军早已有之，其源头在于英格兰王国都铎王朝的王室专属色——红色。1455 年，英格兰国王爱德华三世（Edward III，1312—1377）的两支后裔——兰开斯特家族和约克家族为争夺英格兰王位而爆发内战。30 年间，以红玫瑰为家族标志的兰开斯特家族和以白玫瑰为标志的约克家族交替占据英格兰国王之位。这场战争断断续续持续了 30 年，直至 1485 年，兰开斯特家族的亨利·都铎（Henry Tudor，1457—1509）率军在博斯沃斯原野战役中击败了约克家族的军队，约克家族的理查三世(Richard III，1452—1485) 国王也在此役中阵亡。随后，亨利·都铎继承英格兰国王之位，并迎娶了约克家族的伊丽莎白公主(Elizabeth of York，1466—1503)，开创了都铎王朝。亨利·都铎即英王亨利七世。亨利七世将兰开斯特和约克两大家族的两朵玫瑰花结合在一起，设计了红白双色的都铎玫瑰作为纹章。

在博斯沃斯原野战役中，亨利七世组建了两支部队投入战斗，分别是御

威武外挂：古今军队的服饰标识

林禁卫队（Yeomen of the Guard）和御林守卫队（Yeomen Warders）。这两支部队身着红色军服，镶有金色边饰，这应该是英国陆军历史上最古老的红色军服。如今，这两支部队依然存在，只是不再担负作战任务，而是荣誉身份的象征。御林禁卫队如今只有一个连的规模，其成员均为获得殊荣的退役军官，主要任务是陪同女王出席各类庆典活动。御林守卫队在历史上主要负责守卫王宫和伦敦塔，如今这种守卫工作也仅仅是仪式性的，由不到40名退役准尉担任。在嘉德勋章的授勋仪式上，可以看见身着传统红色制服的御林禁卫队成员，跟随在女王左右出现在众人面前。

> 2006年，嘉德勋章日上的御林禁卫队成员

都铎王朝作为英国历史上君主专制制度的鼎盛时期，不断向外扩张，王室直属的陆军部队身着红衣。16世纪的伊丽莎白一世统治时期，爱尔兰人民在反抗英格兰统治的游击战争中，就使用"红衣"一词来指代英军士兵。而爱尔兰人也将击败英格兰王军的胜利称为"红衣之战"，意为"战胜了穿着红衣的军队"。

尽管如此，但红色军服并未成为英国陆军的统一服装。其实，在16世纪，军服的概念并未普及开来，英国陆军不同的团是由不同的封建主和贵族组建的。听命于不同的主子，自然穿的衣服也无统一标准。一些富裕的贵族才会给自己的部队配备统一的服装。作为都铎王朝君主，国王是最富有的大贵族，其直属部队当然有统一的服装，而颜色，也选用了都铎王朝的象征色——红色。

革命象征："新模范军"的光辉形象

17世纪，统一的军服开始在欧洲各国逐渐出现。而此时的英格兰，则爆发了资产阶级革命。1603年英格兰女王伊丽莎白一世（Elizabeth I，1533—1603）逝世，因终身未婚无嗣，王位由其表侄孙、苏格兰国王詹姆斯·斯图亚特（James Stuart，1566—1625）继承，即为詹姆斯一世，开启了斯图亚特王朝的统治。而英格兰、苏格兰结成共主联邦，也为未来联合王国的成立打下了基础。

此时，风帆时代已经来临，欧洲的商业中心从地中海沿岸转移到了大西洋沿岸，而英国的殖民活动也开始日渐兴盛。新兴的英国资产阶级大力开展对外贸易，进行殖民掠夺，也刺激了英国羊毛出口业和毛织业的发展，羊毛价格上涨，牧羊业成为红利产业。10英亩牧场的收益能够超过20英亩耕地的收益，导致封建地主贵族开始大规模圈占土地。大批农民被迫出卖土地使用权，或远走他乡，或到处流浪。这就是英国历史上著名的"羊吃人"事件。新兴资产阶级和传统封建地主阶级的矛盾开始凸显。

詹姆斯一世继承英格兰王位以来，竭力推行封建专制，鼓吹"君权神授"，不可违抗。詹姆斯一世的所作所为侵害了资产阶级和新贵族的权利，新兴的资产阶级便利用议会同国王展开斗争。1625年，詹姆斯一世病逝，其子查理一世（Charles I，1600—1649）继位，继续推行其父亲的政策。1628年，他解散了英国议会，此后长达11年的时间里，英国没有议会。17世纪30年代末，苏格兰爆发起义反对查理一世的统治，国王既要对外用兵，又要对内镇压，缺乏军费，先后两次召集议会筹措军费，但又两次将其解散。1640年11月，查理一世再度被迫重开议会，议会里的工商阶层和新贵族议员要求进一步限制王权，与查理一世开始为争夺英格兰的主导权进行斗争。

1642年夏，查理一世离开伦敦前往英格兰北部的约克，纠集军队讨伐议会，英国内战正式爆发。面对国王军队的进攻，议会手里只掌握着一些地方民兵，兵力薄弱，且民兵不愿背井离乡作战，难以有效对国王军队发起反击。议会为了组建军队，授权支持议会的贵族和乡绅招募军队，由议会发给薪饷，组成议会军进行作战。但是这种军队只听命于招募者，并没有统一指挥，质量不高，导致议会一方屡次丧失战机，甚至险些让国王军攻入伦敦。一些存心与国王议和的将领甚至两次在战役中放跑了查理一世，引起了议会的不满。

1644年12月19日，为了统一收回兵权，议会出台法案，规定议员不得

> "新模范军"士兵

担任军职，使得议会中的部分贵族丧失了军权。1645年1月，议会正式通过法案，在全英格兰范围内组建新的陆军，这就是"新模范军"（New Model Army）。

新模范军全军共22900人，分为12个步兵团（每团1200人）、1个龙骑兵团（1000人）、11个骑兵团（每团600人）和直属的炮兵部队（900人）。在组建统一的新军队的过程中，议会决定全军按兵种着不同颜色的制服。炮兵穿的是茶色军服，而人数最多的步兵则穿上了鲜红色的军服。

新模范军步兵穿红色军服，与都铎王朝的国王军队军服颜色相同，纯粹是一个巧合。议会为了节约军费，为最广泛配发的军服选用了最便宜的染料，即一种被称作"威尼斯红"的染料。12个步兵团虽然都穿着红色军服，但是衬里和领口袖口颜色各不相同，便于区分。

以红衣步兵为主体的新模范军纪律严明，指挥统一，装备先进，英勇善战，最终击败了国王军队。1649年，国王查理一世被斩首。查理一世之子查理二世（Charles II，1630—1685）流亡国外，逃到了西属尼德兰，并与西班牙结盟，伺机反攻英国本土。英吉利联邦护国公克伦威尔（Oliver Cromwell，1599—1658）与法国国王路易十四结为联盟，并派出新模范军登陆欧洲大陆，与法军并肩作战，这是英国红衣士兵首次出现在欧洲大陆。1658年5月，新模范军与法军向当时属于西属尼德兰领土的敦刻尔克发起进攻。西班牙军队占据着一座沙丘向英法联军还击。英国新模范军的士兵们英勇无比，向着占据着46米高沙丘的西班牙士兵发起猛攻，令人生畏。此役，西班牙军队和查理二世的军队大败，英国也占领了敦刻尔克，既消灭了保皇党的海外力量，还摧毁了西班牙海盗的重要基地。直到查理二世复辟后，英国才将敦刻尔克以40万英镑的价格卖给法国。这座城市后来在第二次世界大战中因敦刻尔克大撤退而闻名遐迩。

折戟北美：镇压民众得名"龙虾"

查理二世复辟君主制后，新模范军被解散，只有两个团因为镇压暴乱有功而被保留。尽管新模范军退出了历史舞台，但是红色军服的传统却被国王军队继承了下来。原因很简单：便宜。1707年1月16日，英国王室成立了一个专门的军服委员会，以规范陆军的服装。红色军服正式被确认为陆军步兵的制服，同时在翻领、袖口和衣领处用不同的颜色进行标识。

有人说，英军使用红衣，是因为血迹在红衣上不显眼，有利于维持士气。这一说法显然也是没上过战场、没见过鲜血的人自行臆想出来的。沾在红色军服上的血迹并非红色，而是血红蛋白被氧化后的黑色，更为显眼。就算血迹不变成黑色，战场上敌我双方疯狂厮杀，肢体破碎，惨不忍睹，哪怕衣服上沾不上血迹，也会给士兵的心理带来极大的考验——这根本不是穿一身红衣就能解决的问题。

1756—1763年的七年战争中，英国击败法国，获得了对北美殖民地的控制权。但长期战争导致经济困难，英国政府便不断地向经济发展迅速的北美各殖民地增加税收，并实行高压政策。英国希望北美永远做原料产地和商品市场，竭力压制殖民地经济发展，并从殖民地搜刮更多的财富。而北美殖民地人民不满英国的盘剥和束缚，开始策划反英斗争。殖民地人民和英国殖民统治者之间冲突不断。

1770年3月5日，北美殖民地波士顿的一名英军军官去商店购买假发，由于已经提前给老板付过了钱，于是到店后直接拿了假发就走。假发店的店员并不知情，便向军官大声喊叫，让他付钱。军官进行了解释，但其手下的一名士兵却觉得店员对其上司不够尊重，于是和店员发生口角并将店员打伤，引起众怒，被愤怒的民众包围。另一名英军军官带队前来解救，却遭遇民众投掷石块，情急之下，英军向民众开枪，导致5人死亡，6人受伤。这一事件被称作"波士顿大屠杀"，引起了殖民地局势的紧张。英军士兵身着红衣向民众开枪的宣传画被贴得到处都是，北美人民为了表示对英军的蔑视，称呼他们为"龙虾兵"。

1775年，美国独立战争爆发。战争中，英国殖民者在北美招募的殖民地

> 1770 年的波士顿大屠杀事件，身着红色军服的英军士兵向民众开枪

军队穿蓝色或绿色的军服，而本土赶来的英国正规军则凭借一身红衣，被美国大陆军视作最强有力的敌人。独立战争初期，英军实力强劲，由民兵演变而来的大陆军不足以给予其致命打击。1775 年的列克星敦和康科德战役后，大陆军开始围困波士顿，尽管大陆军数量较多，但这次围困长达 11 个月才迫使英军撤出波士顿。在围困期间，英军还一度发起邦克山战役，攻击大陆军在制高点上设置的防御阵地。身着红衣的英军士兵如潮水般向大陆军驻守的布里德山强攻。大陆军守军坚守高地，造成英军大量伤亡，但用尽弹药被迫近战时，则不敌装有刺刀的英军正规军步兵，最终败下阵来——这种仰攻高地的勇猛作风，颇有新模范军当年敦刻尔克之战的风采。红衣正规军给大陆军带来了诸多困难，大陆军总司令乔治·华盛顿在提到英军正规军时，自然而然地将其称呼为"红衣老爷"或"红衣军"，而更多的普通大陆军士兵则习惯轻蔑地将他们称为"龙虾兵"。

1776 年，北美殖民地发表《独立宣言》，正式宣布脱离英国，建立美国。经过艰苦的防御作战，美国获得了法国、荷兰、西班牙的支持，英国在国际上陷入孤立。经过战略相持阶段，美军于 1781 年开始战略反攻。1781 年 10 月，英军统帅康沃利斯（Charles Cornwallis，1738—1805）向美法联军投降，标志着美国独立战争主要战事的终结。自此，红衣英军正式退出了美洲大陆。

征战四海：红衣威名威慑天下

尽管英国失去了北美的 13 块殖民地，但是广袤的加拿大依然是英国的殖民地。随后的 19 世纪，英国霸权不断扩张，尤其是经历了拿破仑战争后，法国衰落，欧洲大陆各国力量均衡分布，无一强国可以主导整个欧陆，使得控制了大海的英国得以称霸，进一步巩固了其在欧洲的势力。工业革命后，英

> 邦克山之战中，英国红衣军向美国大陆军发起冲击

> 身着红色军服的康沃利斯向华盛顿投降

国成为经济强国，并开始参与远东贸易事务。在王家海军的保驾护航下，身着红色军服的英国陆军和海军陆战队踏遍了世界的各个大洲。

在维护殖民帝国利益的战斗中，"红衣军"成为大英帝国的马前卒。在非洲，英国在北面占据了埃及，在南边占据了开普殖民地，在苏丹、祖鲁等地，英军与本地人交战，与其他欧洲殖民者交战，打下了一个庞大的非洲殖民地；在中亚，英国两度侵入阿富汗，与俄国就小亚细亚地区权利大打出手；在亚洲，英国侵入东南亚，占领了整个印度，英国维多利亚女王也加冕为印度女皇。

19世纪中叶，奥斯曼帝国逐渐衰落，在巴尔干半岛的统治颇为不稳。俄国则为了向巴尔干半岛和地中海地区扩张，试图在奥斯曼帝国获取更多的利益，并希望控制土耳其海峡，以获得黑海通向地中海的通道。英国和法国反对俄国的扩张，它们不希望俄国获得这些战略要地，这会威胁英法两国在东南欧的势力和利益。矛盾不可调和之下，俄国于1853年7月出兵多瑙河流域，进攻奥斯曼帝国的两个属国：瓦拉几亚和摩尔达维亚。10月，奥斯曼帝国对俄宣战。1854年3月，英国、法国与奥斯曼帝国结盟，对俄宣战。克里米亚战争正式爆发。

在克里米亚战争中，英国、法国、意大利的萨丁王国都站在奥斯曼帝国一边，奥地利虽未参战，但也对俄国施加了巨大的压力。重压之下，俄国撤出瓦拉几亚和摩尔达维亚。1854年9月14日，英法联军在克里米亚半岛登陆。9月20日，联军经过阿尔马河战役，在克里米亚半岛站稳了脚跟，俄军龟缩至塞瓦斯托波尔，开始积蓄力量准备反击。联军为了彻底困死俄军，准备进行长期的包围。英军在塞瓦斯托波尔以西的巴拉克拉瓦地区构筑营地，负责联军右翼的防御。巴拉克瓦拉地域狭小，西侧临海，东侧即塞瓦斯托波尔。俄军聚集了2.5万人的兵力，伺机向联军的防御阵地发起进攻。

1854年10月25日早晨5点，战斗打响，俄军向奥斯曼军队的第一道防线发起进攻，并迅速拿下了奥斯曼帝国的4个棱堡。随后，俄军沿着南面山谷一路突击，兵临英军守卫的巴拉克拉瓦。而守卫在巴拉克拉瓦和奥斯曼帝国第一道防线之间的，正是英国陆军高地步兵第93团。该团隶属于科林·坎贝尔（Colin Campbell，1792—1863）少将指挥的高地步兵旅。

此时，俄军骑兵向英军阵地如潮水般涌来。按照标准的作战条例规定，面对骑兵冲锋，步兵应当排成四列组成方阵进行防御。科林·坎贝尔少将此

> 2006年的一次战争重演中的拿破仑战争时期英军

> 18至19世纪的英国陆军军服

时兵力不多，侧翼的奥斯曼军队已经溃逃，他一反常态，将人员排成两列横队，准备迎头接敌。93团面对来势汹汹的俄军骑兵，沉重冷静，无人溃逃，等待着指挥官下达射击的口令。在科林·坎贝尔少将的指挥下，93团分别在600码、350码和150码的距离上进行了三次齐射。三次齐射打出密集的弹幕，俄军骑兵损失惨重，掉头溃退。《泰晤士报》的战地记者威廉·罗素（William Russell，1820—1907）在报道这场战斗时，称阻挡在排山倒海般冲杀而来的俄军骑兵与英军巴拉克拉瓦大本营之间的，只有"一道细细的红线"。这条在敌军冲锋之前岿然不动的红线，就是身穿红色军服的第93团。此后，英语里多了一个短语——"细细的红线"（Thin Red Line），指的就是面对惊涛骇浪岿然不动的英军士兵。巴拉克拉瓦战役中英军士兵们的优异表现，也使得"细细的红线"在大量的绘画影视作品中反复提及，正式成为英国军队战斗精神的象征。

> 油画《细细的红线》，展示了高地步兵第93团击退俄军骑兵的场景

传统犹存：昔日辉煌依稀可见

随着卡其色军服被投入使用，红色军服由于隐蔽性不佳，逐渐被英军淘汰。尤其是第一次布尔战争中，英国陆军身着红色军服遭到德兰士瓦军队的袭击惨败，为红色军服敲响了警钟。然而，红色军服已经成为英国陆军正规军的象征，依然在英国陆军中发挥着重要作用。

1885年，苏丹爆发马赫迪大起义，起义军围攻首都喀土穆，英国总督戈登（Charles George Gordon，1833—1885）被起义军杀死。驰援苏丹的英军此时大多穿上了卡其色军服，但是前往喀土穆的先遣队则专门换上了红色军服。1885年1月28日，就在戈登被杀后两天，红衣英军士兵出现在喀土穆城外，红色衣服的含义很明显，那就是告诉马赫迪军，英国正规军已经到了。

受到英国的影响，许多英联邦国家的军队也习惯于身着红色军服。1757年，东印度公司的军队和后来的英属印度军队效仿本土英军开始穿着红色军服，驻扎加拿大的殖民地部队也以红色为军服主色。如今仍以红色军服为礼服的国家，除英国外，还有澳大利亚、加拿大、斐济、加纳、印度、牙买加、肯尼亚、新西兰、巴基斯坦、新加坡和斯里兰卡等。

即使在卡其军服被大规模应用之后，英国陆军的大多数步兵团仍然穿着猩红色的军服参加阅兵式，红色军服也作为常服使用。1920年，为了强调陆军步兵的优良传统，英国陆军禁卫旅（即俗称的"王家卫队"，1969年改为禁卫师）重新开始穿猩红色的军服，其他部队也重新将红色军服作为礼服使用，在一些社交场合，尤其是王室活动或婚礼上，陆军官兵身着红色军服，出现在公众面前。由于王室活动并不常见，公众能见到红色军服的场所，最多的就是白金汉宫、温莎城堡等地站岗的禁卫师（王家卫队）士兵。

英国陆军禁卫师下辖5个禁卫团，分别是掷弹兵禁卫团、冷溪禁卫团、苏格兰禁卫团、爱尔兰禁卫团和威尔士禁卫团。他们的制服乍一看是一样的：鲜红色的军服，深蓝色带红条的裤子，18英寸高的熊皮帽子。但其实各不相同，有着细微的差别。主要就是肩章徽、领徽和衣扣的区别。此外，熊皮帽上不同的羽饰，也能区分不同的禁卫团。

掷弹兵禁卫团，以掷弹兵的武器——手雷为标志，其领章也是一枚手雷。

肩章是一枚王室印，象征与王室的独特关系。作为禁卫师的第一团，其红色军服的纽扣等距排列，单个一组。熊皮帽左侧有一片白色的羽毛。

冷溪禁卫团，以嘉德勋章星为标志，领章上自然也是嘉德勋章星，肩章徽也是嘉德勋章星。冷溪禁卫团是禁卫师的第二个团，故军服上的纽扣两个一组排列。熊皮帽右侧有一片红色的羽毛。值得一提的是，冷溪禁卫团的前身是"新模范军"的一个团，因为镇压暴乱有功而被保留，并向查理二世效忠而延续至今，算是有着造反杀国王"黑历史"的一支部队了。

苏格兰禁卫团，以苏格兰国花蓟花为标志，领章上是蓟花图案，肩章则是苏格兰的蓟花勋章星。苏格兰禁卫团是禁卫师的第三个团，军服扣子自然是三个一组排列。熊皮帽上不缀羽饰。苏格兰禁卫团和冷溪禁卫团可以说是历史上的死对头，苏格兰禁卫团的前身是查理一世在苏格兰组建的御林军，在英国资产阶级革命中屡屡与新模范军交战。

爱尔兰禁卫团，以爱尔兰民族喜爱的四叶草为标志，领章即四叶草，肩章徽是爱尔兰的圣帕特里克勋章星。作为禁卫师的第四个团，军服扣子是四个一组。熊皮帽右侧有一片蓝色的羽毛。

威尔士禁卫团，以威尔士民族的象征之一——韭葱为标志，领章上就是一棵韭葱，肩章上也是韭葱。作为禁卫师的最后一个团，也是第五个团，军服纽扣自然是五个一组。熊皮帽左侧有白、绿两片羽毛。

大英帝国早已烟消云散，但这一件件华丽的红色军服，依然在向世人诉说着昔日的辉煌。而一件小小军服身上继承的传统，也铭刻着英国陆军的战斗精神。那一条细细的红线，也在英军的历史上讲述着这件军服背后的传奇故事。

威武外挂：古今军队的服饰标识

> 英国陆军禁卫师各团礼服差别示意。左起：掷弹兵禁卫团、苏格兰禁卫团、威尔士禁卫团、爱尔兰禁卫团和冷溪禁卫团

> 英国陆军禁卫师掷弹兵禁卫团官兵列队

> 新模范军的后人——英国陆军禁卫师冷溪禁卫团的士兵

> 身着常服的英国陆军禁卫师苏格兰禁卫团官兵，其常服纽扣也是以三个一组进行排列

坚不可摧的战场红线 | 英国"龙虾兵"军服

> 英国陆军禁卫师官兵并非是单纯的仪仗部队,也是要参加正常海外作战部署。图为轮换部署于肯尼亚的爱尔兰禁卫团一营士兵,其贝雷帽帽徽上为圣帕特里克勋章星

> 英国女王伊丽莎白二世视察威尔士禁卫团

法兰西风情
独树一帜的法国克皮帽

在联合国安理会，有一个军事参谋团，它是联合国安理会理论上的军事参谋咨询机构。军事参谋团主要在维持国际和平及安全的军事问题、安理会所支配的军队使用问题和军备管制、军控等问题上，对安理会提供咨询意见，并协助安理会开展工作。军事参谋团由五个安理会常任理事国的总参谋长或其代表组成。如果五个国家的军参团团长一起开会合影的话，会发现法国军官戴着一顶奇特的圆筒帽。这种帽子被称作"克皮帽"（Kepi）。这种帽子已经成为法国陆军（法国海军、空军不戴克皮帽）的象征。尤其是一些著名的法国军政人物均以头戴克皮帽的形象出现在世人面前，更为这种帽子赋予了浓郁的法兰西风情。在大檐帽风行各国的年代，一顶直上直下、规规整整、简洁干练的克皮帽独树一帜，成为了法国军服的代表。

源起炎热之地：法国在北非的殖民扩张

尽管在现在，克皮帽几乎成了法国陆军的"形象代言人"，但是实际上克皮帽的出现时间并不是十分悠久。比起法国军队历史上的"拿破仑帽"（即两角帽）和"拿

法兰西风情 | 独树一帜的法国克皮帽

> 2012年法国国庆阅兵式上敬礼的法军高级将领，戴克皮帽的陆军将领和戴大檐帽的海、空军将领形成了鲜明的对比

> 1712年的法属北美殖民地范围示意图

破仑夹克"等服装来说，克皮帽登上历史舞台的时间并不长，而且其源头也并非在法国本土。

克皮帽是随着法国在北非的殖民扩张才登上历史舞台的。早在16世纪，随着大航海时代的来临，法国人就开始随着新航线的开辟，向欧洲以外的世界进行探索。在北美，法国渔民来到纽芬兰进行劳作，开始了在这片大陆的扩张，并建立起了北起哈德逊湾，南至墨西哥湾，包含圣劳伦斯河与密西西比河流域的殖民地。法国在北美洲的殖民地被称为新法兰西，划分成加拿大、阿卡迪亚、纽芬兰岛、路易斯安那四个区域。在南美洲，法国对巴西的殖民入侵却遭到了葡萄牙的挫败。除了在美洲进行扩张，法国于1624年在西非的塞内加尔建立了第一个贸易点，法国东印度公司也在印度次大陆占据了若干殖民地。法国的殖民活动逐渐遍布非洲、美洲和亚洲。

18世纪，英国和法国相继卷入了一连串的战争，并波及两国的殖民地，英法两国在殖民地爆发了一系列的冲突。历经西班牙王位继承战争（1701—1714）、奥地利王位继承战争（1744—1748）、七年战争（1756—1763）、美国独立战争（1778—1783）、法国大革命（1793—1802）及拿破仑战争（1802—1815），法国在美洲的殖民地逐渐丧失殆尽。西班牙王位继承战争后，法国为保住新征服的土地，通过《乌德勒支和约》将北美的阿卡迪亚一部划给英国；奥地利王位继承战争后，法国失去了在印度的殖民地；1763年七年战争结束后，英国获得了新法兰西的北部地区，后来这一地区被并入加拿大，成为今日加拿大的主要法语区域。1803年，法国又将路易斯安那出售给美国，使美国的

197

威武外挂：古今军队的服饰标识

领土面积扩大了一倍。拿破仑战争法国战败后，法国基本失去了大部分的殖民地。

随着法国国力的恢复，对外殖民扩张的需求也日益强烈起来。法国将目光投向了之前仅浅浅涉猎过的非洲。当时属于奥斯曼帝国统治的阿尔及利亚隔着地中海与法国南部领土相望，便成为法国的第一个目标。

18世纪90年代，法国军队委派两位犹太商人在阿尔及利亚首府阿尔及尔购买小麦，充作军粮，但法军却拖欠费用，引起商人的不满。这两位商人与奥斯曼帝国阿尔及利亚行省总督之间也存在生意往来，欠了总督一笔债务。总督向商人讨债，商人就借口法国军队拖欠粮款，无力偿还。阿尔及利亚行省总督曾试图与法国驻阿尔及尔领事进行交涉，但毫无结果。1827年4月29日，奥斯曼帝国阿尔及利亚行省总督和法国领事在进行会谈时发生冲突，总督用手上的拂尘打了法国领事一下，引起了法国人的愤怒。法国国王查理十世（Charles X，1757—1836）要求道歉，随后便封锁阿尔及尔。1830年6月14日，法国借口拂尘打脸事件出兵阿尔及利亚，仅用3个星期就迫使奥斯曼帝国总督投降，法国开始了对阿尔及利亚的殖民统治。

进军阿尔及利亚之前，法国军队的军帽有两角帽，也有改良自中世纪骑兵的高筒帽。但是这些帽子在非洲炎热的气候下极为不便，官兵怨声载道。为了适应非洲炎热的季节，一种轻质藤框布帽出现在法国北非殖民军中，以替代庞大炎热的两角帽和高筒帽。这就是克皮帽的原型。

这种帽子之所以被称之为"克皮"，是源于阿勒曼尼语（西南部德语方言）词汇"Käppi"，意为"帽子"。阿勒曼尼亚地区原为西法兰克王国（今日法国的前身）的附庸，阿勒曼尼亚语尽管属于德语方言，但与德语有较大差距。19

> 1830年6月14日，头戴高筒帽的法军登陆阿尔及利亚

世纪，法国东部与德意志接壤的地区就有许多说阿勒曼尼语的阿勒曼尼亚人，并加入了法军。法国殖民军里的阿勒曼尼亚人直接把这种轻质藤框布帽叫作"帽子"，即"Käppi"。说法语的法军官兵也效仿如此称呼，并用法语拼写作"Képi"。渐渐地，这种军帽的名字也就固定了下来，即"Képi"，汉语音译为"克皮"。

克皮帽由于适应非洲战场的炎热气候，很快大受法军欢迎。这种帽子流行到了法国本土的陆军部队，用于作战和日常穿着，而不太实用的两角帽则变成了阅兵等场合的专用礼帽。1852年，基于这种帽子设计出的一种软布帽子被配发给陆军士兵。与今日的克皮帽相比，这种帽子并不是圆柱形，而是上小下大的圆台形，帽檐方形，而且没有帽带和帽扣。后来，法国人参照了德国大檐帽的特征，为克皮帽加上了帽风带，使其更为实用。

19世纪到20世纪初，法国继续致力于恢复法兰西殖民帝国的辉煌。失去了北美的大部分殖民地后，法国曾出兵墨西哥，但遭到挫败。在亚洲，法国在印度支那半岛进展顺利，占领了越南的南部，并控制了柬埔寨。不过，法国的主要殖民扩张，还是集中在非洲。在北非，以早已成为法国殖民地的阿尔及利亚为基础，法国向东把突尼斯、利比亚收入囊中，并通过大国博弈将摩洛哥变为了自己的保护国。在中非及西非，法国占据了大片地区，这些地

> 反映1836年法国殖民军和阿尔及利亚反抗军作战的油画，此时，法军士兵已经换上了轻质军帽——克皮帽

> 佩戴圆台形克皮帽的法国陆军部长布朗热（Georges Boulanger，1837—1891）将军

199

区分别属于今日的毛里塔尼亚、塞内加尔、几内亚、马里、科特迪瓦、贝宁、尼日尔、乍得、中非共和国及刚果（布）等国。此外，还在东非占领了吉布提，在非洲东南部占领了马达加斯加。与此同时，法国也在南太平洋多个岛屿建立起了殖民地。

随着法兰西殖民帝国的扩张，头戴克皮帽的法国陆军也走遍了世界各大洲，将这种帽子传递到了世界各处。第一次世界大战后，法国接收了前奥斯曼帝国的黎巴嫩、叙利亚，以及德国的殖民地喀麦隆、多哥，法兰西殖民帝国的版图达到了顶峰。

影响风靡一时：克皮帽走出法兰西

拿破仑战争后，欧洲建立起了维也纳体系，法国受到了极大限制。俄国、奥地利和普鲁士结成了"神圣同盟"，旨在联合遏制法国，维护君主政体，反对法国大革命在欧洲所传播的革命理想。到最后，欧洲大陆各国君主几乎都加入神圣同盟这个针对法国的统一战线。

尽管波旁王朝复辟，但法国大革命冲击了过往的贵族和宗教特权，旧的观念逐渐被全新的民主思想所取代。从1815年到1848年，历经七月革命、二月革命，法兰西第二共和国建立。1848年12月10日，拿破仑·波拿巴的侄子路易·波拿巴（Louis Napoléon Bonaparte，1778—1846）当选总统。1852年，路易·波拿巴称帝建立法兰西第二帝国。路易·波拿巴以拿破仑的继承者自居，称为"拿破仑三世"。

拿破仑三世称帝后，希望重建其叔父的旧日辉煌。尽管针对法国的神圣同盟已经名存实亡，但是俄国、奥地利、普鲁士依然站在一边。为了打破维也纳体系，终结拿破仑战争后法国的外交孤立状况，拿破仑三世不惜改进与英国的关系。1853年，俄国出兵巴尔干，引起俄土局势紧张，英国为维护黑海地区利益站在奥斯曼帝国一

> 1913年的非洲势力范围

边。法国本来在黑海地区利益不大，但是俄国在地中海的扩张却让法国感到了极大的恐慌——如果俄国帮助巴尔干地区的东正教民族获得独立，并控制这一地区，那么俄国可以从尚未统一的意大利方向进军中欧腹地，而俄军占领君士坦丁堡也会让俄国海军毫无阻碍地进出地中海，颠覆整个欧洲的力量对比。为了打破维也纳体系，为了阻挡俄国的扩张，拿破仑三世选择和世仇英国站在一起，共同出兵对俄宣战。克里米亚战争就此爆发。

法国军队在克里米亚战争中投入了30万大军，与其他盟国一道，向俄国发起进攻。1854年9月，联军在克里米亚半岛登陆，并围攻俄罗斯黑海舰队基地塞瓦斯托波尔要塞，长达一年的塞瓦斯托波尔围城战就此开始。参与围城的法国军队多达9万人，而英军和土军则一共只有3万人。1855年9月8日，经过长期的围城、炮击，联军开始最后的总攻。在英军进攻凸角堡失利的情况下，法军仅用了10分钟即攻克马拉科夫要塞，占领了可以火力覆盖整个塞瓦斯托波尔的制高点。马拉科夫要塞的陷落标志着俄军彻底失败，当天夜里俄军撤出塞瓦斯托波尔，联军取得胜利。此后战事减少，直至停战。

在克里米亚战争中，头戴克皮帽的法国军人形象传遍了全世界，克皮帽也被一些国家所效仿。尽管法国势力已大不如从前，但其军队似乎依然骁勇善战，其军服式样也在引领着世界主流。

在欧洲，上小下大的法式克皮帽一度极为流行，比起欧洲已经较为普及的高筒帽来说，克皮帽外形低矮，适应于新时代的战场环境；其设计简单，易于大规模生产；该帽轻便简洁，佩戴时较为舒适。由此，这种法式克

> 克里米亚战场上正在开会的联军指挥官，最右为头戴克皮帽的法军指挥官佩利西耶（Jean Jacques Pélissier，1794—1864）

帽就逐渐流行起来。尤其是在受到法国影响的部分国家，佩戴法式克皮帽，成为军队的一股潮流。在法国支持下获得统一的意大利很快开始将克皮帽作为陆军、海军的制式军帽。哈布斯堡王朝统治的奥地利帝国和奥匈帝国也受到法国影响，佩戴着毫无德意志特色的克皮帽，与普鲁士形成了鲜明的对比。在俄国、普鲁士势力不及的北欧、中欧和南欧等国，克皮帽也渐渐普及。瑞士、希腊、挪威、荷兰、瑞典、罗马尼亚等国都曾经将克皮帽作为正式军帽，甚至俄国也有部分军队佩戴。由于曾经和法国共同对抗英国，美军也受到了法国的影响，19世纪60年代至70年代，美军曾经装备过上小下大的圆台形克皮帽。身着蓝色军服、头戴克皮帽的美军官兵和法军官兵形象较为相近。在亚洲，幕府末期的日本受法国军制影响，进行军队改革，故而引进了克皮帽作为军帽，日本警察早期也佩戴克皮帽。

历经欧陆风云：法国克皮帽坚强挺立

尽管法兰西第二帝国取得了克里米亚战争的胜利，但是在欧洲大陆的外交博弈中，却坐视普鲁士强大起来。日益崛起的普鲁士致力于推动德意志统一，而法国则无法坐视这一结果。1870年，普法战争爆发，法军连接败北。1870年9月2日，拿破仑三世亲率近十万法军向普鲁士投降，法兰西第二帝国灭亡。普法战争中，战败的法国割地赔款，使法国失去了自克里米亚战争以来形成

> 法军攻占马拉科夫要塞 　　> 佩戴法式克皮帽的俄国立陶宛部队 　　> 南北战争时期佩戴法式克皮帽的美军将领

法兰西风情 | 独树一帜的法国克皮帽

> 日本西南战争时期头戴克皮帽的日本警察

> 普法战争中,一队法国士兵被巴伐利亚枪骑兵俘虏

的西欧和中欧大陆的霸权地位，从而使法国在欧洲的地位被德国取代。

普法战争战败后，法国对外政策的主要目标是准备对德复仇，同时，继续积极进行殖民扩张。为了摆脱自己的孤立地位，法国先于1892年与俄国缔结军事同盟；同时进一步修好与英国的关系，尽管英法两国在非洲的法绍达地区险些爆发殖民冲突，但在法国的积极斡旋下，两国关系走向交好，并于1904年正式签订了英法协约。自此，第一次世界大战爆发前的协约国阵营初步形成。

克里米亚战争后，法国人对克皮帽进行了改良，将方形帽檐改成了圆形，到19世纪80年代，克皮帽正式由圆台形演变成圆柱形。到了第一次世界大战期间，法国克皮帽已经发展得相当完备，不仅有日常穿着用的克皮帽，还有礼服克皮帽，内部得以加强避免软塌。帽子正面缀有军官的军衔标志，不同的松枝刺绣图案装饰其上以区分级别，不同的帽身颜色用以区分不同部队。改进后的圆柱形克皮帽也被称作"圆筒帽"，比起软塌塌的圆台式上小下大克皮帽，这种圆柱形克皮帽外形挺括，适用于礼仪、日常等多种场合，因此也被部分国家引入，作为礼服军帽。

第一次世界大战初期，大部分法国士兵都戴着克皮帽走上战场。战场用的克皮帽采用了颜色不鲜明的蓝灰色，与法军的军服颜色相统一。1915年，随着"亚德里安"式头盔的列装，野战版的克皮帽便逐渐消失，但克皮帽作为法国陆军礼服、常服帽的地位却得到了巩固。1918年，头戴克皮帽的法国

> 一名头戴克皮帽的挪威骑兵军官

> 福煦元帅在贡比涅森林的列车中接受德国投降

> 风水轮流转，22年后，克皮帽再次见证投降——只不过是法国投降

> 1942年，头戴克皮帽的戴高乐

福煦（Ferdinand Foch，1851—1929）元帅在贡比涅森林的列车中接受了德国代表的投降，一洗普法战争战败的耻辱。

第一次世界大战的胜利让法国一洗前耻，但和平并没有维持多久。德国挑起第二次世界大战后，先吞并了波兰，随后并没有按照英法"祸水东引"的意图继续进攻苏联，而是掉头向西，绕过马奇诺防线，从比利时境内向法国发起进攻。号称拥有"世界最强陆军"的法国在不到3个月的时间里分崩离析，一败涂地。1940年6月，德军占领巴黎，法国宣布投降。为羞辱法国，德国将受降地点定在了22年前法国人引以为傲的贡比涅森林，仍然在当年福煦元帅接受投降的那节列车里。

第二次世界大战中的法国战役，成为法国军队的耻辱，以至于到今日，依然有许多有关二战法军的笑话仍在流传。比如："法国步枪，全新的，从未使用，只被扔到过地上一次（指投降）。"

就在法国的贝当政府下令投降、维希傀儡政权成立之时，法国国防部副部长兼陆军部副部长的夏尔·戴高乐准将前往英国，组织了不妥协抵抗德国的自由法国运动。由于法国本土沦陷，戴高乐号召全法国和各殖民地起来一齐反对德国的侵略。在他的不懈努力下，自由法国获得了整个法属赤道非洲的支持。自由法国运动在英国坚持号召抗战，并数次发起对法国本土的进攻。1943年，自由法国运动移师阿尔及利亚，并于1944年成立法国临时政府，伺

机随盟军反攻法国本土。

诺曼底登陆中，自由法国武装力量加入盟军作战序列。1944年8月19日，巴黎爆发起义，戴高乐麾下的勒克莱尔将军指挥的首批自由法国军队抵达巴黎市政府大厦，巴黎解放。25日，戴高乐将军进入巴黎，并接受驻巴黎的德军投降。在自由法国的抵抗运动中，戴高乐头戴克皮帽的形象成为法国不屈抵抗意志的象征，克皮帽也获得了"戴高乐帽"的雅号。自此，克皮帽与法国形象彻底绑定在一起，在大檐帽流行于世界的时代，独树一帜的克皮帽向世人展现着法国的大国形象。

> 戴高乐回到巴黎

> 佩戴克皮帽的梵蒂冈宪兵

形似实则各异：三八线两侧的直筒帽

如今的世界，除了法国戴着直圆筒状的克皮帽外，其他国家也有佩戴直筒军帽的例子。不过，除了部分受法国影响的国家外，其他一些国家的直筒帽却并非来源于克皮帽。

美国的直筒军帽没有后部的护耳，在外观上与克皮帽更相似。这种军帽源自美国人热爱的棒球运动。1860年，美国棒球联赛开始出现圆顶棒球帽——弧形帽檐，多片布缝制而成的半圆形帽身，帽顶正中间有一枚纽扣。棒球帽轻便防晒，便于棒球运动员在比赛时佩戴。1872年，美军将棒球帽作为军便帽的式样引入军中，开始了棒球帽作为军帽的历史。这种军帽被称为"巡逻帽"。第二次世界大战中，美国陆军在设计 M43 战斗服时，对巡逻帽的外观进行了改良，将棒球帽瓜皮状的外观改为圆角方形，使整个帽子外观上有棱有角，具备了筒形外观，这就是如今世界各国常见的作训帽的前身。朝鲜战争时期，美军 M51 战斗服继续采用这种帽形的巡逻帽。

M51 巡逻帽的材质与 M51 战斗服是相同的，都是软质布料，经过一段时间的使用后，帽子就会变软，失去原有的造型，即便经过熨烫，仍然给人一种软趴趴懒懒散散的感觉。美军在朝鲜战场遭到打击，迟迟无法取得重大战果，影响了前线陆军士兵的士气。1951 年 4 月，马修·李奇微（Matthew Ridgway，1895—1993）接替麦克阿瑟出任"联合国军"总司令，他认为改善军容可以提振士气，而 M51 巡逻帽则和军人的形象不符，于是他亲自参与为陆军士兵设计了新式军帽。新式军帽大体上延续了 M51 巡逻帽的款式，但是对布料经过了上浆处理，并且在军帽内侧植入了厚纸板及加固衬料。这样，帽体的轮廓显得棱角分明，军帽能够长时间保持外形的坚挺——结果，这种军帽就酷似法国克皮帽了。这种军帽也被人们称呼为"李奇微帽"。

"李奇微帽"并不是真正意义上的公发军品，美军士兵的单兵装备目录单里并不包含这种军帽，制式的 M51 巡逻帽仍然是美军士兵的标准便帽。不过，美国陆军各部队都纷纷采购商业版的"李奇微帽"，还有的士兵自行掏腰包购买。从军帽的实际用途上看，它并没有什么特殊的功能性。帽子质地较硬，不能套在美军 M1 头盔内侧使用，而软质的 M51 巡逻帽则可以做到这一点。"李奇微帽"的主要作用就是为了鼓舞士气，继而演变成朝鲜战争中美国陆军的一种流行风尚。很多军人喜欢将自己的军衔、部队徽章或技能章钉缀在帽子正面，与法国的克皮帽有着异曲同工之妙。

美越战争初期，"李奇微帽"逐渐停止使用，但其原型——巡逻帽依然被美国陆军一直使用到今天。如今的美国军队作训服，均采用巡逻帽的帽形。这种帽形也逐渐随着美军走遍了世界，被各国军队作为作训帽使用。古巴革命领导人卡斯特罗闹革命的时候，就戴着美军的"李奇微帽"。

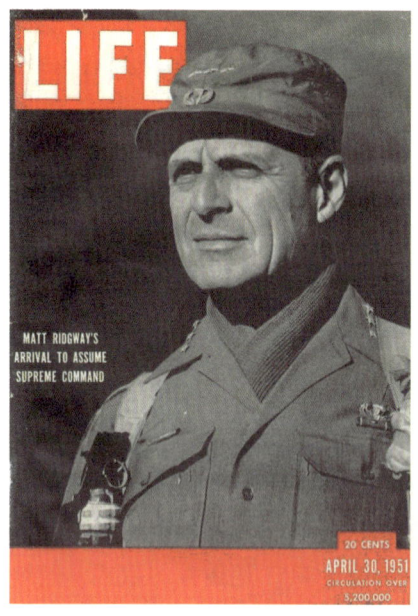

威武外挂：古今军队的服饰标识

> 接任"联合国军"总司令当月，李奇微头戴 M51 巡逻帽的形象出现在了《生活》画报封面

> 朝鲜战场上头戴"李奇微帽"的美国陆军官兵

> 美国摇滚巨星"猫王"埃尔维斯·普雷斯利（Elvis Presley，1935—1977）在驻德美军服役时佩戴"李奇微帽"

> 1961 年 5 月 16 日，韩国陆军将领朴正熙（左）发动武装政变后与驻韩美军总司令（右）见面，双方均佩戴"李奇微帽"

法兰西风情 | 独树一帜的法国克皮帽

> 1959年1月8日，古巴革命胜利后，佩戴"李奇微帽"的古巴革命领袖菲尔德·卡斯特罗（Fidel Castro，1926-2016）和其战友卡米洛·西恩富戈斯（Camilo Cienfuegos，1932—1959）在首都哈瓦那

14 普鲁士的尚武传承
历经世纪沧桑的德国军服

德意志民族有着悠久的军事传统，发源自普鲁士的尚武文化深厚浓重，影响了几百年来德意志的历史走向。自神圣罗马帝国开始，到第二次世界大战和冷战结束，德意志的历史上充斥着战争和冲突。悠久的军事历史，也让德意志民族为世界军事做出了巨大的贡献：克劳塞维茨及其巨著《战争论》留名世界军事史；普鲁士军队的总参谋部制度影响深远，成为现代诸多国家总参谋部的样板。

德国作为一个在世界历史尤其是世界军事史上扮演重要角色的国家，其重要地位也不同程度地反映在其军服的纷繁复杂和精致美观上。由于德国军事制度的完备，德国军队的军服也是近现代军队军服中体系最完备的一种。几百年来，德国军服的发展也伴随着德意志民族的发展而几经沉浮，形成了具有独特代表性的军服特色。

> 第一次世界大战期间，德皇威廉二世和他的陆海军将领们

> 1701年的普鲁士士兵

开创先河：从普鲁士王国到德意志帝国

17世纪，德意志地区成为三十年战争的主战场，各德意志邦国割据纷争，神圣罗马帝国名存实亡。1804年的拿破仑战争期间，神圣罗马帝国正式终结，德意志陷入一盘散沙的状态之中。在神圣罗马帝国衰落之时，一个新的德意志邦国开始崛起，这个邦国就是普鲁士。

普鲁士地区原本是荒芜之地，名义上属于教皇领地。12世纪起，德意志人建立的军事组织条顿骑士团，开始响应神圣罗马帝国的东征号召，向普鲁士地区进军，试图消灭不信奉基督教的古普鲁士原住民。经过200年的征伐，普鲁士地区成了条顿骑士团的地盘，居民被迫皈依基督教，改说德语——近代化的普鲁士民族逐渐形成。1512年，勃兰登堡霍亨索伦家族的阿尔布雷希特（Albrecht von Preußen，1490—1568）出任条顿骑士团团长，并于1525年解散条顿骑士团，建立普鲁士公国，霍亨索伦王朝自此开始。1701年，普鲁士公国升格为王国，开始了普鲁士的扩张侵略史。

17世纪以前，普鲁士军队与德意志诸邦国军队一样，军服受到欧洲大国法国的影响很深，式样大抵与法军相同，身着宽大的"Justacorps"军服。尽管深受法国影响，但普鲁士人也反过来影响了法军的军服。普鲁士军队采用的蓝色制服颜色被称作"普鲁士蓝"，这种深蓝色军服比法军的白色、浅灰色更能适应战场环境，最终反而被法国人采用。由于继承了条顿骑士团的军

> 1806年，拿破仑击败普鲁士后进入柏林

> 19世纪50年代的普鲁士士兵

事专制传统，普鲁士的军队向来以纪律严明、教育质素高而闻名于世，普鲁士军队的铁蹄在欧洲的争霸战争中立下了汗马功劳。经奥地利王位继承战争、第二次西里西亚战争和七年战争，普鲁士和宿敌奥地利、俄国联手瓜分了自己的原宗主国波兰—立陶宛联邦。通过一系列的侵略战争，普鲁士王国成为服务于国家军队活动的机器。19世纪，尽管在拿破仑战争中遭遇败绩，但却唤起了普鲁士民族的爱国主义情绪。当拿破仑在莫斯科城下大败而归时，普鲁士军队卷土重来，最终与各国联合击败法国，被国际社会正式承认为欧洲列强之一，在德意志诸邦国内获得了与奥地利几乎相同的影响力。

拿破仑战争后，取得了大国地位的普鲁士着手开始改革本国的军服，以尽快脱离法国的影响。1842年，普鲁士军队正式将钉盔作为军帽，炮兵头盔将钉盔的尖钉改为圆球形，称为球顶盔，而枪骑兵则保留了波兰骑兵时代的四方帽特征，盔顶设计为四方顶。同时，以修身干练简洁的"Tunic"军服取代了宽大的"Justacorps"和"拿破仑夹克"。同时，士兵的无檐圆帽和军官大檐帽继续作为便帽、略帽使用。

1862年，普鲁士国王威廉一世任命俾斯麦为首相，推行军事改革，寻求德意志统一。在俾斯麦设计的蓝图中，主张建立将奥地利排除在外的"小德意志"。此后，普鲁士先后取得1864年普丹战争和1866年普奥战争的胜利，并在1870年领导北德意志邦联及南方的德意志诸邦，在普法战争中击败法国。

1871年1月18日（普鲁士王国成立170周年纪念日），威廉一世在法国

> 一顶 1860 年的普鲁士步兵盔

> 1870 年 9 月，在法国北部托尔西地区佩戴球顶盔的普鲁士野战炮兵

> 一队头戴四方顶盔的萨克森枪骑兵

> 德意志帝国疆域图

凡尔赛宫镜厅登基，成为德意志帝国的皇帝，宣布建立以普鲁士王国为首的德意志帝国。自此，德国正式统一，一个崭新的国家崛起在欧洲的中部。德国统一后继续秉承普鲁士的扩张政策，并于 1881 年与奥匈帝国、意大利结成了"三国同盟"，同时积极扩张海外殖民地，触动了老牌殖民帝国英国、法国的利益，使得三国同盟和三国协约的矛盾日益加剧。德国庞大的陆军让三国协约一方颇为忌惮，不断扩张的德国海军及德国公海舰队也成为英国王家海军的主要假想敌。

统一后的德意志帝国，实际上是由普鲁士王国主导、各德意志邦国组成在一起的联邦君主国，德皇由普鲁士国王出任，各邦国依然保留有自己的军队。经过多年的融合，德意志诸邦国军服日渐趋同，不论是"Tunic"军服，还是钉盔，都如出一辙，只是徽章、细节各不一样。各国军服颜色大多都采用了普鲁士蓝，但具有较高独立自主地位的巴伐利亚则采用了浅蓝色。在军服配饰上，德国军服率先采用了麻花辫肩章，显得大气华贵；高级军官的袖口装饰了罗马柱图案，寓意德意志第二帝国是罗马帝国的继承者。头戴钉盔的军人形象，也成为德国的象征。

统一形象：一战德国军服和魏玛共和国军服

1914年6月28日，萨拉热窝事件爆发，一个月后，奥匈帝国向塞尔维亚宣战，德、俄、法、英等国相继投入战争，第一次世界大战正式爆发。

德意志帝国的组成主体一共有22个邦国、3个自由市和直属帝国的阿尔萨斯—洛林。在这22个邦国中，最主要的是4个王国——普鲁士王国、巴伐利亚王国、萨克森王国和符腾堡王国。与统一的德国海军不同，德国陆军主体由4个王国的陆军组成，其余各邦国和自由市直接为普鲁士陆军提供兵员。4个王国各自建立有陆军部和总参谋部，普鲁士总参谋部可以管辖除巴伐利亚陆军之外的各国军队。各国军队的军服并不统一，这对于一个统一的国家来说是极为不便的。一战爆发之时，德国开始考虑将陆军统一起来，而统一的军服，则是建立一支统一军队无法绕过的一环。指挥体制的整合需要诸多磨合，而换军服相比来说就容易多了。

> 1898年的一队德国士兵合影

普鲁士的尚武传承 | 历经世纪沧桑的德国军服

> 第一次世界大战爆发初期的德军第一集团军司令部成员。中间披大衣者为第一集团军司令克鲁克（Alexander von Kluck，1846-1936），他和他右侧的将军穿着将官野战服。身后的军官们有的穿翻领军服，有的还穿着老式的立领军服

> 一名头戴 M1916 德式钢盔的德军士兵

1907 年 4 月 19 日，德国的驻殖民地部队开始采用野战灰色作为军服颜色，随后，驻本土的步兵、炮兵也开始采用立翻领的灰色野战服。第一次世界大战爆发后的 1915 年 9 月，各兵种通用的新款野战服设计定型，均采用灰色，在衣领、肩章的边缘线处以不同的兵种色进行区分。新军服统一为单排扣 8 粒纽扣的 "Tunic" 军服，除了将官有衣兜外，其余级别的军服不设衣兜，原部分兵种的双排扣军服和肋骨服被取消。新军服的衣领全部改为立翻领，少量紧口立领的军服被取消。军官佩戴领章，校尉官的领章是罗马柱，将官领章则为普鲁士王国的矢车菊图案。除了拥有某团荣誉上校头衔的将军可以继续佩戴校尉官领章外，红底矢车菊的将官领章正式在德国军队中确立下来。

符腾堡王国和萨克森王国分别于当年 10 月、11 月完成换装，而巴伐利亚陆军由于拥有独立的指挥系统，新军服的换发最为滞后，直到 1916 年 3 月才换装完毕。巴伐利亚军队的领章和领口也依然保持独立，采用了银色金属丝刺绣的灰底矢车菊领章，领口处也是表示巴伐利亚的浅蓝色与白色。

1916 年，由于钉盔在战场上运动不便、防护性差、目标过高，德军开始借鉴法国经验，为官兵配发钢盔。德军的钢盔拥有特殊的"煤斗"形状，在脑后加有一段护颈，使得德式钢盔与钉盔一样，继续成为德军的象征。

为了避免两线作战，在战争爆发前几年，德国总参谋长阿尔弗雷德·冯·施利芬（Alfred von Schlieffen，1833—1913）制定了以速战速决目标的"施利芬计划"，试图集中优势兵力在 6 个星期内击败法国，然后调动部队前往东线

> 比利时前线的德军士兵

进攻俄国。而战事的发展却出乎德国的意料。德国迅速占领了卢森堡、比利时，并进攻法国北部，逼近巴黎。1914年9月，英法联军在巴黎近郊的马恩河与德军进行会战，双方两败俱伤，战线固定了下来，开始了阵地战，战事进入对峙状态。在东线，俄军和德、奥军队也进入了漫长的对峙。

1916年，随着凡尔登会战、索姆河会战、东线俄军夏季攻势以及日德兰大海战，战争胜利的天平开始向协约国一方倾斜。1917年，尽管俄国由于爆发革命退出了大战，但美国加入了协约国对德宣战。德国经济陷入萧条，战事的拖延和极高的死伤人数使人民厌倦战争，举国上下士气低落。1918年，协约国军队将德军赶出了法国和比利时，德军主力迅速瓦解，同盟国阵营的保加利亚、奥斯曼帝国和奥匈帝国先后投降。11月，德国爆发起义，德皇威廉二世退位，德国投降。

德国战败后成立了共和国，由于共和国宪法是在魏玛召开的国民议会上通过的，因此这一时期史称"魏玛共和国"。《凡尔赛条约》对德国进行了极大的限制，德国只能拥有10万陆军，且不能拥有空军。1921年，魏玛共和国防卫军在帝国陆军的基础上成立，由于德军骨干依然是普鲁士容克贵族为代表的右翼保守势力，而且军方几乎独立于政府，对共和国的影响十分巨大。由于军队势力只是改换了个名字，所以军服并没有进行大规模的修改，依然保持了帝国时期的式样，原先部分军官自行加缝的衣兜普遍出现在官兵的军服之上。帝国时期几乎成为霍亨索伦皇室象征的钉盔被彻底废除，大檐帽成为礼服和常服用帽，而战场头部防护则交给了经典的德式钢盔。

魏玛共和国时期，原有各邦国的君主制政体纷纷倒台，改组为新的联邦共和国自由邦。德国陆军各部队名义上依然属于所在的各邦，因此，德军钢盔侧面也涂着该部队所在邦的盾形徽章。这种标志符号一直被使用到1934年，德国废除联邦制之后，头盔上的盾形标志统一改为"黑白红"的德国国家色。

魏玛共和国时期，自德意志帝国时期发展而来的德军军服式样基本确定——立翻领、带有收腰的"Tunic"上衣，罗马柱和矢车菊领章，校官以上的麻花辫肩章、尉官的平板肩章和士兵的肩章祥带，礼服袖口的罗马柱和特殊部队的荣誉袖条，还有复杂的兵种色系统，都勾勒出一支具有普鲁士尚武传承的军队形象。将军们的裤子上镶有红黄相间的骑缝线，军官们更喜欢身着马裤、马靴。

浴火重生：二战后继承特色的两德军服

纳粹灭亡后，为了彻底斩断德国军国主义的土壤，盟国决定彻底取消普鲁士的建制。源自普鲁士王国的普鲁士自由邦被彻底拆分肢解，普鲁士作为一个地名不再存在。战后，德国也被一分为二，分别成立了社会主义的民主德国和资本主义的联邦德国。

位于东方的民主德国在反思法西斯这一问题时，是站在胜利者的角度来看待的——德国共产党在纳粹时期备受迫害，德国共产党领袖恩斯特·台尔曼（Ernst Thälmann，1886—1944）就是在纳粹的监狱里英勇就义的。第二次世界大战期间，许多德国共产党领袖逃往苏联，并跟随苏联红军打回德国。因此，德国共产党的继承者——德国统一工人党及民主德国政权一直都是法西斯政权的死敌，民主德国政权的法统是基于德国共产党与盟军并肩作战推翻纳粹而建立起来的。民主德国也一直以胜利日的称呼来庆祝二战胜利。在这种思路之下的军服设计上，也没有那么敏感，要处处避开纳粹用过的一切设计元素。民主德国国家人民军军服延续了普鲁士的传统军服设计，取消了纳粹的各类符号，将帽徽改为民主德国的国徽图案。矢车菊领章、罗马柱领章和袖章、荣誉袖标和麻花辫肩章一应俱全。在徽章佩戴上，民主德国效仿苏联，具有浓厚的社会主义特色。

位于西方的联邦德国自其成立伊始，就带有赎罪、反思、清算的特色。在建立联邦德国国防军的过程中，军服的设计也有意避开纳粹的影子。大檐帽的帽徽改成了硕大的军种帽徽，安装在帽墙和帽瓦之间，原有的三色环图案被挪至帽瓦上部，彻底清除了纳粹军帽的特色。军服改为开领，同时取消了麻花辫肩章，效仿美军，在肩章袢带上钉缀星徽展示军衔。此外，军服也不再修身紧绷，而是更为宽松。为了彻底淡化军国主义色彩，阅兵时的正步也被取消。1990年，两德统一后，德国更是直接取消了陆军的大檐帽，所有陆军军人以贝雷帽为常服帽，旧德国军人的形象可以说被磨灭得很彻底了。军服上保留下来的，只有矢车菊领章、罗马柱领章和袖章等普鲁士传统符号。此外，铁十字图案被留下来作为军徽使用。

从19世纪后期到20世纪，德国对世界军事军制产生了巨大的影响。在军装方面，一度主导了各国军服的流行趋势。二战前，欧洲、亚洲、南美洲的诸多国家都采用过德式军服设计，造型独特的德式钢盔也颇为流行。二战战败后，大多数国家的军服都改变了设计，目前在世界各国军装中留下德国影子的例子并不多见，可能只有德式头盔由于实用性还在大多数国家中广为使用。不论如何，德国军服历经了世纪沧桑，在人类军服发展史上写下了浓墨重彩的一笔。

> 1956年的民主德国国家人民军战士

普鲁士的尚武传承 | 历经世纪沧桑的德国军服

> 联邦德国陆军大檐帽

> 民主德国国家人民军的 M56 钢盔造型独特

威武外挂：古今军队的服饰标识

> 智利军队仪仗队

普鲁士的尚武传承 | 历经世纪沧桑的德国军服

> 2006年在意大利参加阅兵的德军仪仗队

革命或是传统
摇摆中发展的苏联和俄罗斯军服

俄罗斯是世界上土地面积最大的国家，有着悠久的军事历史。沙皇时期，俄国通过征服和吞并，不断对外扩张，到彼得一世（Пётр I，1672—1725）时，正式称帝，建立了俄罗斯帝国，成为欧洲乃至世界上举足轻重的列强。在俄国的扩张过程中，俄军扮演着举足轻重的作用。正如彼得一世所说："俄罗斯只有两个盟友——陆军和海军。"18世纪起，俄军军服受普鲁士军服影响，开始佩戴大檐帽，穿立领"Tunic"军服，同时结合本国特色进行改进，出现了大块的平板式肩章，发给军官佩戴，形成了鲜明的俄式军服特色。20世纪以来，在沙俄废墟基础上建立的苏联一跃成为世界强国，苏联军队作为世界上第一支社会主义国家的革命军队，在军服上做出了诸多创举，影响了世界的东方阵营。

丢掉大官的肩章：革命军队的崭新形象

1917年的十月革命建立了苏维埃俄国，标志着世界上第一个社会主义国家的诞生。然而，苏维埃政权一诞生就面临着严峻的形势。十月革命武装起义准备时期建立的赤卫军和一些由革命士兵和水兵组成的部队仅有15

> 1917 年的沙皇俄国军队

> 1919 年 5 月 25 日，列宁等布尔什维克领导人在红场检阅新组建的红军部队

万人，不足以保卫苏维埃国家。1918 年 2 月 21 日，德国撕毁停战协定，向圣彼得堡发起进攻。苏俄政府号召人民志愿参军，保卫社会主义祖国。击退德军后，协约国又和白军联手开始干涉，一直到 1920 年底，才粉碎了各方的反动势力，基本获得了和平的建设环境。1922 年，苏维埃社会主义共和国联盟正式成立。

组建之初的工农红军并没有制定统一的军服。新政权仓促组建起来的军

威武外挂：古今军队的服饰标识

> 1919年，托洛茨基（Лев Давидович Троцкий，1879—1940）视察新组建的红军骑兵部队，他们还穿着沙俄时代的肋骨服

> 红军建军之初的指挥人员职务等级袖章

队直接从沙俄军队的库房里寻找军需资源，落后的工业也不允许苏维埃政权大量生产新军服。工农红军指战员不得不依靠沙皇军队留下的物资，能做的就是取下了沙俄军服上的军徽和军衔。为了与白军进行区别，1918年4月，军事人民委员会规定使用带有"犁和铁锤"的红五星作为红军帽徽。1922年苏联建立后，将"犁和铁锤"换成苏联国旗上同样具有工农联盟性质的"镰刀和铁锤"图案。

建军之初的苏维埃红军穿着沙俄时代的军服，旧军人身上也带有沙俄时代的习气。苏维埃政府面对这一局面，必须建立起属于革命政权的军队，以保证革命的成果并消灭反革命势力。于是，在1917年12月16日，苏维埃政权发布命令，废除一切代表着阶级压迫的军衔、头衔、特权和荣誉，并着手重新制定新的规范。在沙俄时代，尽管官兵均佩戴肩章，但金属线刺绣编织成的华丽肩章只属于军官，老百姓们也采用"戴肩章的"来指代那些压迫士兵的旧军官。所以，新军队直接丢掉了肩章这个具有封建色彩的标志。

1919年，随着战局的好转，苏维埃政权为红军和红海军规定了统一的军服式样。1919年的军服依然最大限度地利用沙俄时期的军需物资库存，在军帽上缀上军徽，为军人配发了大檐帽、冬呢帽、军大衣和保护色的夏季套头衫。红海军的军服于1921年正式确定，指挥人员配发大檐帽、冬帽、黑灰色大衣、黑色双排扣上衣、深蓝色和白色上衣；水兵配发水兵帽、黑灰色大衣、水兵短大衣、深蓝色和白色衬衣、海魂衫和黑色裤子。由于物资匮乏，陆军军服

> 1921年的红军指战员合影

> 一件骑兵排长的1922年式军服，左臂有骑兵袖章，左袖口有厚呢底板的职务等级袖章

上没有使用金属扣，而是布扣。

尽管军服上去掉了军衔标志，但为了区分职务，苏维埃红军启用了指挥人员职务等级制度。红军人员的职务等级自高到低分为方面军司令员、集团军司令员、师长、旅长、团长、营长、连长、排长、军士长、副排长、班长和红军战士。除战士外，所有军人佩戴职务等级袖章，图案用不同数量的三角形、正方形和菱形符号进行简单区别。1919年，工农红军开始实行兵种色制度，领章、布扣、军帽帽徽衬布都要求使用兵种色。步兵为紫红色，骑兵为蓝色，炮兵为橙黄色，工兵为黑色，航空兵为蔚蓝色，边防军为绿色。1920年起，红军指战员按照所属兵种，在左臂佩戴兵种臂章。随着指挥人员职务袖章、兵种色和臂章的出现，单调的红军军服有了一丝改观。

随着国际和国内环境的好转，1922年，新的军服被配发给官兵。1922年的军服还是基于国内革命战争时期设计的，区别在于部分识别符号进行了调整。指挥人员职务等级进行了略微的修改，直接缝在袖口的等级袖章改为呢子底板缝制；领章上缝上军人所属部队和兵种标志符号。军服依然不分干部和战士，四季上衣为套头衫，胸前有起识别作用的彩色布扣。军裤为马裤，军官马裤的裤缝中镶有兵种色牙线。骑兵马裤在臀部和大腿内侧增加了大块皮补丁。冬季的军大衣统一为灰色，骑兵大衣为了便于保暖和上马，下摆长5厘米~10厘米，后侧多了开衩。

1925年9月18日，苏联通过了新的《兵役法》，为军事改革奠定了法律

基础。随着军队正规化建设的推进，苏军后勤系统也逐步完善起来。军服的穿着也有了统一的要求，被服的管理发放也走上了正轨。于1924年制定的新军服颜色由灰色改为了暗绿色，布扣被取消，金属扣出现在军服上。24式军服的常服为小翻领紧袖口的"Tunic"军服，军官4个挖袋，士兵两个上挖袋，两个下插袋。俄罗斯传统的套头衫式衬衣成为勤务服（作训服）和夏装，冬季也增加了套头衫样的勤务服。套头衫制作工艺简单，产量巨大，虽然粗糙，但却出奇地结实和宽松，它紧扎的袖口和领口极为便于劳动和战斗，成为勤务服的首选。指挥人员职务袖章被取消，改为指挥人员职务领章。常服和勤务服领章为长方形，大衣领章为菱形。

因此，工农红军于1925年正式取消了双首长制，改为一长制，同时设立政治副指挥员，协助指挥员领导部队的政治教育和党团工作。尽管取消了双首长制，但是苏联共产党的领导是在逐步强化的，1932年，为了凸显政工人员的身份，红军政工人员开始佩戴统一的领章。领章底色与本兵种人员相同，领章上无职务符号，只有五星和镰刀锤子图案。后来，这一符号被挪到袖口。

> 20世纪30年代初的一个红军机枪班组，站立者分别佩戴着副连长和班长的领章，其余人员佩戴无符号的红军战士领章

民族主义的回潮：卫国战争的胜利荣耀

1929 年开始，资本主义世界爆发了经济危机，部分帝国主义国家，如日本、德国，均试图通过对外战争来转嫁国内压力。此时，社会主义的苏联经历两个五年计划，一跃成为欧洲强国。1934 年 1 月，苏联共产党（布尔什维克）第十七次代表大会召开，大会总结了党在过去一段时期的工作，指出了社会主义在一切经济和文化部门中都已获得了决定性胜利的事实，指出党的总路线已经获得全面胜利。在这种胜利局面的影响下，为了提升官兵士气，加强军队建设，苏联决定恢复军衔制。苏联政府于 1935 年 8 月 9 日起实行军衔制并换发新式军

> 1924 年起佩戴的红军、红海军指挥人员职务标志符号

> 1941 年 11 月，苏联红军高射炮兵第 732 团团长邦达连科（М. Т. Бондаренко，1904—1983，左）和政治委员莫罗兹金（Г. И. Морозкин，右）在图拉地区部署作战。莫罗兹金政委的袖口可见镰刀锤子五星袖章

> 佩戴一级集团军级指挥员领章的国防人民委员部军事委员会委员亚基尔（Иона Эммануилович Якир，1896—1937）

装。1935 年 9 月 22 日，红军部队（陆、空军）开始配发军衔和新式军装，12 月 3 日红海军开始配发军衔和新式军装。

其实，十月革命后尽管红军废除了旧俄时期的军衔头衔，但实际上依然在实行军队人员的等级制度。红军和红海军的指挥人员职务等级制度，实际上就是红色军队的军衔。不过，出于政治原因，回避了沙皇时期的"将军""校官""尉官"等词汇。1935 年恢复军衔制，实际上是恢复了旧俄时期校官和尉官的军衔称谓，但仍然避免出现"将军"词汇，以便和旧俄贵族军官阶层划清界限。

1935 年恢复后的军衔制，红军军衔自高至低分别是苏联元帅、一级集团军级指挥员、二级集团军级指挥员、军级指挥员、师级指挥员、上校、少校、大尉、上尉、中尉、军士长级指挥员、副排级指挥员、班级指挥员和红军战士；红海军军衔自高至低分别是一级舰队级指挥员、二级舰队级指挥员、一级分舰队级指挥员、二级分舰队级指挥员、海军上校、海军中校、海军少校、海军大尉、海军上尉、海军中尉、海军军士长级指挥员、海军班级指挥员和红海军战士。为了凸显政工人员的地位，红军和红海军设立了政工人员军衔，以"政委"作为政工人员的军衔头衔。红军和红海军的政工军衔称谓一致，自高到低分别是一级集团军级政委、二级集团军级政委、军级政委、师级政委、团级政委、营级政委、高级政治指导员、政治指导员。1937 年，又增设了少尉、

> 1935 年首批授予苏联元帅军衔的 5 人。后排左起：布琼尼、布留赫尔；前排左起：图哈切夫斯基、伏罗希洛夫、叶戈罗夫

海军少尉和初级政治指导员军衔。新的军衔符号依然采用领章进行表示，同时在袖口增加了装饰的V字袖章。

1940年，为了鼓舞士气，苏联最高苏维埃主席团宣布实行新的军衔制，军队换穿新式军服。新军服其实仍然是1935式军服的改进版，但是增设了礼服，启用了设计精美、图案复杂的帽徽，高级将领们的军服配饰更为华丽。1940年的军衔制里，最大的改动就是恢复了沙俄时期的将官军衔，"某级指挥员"的头衔被改为少将、中将、上将、大将的称号，军衔符号也由菱形标志改为象征将军的五角星。政工军官的"某级政委"军衔依然保留，直到

> 佩戴一级舰队级指挥员袖章的红海军太平洋舰队司令员维克托罗夫（Михаил Владимирович Викторов, 1894–1938）

1942年才与军事军官统一。此外，陆军增设了中校军衔。尽管军服依然是佩戴着领章，但是称呼上似乎更具有旧俄时代的特色了。

1941年6月22日，德国向苏联不宣而战，卫国战争爆发。这场战争对于苏联人民和苏军来说，是一次严峻的考验。苏联共产党和苏联政府号召全体人民奋起抵抗，对法西斯侵略者予以最坚决的回击。1941年冬，德军兵临莫

> 1940年的铁木辛哥元帅和朱可夫大将

> 1941年十月革命节，苏联在德军兵临城下之时举行阅兵式

斯科城下，斯大林等苏联高层领袖依然在首都坚持抗战，并于11月7日十月革命节照例举行了盛大的阅兵式。在这次阅兵式上，斯大林发表了激动人心的演说。在演说的最后，他说："让我们的伟大祖先亚历山大·涅夫斯基、德米特里·顿斯科伊、库兹马·米宁、德米特里·波扎尔斯基、亚历山大·苏沃洛夫、米哈伊尔·库图佐夫的英姿，在这次战争中鼓舞着你们吧！让伟大列宁的胜利旗帜指引着你们吧！"除了提到苏维埃领袖列宁外，他列举了一串俄罗斯反抗外族侵略民族英雄的名字——表明在这场伟大的卫国战争中，苏联希望用俄罗斯传统的民族主义精神来鼓舞军民反抗侵略。

卫国战争爆发后，苏军仓促迎战，损失惨重，德军长驱直入。莫斯科保卫战后，苏军经过浴血奋战，凭借极其坚强的抵抗和熟悉的自然条件，顶住了德军的进攻，稳住了战局。1942年的斯大林格勒战役扭转了战局，苏军进入战略反攻。

早在1941年9月，苏军就借鉴沙俄时期"禁卫军"的制度，向战功卓著的部队授予"近卫军"称号，所部军人可以佩戴"近卫军证章"。随着苏军进入反攻和局势的好转，苏联最高苏维埃主席团于1943年1月6日发布命令，更换军衔标志符号，更改衣领，增设新款礼服。1943式军服彻底改变了十月

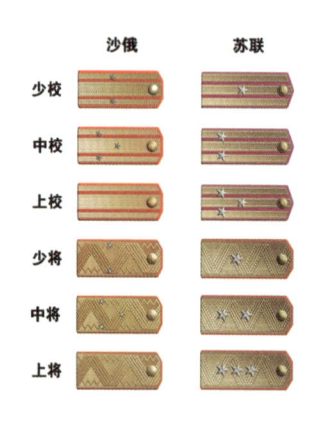

> 沙俄和苏联平板肩章部分军衔星徽组合方式对比

> 1942年7月12日，第18集团军步兵第4师第220团的一位连指导员阿列克谢·戈尔杰耶维奇·叶廖缅科（Алексей Гордеевич Ерёменко，1906-1942，初级政治指导员军衔，相当于中尉）举起手枪，号召战士们跟自己一起冲锋。这张照片拍下后不久，叶廖缅科中弹牺牲

> 进军柏林前，近卫坦克第45旅的部分官兵合影，他们佩戴上了沙俄时代的肩章

革命以来的红军形象，恢复了沙俄时代的军人造型——军官重新佩戴上了宽大的平板肩章，军衔标志符号恢复为沙俄时期的杠星组合，只是星徽的数量和级别与沙俄时期有所不同，而翻领的军服也恢复成沙俄时期的立领。新版的礼服更为华丽，将翻领改为立领，陆空军采用单排扣，海军为双排扣。元帅的袖口和领口、将官的领口都装饰了华丽的刺绣，将校尉官的袖口和校尉官的领口采用了罗马柱图案，这似乎带有沙俄时期抢夺罗马帝国继承权的意味。

> 胜利大阅兵上，身着立领单排扣礼服的士兵倒持缴获的纳粹军旗

> 身着双排扣胜利礼服的苏联元帅朱可夫

威武外挂：古今军队的服饰标识

　　1945 年 5 月，苏军攻克柏林，取得了卫国战争的伟大胜利。沙俄风的大肩章和华丽礼服的启用，也随着 1945 年 6 月 24 日的胜利大阅兵被世人所熟知。大阅兵前夕，苏军陆空军将官以上人员的单排扣礼服被换成了双排扣，更方便佩戴数量繁多的勋章奖章，以展示苏联的赫赫军功。在阅兵式上，苏军将缴获的 200 多面德国军旗倒持在列宁墓前展示军功。胜利大阅兵成为这场史诗般战争最为壮丽的尾声。尽管苏军换上了沙俄风的华丽军服，但是双排扣立领军服、宽大肩章等元素已经和卫国战争的胜利紧密联系到了一起，成为苏联俄罗斯历史上最为荣耀的一幕。

> 1970 年，刚刚换上开领常服的一名军官和两名士兵，他们身后的士兵还穿着立领常服

> 苏军陆军 69 式礼服

日趋实用的设计：冷战时期的军服改进

二战结束后，沙俄风的军服没有装备多久。随着世界各国西服式开领常服的流行，苏联也没能免俗，对军装进行了改良。沙俄风的军服，毕竟还是与社会主义国家军队的身份格格不入。1955 年，苏军对沙俄风的礼服进行了改革，启用了双排扣、西服领的新式礼服。打着领带、穿着西服的军服式样，更具有国际化的特点。到 1969 年，苏军的立领常服也被改为西服领常服，沙俄风军服经过战争时期的短暂露脸后，又消失在苏军的军服序列之中。

冷战初期，苏军继续将套头衫作为标准的野战服和野战常服，款式与 1943 式军服相比，基本没有重大的改动。不过，套头衫的弊端已经在战争中体现出来了。它的衣襟是闭合的，前胸部分只有领口向下很短的部分可以打开，如果躯干部位受伤，脱去军服就变成了一个极为复杂的过程：先要卸下装具，然后撩起军服，从头顶脱下。紧急情况下，军医甚至不得不把衣服剪开才能实施救护，对于分秒必争的抢救来说，这几乎是致命的，很多战士因为套头衫不易脱下，耽误了宝贵的抢救时间，白白送了性命。1969 年，苏军新军服正式淘汰了沿用几十年的套头衫，将野战服改为开襟立翻领。

为了保证在野战的环境下不会因为过于显眼而暴露目标，苏联 1969 式军服沿用了传统的野战用保护色标识。但由于军服过于修身，给战士们带来了极大的不便。1969 式野战服的弊病凸显无疑，这种设计中看不中用。于是从 1980 年开始，苏军启动了新一代野战服的研究工作，经过快速设计、论证后，

> "西方 -81" 演习期间，身着 69 式野战服的苏军官兵，套头衫已经消失，野战服全面改为开襟

> 苏军的"阿富汗卡"

新式的野战服于1982年设计定型并配发阿富汗驻军穿着。到了1985年该型服装更是被全苏军广泛被采用，并于1988年成为苏军条例中的正式军服并得它得到了一个"阿富汗卡"的昵称。

从卫国战争时期一直到20世纪60年代，苏军并没有专门的迷彩服，只是为官兵配发肥大的罩衫，套在野战服外。平时的使用方式也是按任务需求来领取。这种方式在迷彩服不流行的战争年代尚可支撑，战后的和平时期也还能撑得住，但是在战争中，这种供应方式无形中增加了后勤的压力，也间接增加了士兵的负重。阿富汗战争中，苏联军方开始研究设计迷彩野战服，并于1984年正式配发侵阿苏军。

红色与传统的交集：新世纪的俄军军服

> 1992年1月，还穿着苏联军服的俄军士兵

> 2015年卫国战争胜利70周年阅兵式上,身穿沙俄风格礼服的仪仗队员护送带有镰刀锤头图案的胜利旗入场

20世纪80年代末,苏联设计了新式军服,并计划于1990年配发苏军。1991年12月25日,苏联解体,苏联军队不复存在。尽管俄罗斯于1992年5月7日宣布建立俄罗斯联邦军队,但直到1994年5月,俄罗斯军人才脱下苏联军服,换上了俄罗斯军装。俄罗斯军队在苏联军服基础上稍加改动,重新设计了军徽、勋章、徽章等饰物,加以施行。

20世纪90年代,由于俄罗斯国家经济困难,俄军的军服穿着和苏军基本没什么区别。在作战服方面,迷彩作战服正式进入俄军的军服序列,在单色野战服外面套迷彩罩衣的历史终于结束。2007年,俄军开始对军服进行改革。2008年,仪仗队的新式礼服正式启用,仪仗队员穿上了沙俄时代的双排扣、红色前襟的立领军服。此后,胜利阅兵式上,身穿沙俄风格军服的仪仗队员高举着三色俄罗斯国旗和带有镰刀锤子的红色胜利旗入场,将革命色彩和民族传统融合在一起。2017年,俄军军官的礼服进行了变更,原有苏联55式军服风格的双排扣开领西服礼服被取消,恢复成苏联43式礼服式样——沙俄风格的立领单排扣礼服。

在礼服向着复古发展的同时,俄军的常服向着实用、舒适的方向前进。

2014年，俄军配发了一种夹克式勤务服，用于替代板正的西服式常服，作为日常军人的穿着服装。穿着西服外套、打着领带，或是穿着衬衣式夏装，对于坐机关的办公室军官们来说是一种煎熬。14式勤务服就是一件佩戴了软质标志符号的夹克服，不用扎领带，解放了领口，既有短袖也有长袖。由于不是西装版型，并且大量使用魔术贴软质符号，且方便水洗，因此这套勤务服得到了俄军官兵的一致好评，大量替代了苏联时期的西服式常服，成为俄军官兵最常穿着的服装。

> 身着14式勤务服的俄罗斯国防部长绍伊古（Сергей Шойгу）大将

革命或是传统 | 摇摆中发展的苏联和俄罗斯军服

> 2017年胜利日阅兵后,俄罗斯总统普京和身着立领礼服的俄军军官们握手

16

专业战斗服的开端
美国陆军 M41 战斗服

第二次世界大战改变了全球的政治格局,在欧洲列强遭到致命打击的情况下,美国作为西方世界的代表崛起于世,成为实力卓然的超级大国。伴随着美国的崛起,二战中美国军人的形象随着胜利在世界范围内留下了深刻的印象。

提到二战美军的形象,人们脑中可能出现的是这样一幅画面:头戴 M1 钢盔,手持 M1 "加兰德"半自动步枪……但最典型的,还是那一身干练帅气的夹克。然而,这一身夹克出现的时间颇晚。20 世纪 30 年代,欧洲政局风起云涌,主要国家都在对单兵服装进行改革,1939 年,德国闪击波兰,英法两国对德宣战,迫在眉睫的战争威胁才让美国军方意识到更换军服的必要性。

防止烫伤:面料的选择问题

1938 年动荡的世界中美国风景独好。一位和一战老兵交谈过的美国军需官意识到,美军现行的四口袋羊毛材质 "Tunic" 军服很可能无法满足战时的需要。当年的老兵就是穿着它参加了一战,在堑壕战的环境里,它不防风、不防水、不保暖,裹着一身烂泥的老兵对湿漉漉

专业战斗服的开端 | 美国陆军 M41 战斗服

> 1944年6月，美军解放法国西北部城市瑟堡

> 埃德蒙·格里高利后升任军需局局长，官至陆军中将

"Tunic"造成的全身失温的冰冷与潮湿记忆犹新。美国军队中的俚语"面团人"（Dough Boy）即是嘲笑"Tunic"的臃肿外形及对羊毛材质容易吸汗吸水的诟病。

这位军需官就是推进M41战斗服的关键人物——陆军军需上校埃德蒙·格里高利（Edmund Gregory，1882—1961）。埃德蒙·格里高利要求新型战斗服装能够防水、防风和保暖，这三点是解决问题的关键。而后，还必须要能同时满足冬季、夏季的需求，且不影响自由活动。可以看出他的思维出发点为通用性，这对后勤来讲无疑是一个好消息。很快，陆军军需局局长詹姆斯·帕森斯少将（James Parsons，1877—1960）向格里高利转达了多份可能符合他要求的军服设计方案，其中一位陆军上士于1937年参考民用建筑工风衣所编绘的方案引起了他的注意，该方案的主要特点是：采用抗风、扛磨且不易吸水的面料作为外衣，并配以保暖舒适的内衬。

格里高利亲自挑选了两种物料进行试验，从中选定了外衣的面料。首先是卡其斜纹布，此前在驻扎菲律宾的美军部队中已有所使用。第二种是府绸，这是一种1920年才从英国引进入美国的高强度平织纤维。尽管后者表现出了更好的防水抗风性，但前者在价格、耐磨度及阻燃性上更胜一筹。

服装燃烧对人体造成的危害主要表现为烧伤和烫伤两类。天然纤维服装因遇火能迅速燃烧，对人体可造成局部伤害或大部严重伤害；合成纤维服装遇火时先收缩熔融后燃烧，既能对人体造成烧伤也能粘结皮肤；混纺服装如果作为内衣虽无粘结皮肤现象但仍能严重致使皮肤烧伤和烫伤。因而阻燃防护是战争环境服装防护的重要内容。

服装的燃烧性，根据材料（如纤维）遇火后燃烧程度的不同可分为易燃性、难燃性和不燃性三类。易燃性服装靠近火焰即发生热分解，并释放出可燃性气体继续燃烧。难燃性服装接触火焰时发生热分解，但几乎不产生可燃性气体，离开火焰时，材料燃烧的火焰就会自动熄灭。于是卡其斜纹布成为首选。

防寒首位：款式的精心设计

内衬在早期计划中使用法兰绒和羊毛混纺面料，但因纺织生产时间过长，军需局将设计变更为全羊毛面料。在该用拉链还是传统的系扣设计的问题上，格里高利决定两者结合——内设拉链，外设系扣式挡风片，以进一步加强御寒抗风性。对于袖口和腰腹位，均设有可调整围度宽紧的袖扣。

为什么总要把防寒放在第一位？因为人体对环境温度反应会影响自身的行动能力。通常情况下，人体的体温调节是调节人体的产热和散热这两个生理过程，使之在不同的气候环境中始终能保持动态平衡。体温调节主要依靠由体温调节中枢和温度感受器组成的体温调节系统完成。人体的温度感受器能感受外界气候对人体的刺激，产生神经冲动，传给大脑的体温调节中枢，然后来调节产热生理系统和散热生理系统，通过各种生理反应以达到生理性的体热平衡。

在寒冷的气候条件下，人体的体温调节主要是增加产热量，同时减少散热来维持体热的平衡，散热方式主要是辐射、传导、对流。寒冷气候环境条件下，气温越低，人体体表的皮肤温度与外界环境温度相差就越大，人体通过辐射、传导、对流散热就越快，对体热的平衡影响也就越大。当这种影响超过一定范围，人的生理机能就会出现障碍，如出现感觉麻木、反应迟钝、消耗体力、容易疲劳等生理性反应，给野外活动带来困难。另外，寒冷气候条件下风和湿度对人体

> 美国 M41 战斗服

的体温调节也有一定的影响。其中风对人体有致冷作用，可加快人的体热散失。在气温相同的情况下，有风与无风、风大与风小，人的冷感有很大的差别。风可加重人对寒冷的感觉，相当于风有降温的作用，卫生学上称之为"风降温"。而湿度的影响一般是湿冷大于干冷。湿度大的环境能加速人体的传导散热过程。相同气温条件下，人在气湿大的地区比气湿小的地区冷感大，而且也容易造成局部的冻伤。在寒冷气候环境条件下，人体借助服装的作用与反作用，在人体周围形成一个温暖、干燥、舒适的微气候环境，维持体温相对恒定，这种作用就是服装的气候调节作用。

从外界气候环境对人体的生理影响，服装对人体的保护以及对环境影响的反作用来看，服装的气候调节表现为调温、调湿和调气三个方面。服装的调温作用就是指通过服装的作用形成一个人体感觉舒适的温度环境。人体穿着服装后，由于服装的隔热性，阻挡了热量以辐射、传导和对流等方式散失，使寒冷环境条件下人体散失的热量减少，同时也降低了外界寒冷气候环境对人体的直接致冷作用，体热散失减缓，从而起到调节体热，稳定体温的作用。在服装进行调温作用的同时也伴随着调湿和调气的作用，并相互影响。人体运动或气温升高时，人一般有出汗的生理过程。汗液中含有许多杂质和污物，其中无机成分有氧、钠、钙、镁、磷、硫磺、硫化物等；含氮物质有尿素、氨基酸、氨、氯肌酸、肌酸等，还有糖类及其分解物等。假设这些物质完全滞留在皮肤上或服装气候中，不仅影响皮肤卫生造成皮肤炎症，而且也影响服装调温作用。寒冷条件下这些物质的存在，会加大服装气候内的湿度，从而加快人体的体热散失，使人感到更冷。实际上，这些物质（包括气、固体物质和水气）不可能全部滞留在皮肤上或服装气候中，因为部分或大部分汗液水汽可通过服装吸收并散失到大气环境中，保持人体皮肤和服装气候内的空气干燥。服装的调湿调气是通过服装的透气性、吸散湿性来实施具体调节的，这两个方面的作用，可获得一个人体感觉舒适的气湿和气流环境。如果在人体躯干部皮肤与服装最里层之间的气体空间内，温度保持在32摄氏度左右，湿度为50%左右，气流速度在25厘米/秒以内，人体就会感觉舒适，就形成了一个标准服装气候。无论外界气候环境怎样变化，人只要通过服装的气候调节作用，建立一个标准服装气候环境，便可以维持体温相对恒定并感觉舒适。

从冷气候对人体的影响及服装的作用来看，服装对寒冷气候环境的防护主要通过服装的气候调节作用来实现防寒保暖的目的。通过服装的隔热作用，减少外界寒冷气候环境对人的直接刺激，阻止或减少人的体热散失。人除了在夜间休息时是安静状态外，绝大部分时间处于运动状态。人体的运动能增加体热的产生。这样，运动状态所需的服装保暖量比安静状态减少，确定在安静状态下不完全舒适的标准是科学的，从而避免了在运动状态下因保暖过量而增加人体热负担的问题，同时也基本满足了安静状态时人对保暖量的要求。

寒冷气候环境，人体的散热主要是通过辐射式进行，但也有一部分热量通过蒸发过程散失。此外，轻度和中度体力劳动，有时会出汗。因而内衣材料要求吸湿、散湿性好或透气性好，有利于皮肤上水分蒸发，有助于皮肤卫生。因此，内衣宜选用棉、麻等纤维，或这些纤维与合成纤维混纺的针织物，或具有内表面粗糙的针棉织品等。外衣织物也应具有一定的吸湿性，这样可以

> 1944 年 12 月，在德国亚琛地区作战的美军士兵

避免人体突然遇冷或遇热而产生的冷热变化反应。保暖层对冬服保暖的作用至关重要。宜选用羊毛、驼毛、鸭绒、丝棉、腈纶及棉这些导热性能比较差的纤维集合体。如果能含有比较多的静止空气，即由几个保暖层构成则保暖效果更为理想。

寒冷气候环境防护服装的结构设计，开口部位应尽可能的少或小，尺寸与体形要协调，各层次之间应有一定的裕度，易产生冷感的部位还应采用特殊结构加强保暖措施。如领口可采用立领结构，上衣下摆和袖口可采用紧口结构，内裤和中间层可采用松紧口，膝部加护膝等。另外，服装的结构设计还要符合穿脱方便的原则。服装对寒冷气候环境的防护很重要，特别是在冬季，如果防护不当，严重时会出现局部冻伤，因此，注意做好寒冷气候环境下的防寒保暖，意义重大。

> M38试验版"帕森斯战斗服"

历经战火：M41在改进中发展

1938年11月份，M41战斗服的样品——绰号为"帕森斯战斗服"的M1938风衣面世。格里高利对成品感到相当满意，区别于世界各国主流的四口袋战斗服外套，M38只有两个系扣式斜口袋，同时在肩后增设折叠式骑士肩以方便穿着者活动。当时美国国内的主流气氛为孤立主义和中立主义，大部分人认为没有参战的可能，因此新军服并非至关重要的事项，所以这个设计并没有从美国陆军获得认可，导致这件"帕森斯战斗服"直到1940年都是单独的存在，连个正式序列号也没取。

1941年，珍珠港的火光还未熄灭，美国总统罗斯福正式对轴心国宣战，自此美国成为第二次世界大战的参战国。战争对物质的要求迫切而强烈，在极短的时间内，军需局为"帕森斯战斗服"作出了适合前线的调整：增设肩章带、取消斜口袋的系扣和襟翼。尽管新战斗服的样式几乎与风衣一致，但军方还是将其标注为"野战夹克，橄榄绿"（Jacket, Field, OD）。

装备到部队后因与之前的"Tunic"相比，M41的便利度和实用性拥有质量的飞跃，与老式毛料常服相比，M41 战斗服更廉价、耐脏，保暖性和防水性都有一定提高，而且无需干洗，方便清洁保养，推出后受到部队欢迎。

M41 投入战场后，美军通过实战验证发现了 M41 的大量问题并及时上报给军需局。

首先，斜口袋过小，只能塞入一份口粮或者一颗手雷。而且，在绑上携行具后，口袋甚至被外腰带完全遮挡住，完全无法使用。

其次，"3 号橄榄绿"颜色褪色严重，经过多次清洗和阳光的暴晒，原先接近草绿的外壳颜色会渐渐变黄，失去伪装隐蔽的用途。

第三，冬夏兼顾的卡其斜纹布与羊毛内衬结合无法抵御北非地区夜晚的寒冷。

美军根据反馈的情况对 M41 战斗服进行了修改，修改方向确定为：坚持通用化，放弃兼顾满足冬季、夏季且不影响自由活动的要求，据此加长 M41 外衣的下摆并配以四个大口袋，面料改用更结实、防风防水效果更好的密织斜纹棉，还有相同面料的战斗裤，颜色改用新的 OD7 号橄榄绿。新型战斗服

> 在法国作战的美国陆军步兵第 45 师 157 团官兵正在换上新配发的 M43 战斗服

被命名为 M43。M43 的内衬选择多层保暖思路，外衣本身只防风防水，不具备保暖功能，同时配发内穿高领羊毛衫、毛裤、防水防寒靴和内衬羊绒皮的手套，士兵可以根据实际情况灵活搭配，实现保暖目的，整套 M43 战斗服不但实用性更好，而且减轻重量，简化了后勤供应品种。

随着美国工业进程加速，到 1942 年 8 月英军登陆迪耶普时，100 余名美军游骑兵协同英军突击队参加登陆作战，他们已经穿上了 M41 夹克，头顶新式 M1 钢盔，下身配以 A 类常服的 M38 毛料裤子或 HBT 工作服裤子、帆布绑腿和低帮战斗鞋，这身打扮构成了二战中美国兵最常见的作战装束。

1943 年 3 月 M43 试验定型后，美军部分军官认定这是当时最佳的战斗服体系，能全面代替老式 M41 战斗服和坦克手战斗服、伞兵服。经过在美国本土与阿拉斯加的试验，又发往地中海战区安齐奥滩头阵地的步兵第三师进行实战测试，作战部队对这种新式战斗服评价极高，要求大量配发，大量的 M43 战斗服被送到在意大利作战的第五集团军，同时待命登陆法国南部的第七集团军的 3 个师都装备了这种新式战斗服。

光鲜尴尬：名声响亮但实用欠佳的"艾克"夹克

美军在欧洲战场成功开辟第二战场后，M41 战斗服消耗率超出先前估计的两倍，战区储备和美国国内库存迅速耗尽，对 M43 战斗服的需要量大增。但是，欧洲战区军需主任罗伯特·利特尔约翰（Robert Littlejohn，1890—1982）将军虽然早在 1943 年 11 月回美国汇报工作时就看到了新战斗服，但他对此兴趣不大。原来，因为美军日常穿着松松垮垮、类似民间服装的军服，而不是传统的毛呢制紧身军服，美国兵的行为、举止又嘻哈随意，完全不符合老派欧洲军事贵族的军事审美，德军对此颇为不屑，也惹恼盟军部队。在阿登战役期间被德军俘虏的

> 一件美国陆军少将的"艾克"夹克

美国军人被一名德军军官尖刻地评论道："美国人派士兵来打仗，却让他们穿着显然是民用工作服改来的衣服去送死，这样的军服在德国军人看来，简直是慈善机构送给贫民窟里的酒鬼流浪汉穿的。"德国军官的评论直接指出了 M41 作为军服的主要缺点——服装的象征、识别性不强。

服装的象征、识别功能是指服装的式样、颜色、徽章等对军队的性质、任务、传统及民族风格的表征和对军兵种、军衔等的区别。象征与识别是服装的两项有着深刻联系的重要功能，它有利于增强军人的责任感、使命感、荣誉感，有利于军队的训练和指挥，对促进军队的正规化、现代化建设，具有很重要的军事意义和政治意义。

因此当时从欧洲盟军总司令艾森豪威尔到布雷德利、斯帕茨等人，都希望尽快装备一种服装的象征、识别功能类似英军短战斗服的毛料战斗服，因此并不欢迎大批生产并配发其他新式战斗服。这种类似英军短战斗服的毛料战斗服就是"艾克"夹克。

在 1943 年期间，美国陆军军需局受到了 M43 战斗服的启发，主张研制一款新型战斗服，并在同年的 5 月 5 日致信陆军参谋长马歇尔（George Marshall，1880—1959）制定新的制服标准方案。此事引起了美国欧洲战区陆军司令艾森豪威尔的极大兴趣，因此，由艾森豪威尔亲自设计并指导的新型陆军标准服装计划于当年开始进行。为了给"艾克"夹克留出装备空间，陆军军需局在装备 M43 战斗服问题上能拖则拖，给人一种顽固不化的错觉。尽管陆军部警告老式 M41 战斗服防寒防水效果较差，欧洲战区盼望的"艾克"式战斗服更难胜任作战重任，但从艾森豪威尔到利特尔约翰都坚持己见，只愿意接受 M43 系列中的高领羊毛衫。于是，陆军部只好放缓 M43 战斗服的生产速度，继续低速生产老式 M41 战斗服，并加速研发生产 M44 式"艾克"战斗服，新式 M43 仅小批量生产并配发空降部队。

经过艾森豪威尔将军的多次修改，终于定型了"非常短，非常舒适，非常整洁合体"的 M44 战斗服。新款的战斗服采用新的羊毛材料来取代旧的斜纹哔叽布，增加了服装的内衬厚度，并且缩短了腰身长度。增加了新的收腰设计，调整了胸前衣兜口袋的位置，并且把所有纽扣都隐藏在衣兜之下。在 1944 年 11 月，美军开始全面换装 M44 战斗服，而官兵们则更愿意称其为"艾克"夹克。

专业战斗服的开端 | 美国陆军 M41 战斗服

> 身穿"艾克"夹克的艾森豪威尔和英军将领在一起

到 1944 年 9 月，战局预示美军将迎来寒冷的冬季，M41 战斗服防寒性能严重不足，只能配以笨重的呢大衣加强保暖性。而意大利战场已经证明呢大衣与 M41 战斗服搭配在一起使步兵活动很不方便，完全不适合作战，并且士兵在长途行军中经常丢弃笨重的大衣。新式 M44 战斗服用料考究、裁剪合体，更适合当常服穿，野战实用性还不如 M41 战斗服。9 月下旬，利特尔约翰将军紧急申请为欧洲战区配发 100 万套 M43 战斗服，不久，需求数字上调到 150 万套。然而，被优先保障的作战物资挤占了几乎全部投送线路的运输部队，却无法将 M43 及时送到前线。在那个寒冷的冬季，美国作战部队只能继续瑟瑟发抖地熬下去。以当时的科技能力，确实无法让战斗服同时实现价格低廉、实用良好、象征识别功能甚佳这几项功能。

生机勃勃：海军的 M41 和战后的发展

与 M1 钢盔类似，美国海军同样采购了陆军的 M41 战斗服。在实战中，证明了 M41 完全满足美国海军要求。1944 年，M41 作战服低速生产时，海军为满足自己的作战需求，开始采用更为简单的海军版 M41-N4 夹克。N4 在 M41 基础上取消了肩章带、腰围调节扣和袖口松紧扣。在配色上，N4 使用与 M43 一致的 7 号橄榄绿，内衬也使用颜色更深的暗棕色。而外层面料从斜纹布换成材质更重的棉布。为应对登陆日本本土的作战消耗，海军采购了大量的 N4 战斗服。不过，随着两枚原子弹的投下，日本迅速投降，计划中的大规模登陆作战并未进行，使得这些 N4 战斗服积压了下来。海军的 N4 战斗服库存一直到了 20 世纪 60 年代才消耗完。

M41 战斗服是全世界第一种专业战斗服，在当时具有划时代的意义，开创了此后各国军服中专业战斗服与常服的分野。当时，其他国家还都是常服和作训服不分，常服兼作战斗服。M41 率先开辟了结合民用工作服的特点，而以这个开端，走出了一条重实用性的军服研制路线。M41 的成功之处还在于其先进的预设发展理念，并因此造就了基于 M41 的两款更优秀的 M51 和 M65 战斗服。

1950 年，朝鲜战争爆发，最先入朝的美军仍然是身披 M43 夹克，直到一年后，美军换穿 M51 式作战服。与其说 M51 是新式军服，倒不如说是 M43 的改良版：M51 夹克的外观与 M43 几乎一致，只不过将塑料纽扣完全更换成金属按扣，同时增加了拉链以及可拆卸的内胆。而在美国本土，很多部队则继续装备 M43 夹克，这种情况一直持续到更为大名鼎鼎的 M65 作战服配发为止。

M41 的斜兜设计既可保证取物方便，又能避免物品从口袋中意外滑出丢失，其面料的防风、防雨性也符合日常使用，所以从 20 世纪 50 年代开始被民众接受，成为夹克设计的主要标志之一。

专业战斗服的开端 | 美国陆军 M41 战斗服

> 1950 年的美军士兵

17 打破封建的骑士贵族制度
法国荣誉军团勋章

勋章起源：欧洲封建时代的骑士制度

现代国家的勋章奖章制度起源于欧洲中世纪的骑士制度。在没有建立国家层面常备军的时代，士兵自备武器装备参加战争。与只需要两条腿就可以作战的步兵相比，骑兵能够自备马匹马具，具有更为优厚的经济条件，在战场上也是极为宝贵的作战资源。将骑兵称作"骑士"，由封建主用封建道德和头衔来对其进行约束、嘉奖，是有效统御骑兵的手段。公元8世纪，法兰克国王查理大帝建立起最早的骑士团组织参与作战。封建领主有权册封骑士，获封者还能获得自己的封地——这在封建时代，可以说实现了社会阶级的大翻身。

中世纪的十字军东征期间，西欧封建主为保卫自己在东方所侵占的领地，建立起了庞大骑士团，以巩固统治。这就是历史上著名的三大骑士团：医院骑士团（12世纪初）、圣殿骑士团（约1118年）和条顿骑士团（1198年）。罗马教皇赋予了骑士团各种特权，其中最为重要的一条就是不受十字军国家的僧俗统治者管辖。名义上，骑士团成员都是基督教的修士，必须恪守安贫、守贞和听命三大戒律。但是实际上，骑士们却热衷于掠夺和积

> 中世纪的骑士接受册封　　> 一名服装、盾牌、旗帜上都绘制有领主纹章的骑士

累财富，其生活是极度世俗化的。在十字架的庇护下就可以过上富足的生活，使得骑士团的吸引力越来越大，骑士团的地位也愈发重要。东方的十字军国家衰落崩溃后，效忠教皇的骑士团回到欧洲，条顿骑士团甚至征服了普鲁士，并建立起普鲁士公国，最后一统德意志，左右了欧洲的军事政治生活。

骑士在盔甲正面或盾牌上画上自家封建领主或骑士团组织纹章的图样，以此来展示己方军威，同时区分敌我，此后演变为勋章。欧洲封新中国家每设置一枚勋章，实际上就是设立了一个骑士团。授予勋章，实际上是进行的是一次贵族册封。十字军东征时代骑士团中产生的严密组织结构，也演变成了如今的勋章级别。一般来说，骑士团的最高领袖即诸骑士效忠的对象——封建领主。例如三大骑士团的最高领袖即罗马教皇。君主制国家君主设立的骑士团，自然以君主本人为骑士的效忠对象。骑士团最高领袖也被称为"团长"、"大团长"或"总团长"等，下设分团长或支团长等指挥官，再往下是高于普通成员的军官，最低级即为骑士团的普通成员——骑士。勋章获得者，作为骑士团成员，自然也有着不同的身份，其获得的勋章自然也区分为不同级别。一般来说，欧洲封建色彩浓重的各国勋章，自下而上多分为骑士级、军官级、指挥官级、大军官级等级别，而最高级一般被称为"大十字级"。不同的勋章级别设置或有不同，但基本与此相似。

骑士成员受到的一整套封建道德的约束，也被人称为所谓"骑士精神"。作为效忠于封建领主的军人，其道德的核心是忠诚。然而，随着欧洲封建领主逐渐将骑士团宗教化、神圣化，"文明""彬彬有礼"等的元素被引入骑士精神之中，这也带来了更多的荣誉特性。当骑士团转化为近现代勋章后，勋章拥有了奖励意味。而带有浓厚封建传统的欧洲勋章，也有着强烈的封建等级制度的色彩。获得勋章者数量有限，且均为贵族，而且贵族地位、封爵越高，获得的勋章级别也越高。法国波旁王朝时期设立的圣弥额尔勋章、圣灵勋章、圣路易勋章等均为如此，获得勋章对于贵族来说，是对其冗长封建头衔的一次"锦上添花"。

与勋章紧密伴随在一起的骑士团尽管随着历史的发展日渐没落，但仍然有一些保持着封建礼数的骑士团一直留存下来，一枚枚封建传统勋章也展示着封建骑士的昔日身影。封建制度日渐没落，但封建骑士道却仍然有着一定的市场。17世纪的西班牙小说《堂吉诃德》就是对骑士文化进行无情鞭笞的典型代表。封建骑士制度受到撼动，还是要等到18世纪的法国大革命时期。

> 《堂吉诃德》插图

> 反映法国第一等、第二等人压迫第三等人的漫画

革命而立：法国大革命中诞生的荣誉军团

18世纪，法国经济日益恶化，地主因欠收加租进一步削弱农民的收入，罗马天主教廷对谷物征收什一税，对穷人而言是一座大山。法国由于连年战争导致国库空虚，带来巨大的社会负担。而以国王、王后为首的贵族阶级依然维持着奢华的生活，大大加重了平民百姓的经济负担。

17世纪至18世纪的启蒙运动将革命思想传播到了法国各界，为法国革命奠定了思想基础，人人平等的思想开始日益深入人心。在封建制度下，法国人被分为三个等级：第一等为天主教高级教士，第二等为贵族，第三等为平民。随着资本主义的发展，平民阶层的资产阶级要求得到更多的政治权利，因此与贵族阶层矛盾日益加深。1789年5月，国王路易十六召开国家议会，要求对第三等级加税，以解决财政危机。第三等级代表经过努力，拉到了第二等

> 巴黎起义者攻占巴士底狱

威武外挂：古今军队的服饰标识

> 拿破仑设立荣誉军团的命令

级代表的部分选票，以微弱优势驳回了增税法案。结果路易十六出尔反尔，强行加税。第三等级代表于是宣布成立国民议会，路易十六派兵镇压，巴黎人民即举行了武装起义。7月14日，起义群众攻克了象征专制统治的巴士底狱，释放7名犯人，法国大革命取得初步胜利。这一天后来成为法国国庆日。

大革命席卷法国全国，各个城市纷纷效仿巴黎，人民起义武装夺取市政管理权。在农村，到处都有农民攻打领主庄园，烧毁地契。不久，由人民组织起来的制宪会议掌握了大权。1792年，法兰西第一共和国建立。共和国建立后，历经吉伦特派掌权和雅各宾派专政，又经热月党人和督政府统治。1799年，拿破仑·波拿巴发动雾月政变，任第一执政，开启了执政府统治。

1790年6月，制宪议会就废除了波旁王朝的亲王、世袭贵族、封爵等头衔，圣弥额尔勋章、圣灵勋章、圣路易勋章也被废除。此后一段时间，法兰西第一共和国的主要奖励方式就是金钱或革命荣誉武器。然而，事实表明，这种奖励方式效果不佳。金钱物质奖励缺少精神激励，而革命荣誉武器不便于长期携带，也不便于面向非军人群体颁发。拿破仑出任第一执政后，开始策划建立新的荣誉体系。

1802年5月4日，第一执政拿破仑决定效仿骑士团的组织形式，建立一个法兰西共和国的荣誉组织。这个组织形似骑士团，但架构却效仿罗马帝国的罗马军团。这就是荣誉军团。虽然形式上与骑士团一脉相承，但是其设立初衷和思想却是崭新的。拿破仑认为，只要忠于自由和平等的信条，并在军事或其他方面为法国建立了卓越功勋，不论其种族和民族，不论男女，不论是否军人也不论宗教信仰，都可以成为荣誉军团的成员。共和历十年花月29日（1802年5月19日），荣誉军团正式成立，拿破仑亲自担任最高领袖。拿破仑将荣誉军团成员分为四个级别，即大军官级、指挥官级、军官级和军团士兵级。

共和历十二年葡月 1 日（1803 年 9 月 24 日），拿破仑主持了第一次"荣誉军团成员"称号授予仪式。在拿破仑战争时期，荣誉军团的成员主要是为国建立功勋的军人，比例高达 95%；剩余 5% 为服务于国家的精英人士。在破除封建贵族体系的思想下，荣誉军团成员的社会阶层分布较为广泛，传统的官员高位者有之，非传统的平民百姓亦有之。他们中既有议员、学会成员和官员，也有工业家、商人、学者、艺术家、作家和矿工。知名外籍人士也被授予"荣誉军团成员"的称号，例如伟大的德国作家歌德。

几经沉浮：荣誉军团勋章的设立和变迁

荣誉军团创立之初，并没有设立专门的标志——勋章，但是设立勋章一事一直在进行之中。荣誉军团成立后，被授予"大军官级"称号的马修·杜马将军（Mathieu Dumas，1753—1837）于 1802 年向拿破仑呈送了一份荣誉军团勋章的设计方案。这个设计方案以太阳、花环和橄榄树等元素象征大革命的意义。太阳代表黑暗君主时代之后的光明，橡树叶和月桂花组成的花环象征军人和平民的团结，橄榄树象征着和平。这个方案被拿破仑否决了。1803 年，杜马又组织设计人员拿出了第二版设计方案，这一方案主体为一颗五角星，正中加上了拿破仑的头像。此时，拿破仑的个人地位正在急剧上升，法国也逐渐由共和国向帝国演变，但这个具有浓厚个人崇拜意味的方案还是被否决了。

1803 年 12 月，拿破仑博物馆（今卢浮宫博物馆）馆长多明尼克-维万·德农（Dominique-Vivant Denon，1747—1825）设计了一款能够体现统治者荣耀的勋章。这一方案中，勋章正面为一颗五角星，旁边是守护女神帕拉斯和战神玛尔斯；勋章背面是第一执政

> 法兰西第一帝国时期的军团士兵级荣誉军团勋章

拿破仑的头像。在此之前，还没有哪个国家将政府首脑的肖像刻在勋章、钱币、纪念章之上。将自己的形象放到荣誉军团勋章上，让拿破仑颇为神往，但他一直举棋不定。直到1804年，拿破仑称帝，建立法兰西第一帝国后，他立即决定将自己的头像铭刻在荣誉军团勋章上。最初的荣誉军团勋章主体为末端带分叉的"马耳他五星"图案，上面施以白色珐琅。星形外围环绕着橡叶花环，上面施加半透明的绿色珐琅。在勋章中部一个深蓝色的珐琅环形中装饰着头戴罗马皇帝式桂冠的拿破仑头像，沿着珐琅环呈圆形排列着铭文"法兰西帝国皇帝拿破仑"字样。勋章背面正中图案为象征欧洲帝国正统的罗马帝国雄鹰，雄鹰外围的铭文为"荣誉与祖国"。这种马耳他十字的形状参考了法国封建时代的勋章图案。共和历十二年获月22日（1804年7月11日），拿破仑正

> 1804年7月15日，荣誉军团勋章首次授勋仪式

> 1804年8月16日，荣誉军团勋章第二次授勋仪式

式签署命令颁布勋章图案，荣誉军团勋章正式设立。

1804年7月15日，皇帝拿破仑在荣军院教堂举行了荣誉军团勋章的第一次授勋仪式。在这次授勋仪式上，所有受勋者按姓名的首字母为序，依次登台接受勋章。不按官位、不按职务，这象征着大革命以来深入人心的平等思想。每名接受勋章的伤残老兵都得到了皇帝本人的亲自问候。不同级别的荣誉军团勋章都采用襟绶方式佩戴，唯一的区别在于军团士兵级的勋章为银色，其余的级别为金色。第二次授勋仪式于8月16日在布洛涅军营举行，这是一次专为军队举行的授勋仪式。

> 佩戴项链章的拿破仑一世

1804年12月2日，在拿破仑皇帝的加冕典礼上，皇帝本人佩戴了一条项链版的荣誉军团勋章，这种项链式样的荣誉军团勋章后来就成为荣誉军团最高领袖的佩章，不同时期依据不同的式样制造，一直沿用至今。

1805年1月30日，法国为荣誉军团勋章增设了最高一级的勋章——大雄鹰级。欧洲传统勋章的最高级是大十字级，具有浓厚的宗教意味。拿破仑将勋章的最高级设为大雄鹰级，是为了彰显帝国高于一切。大雄鹰级荣誉军团勋章采用大绶

> 波旁王朝复辟时期的骑士级荣誉军团勋章正反面

佩戴，一条红色的宽绶带右肩左胁佩戴并挂有一枚挂章，左胸同时佩戴一枚星章。法兰西第一帝国时期的荣誉军团勋章的几个级别自此固定下来，但外观还进行过多次修改，先是在勋章上方加上了象征帝国的皇冠，然后又在马耳他五星的角上增加了圆球装饰。

荣誉军团勋章在法兰西第一帝国时期发挥了重要作用，其荣誉地位和象征深入人心。拿破仑倒台后，复辟的波旁王朝尽管恢复了旧时的封建骑士团勋章，但为了笼络人心，顺应革命后的社会思想，依然将荣誉军团勋章保留了下来，并将拿破仑的头像换成了波旁王朝开国之君亨利四世（Henri IV，

1553—1610），雄鹰图案也换成了象征法国王室的鸢尾花。国家恢复了旧政体，那么荣誉军团也就变成了效忠王家的团体，勋章的级别也按照传统名称进行了修改，大雄鹰级改为"大十字级"，军团士兵级改为"骑士级"。勋章的佩戴方式也进行了复杂化：大十字级仍为大绶，大军官级佩戴一枚星章和一枚带勋结的襟绶章，指挥官级佩戴一枚颈绶章，军官级佩戴一枚带勋结的襟绶章，骑士级佩戴一枚无勋结的襟绶章。

> 第二共和国时期骑士级荣誉军团勋章的背面

1830年巴黎发生"七月革命"，复辟的波旁王朝被推翻，路易·菲利普（Louis Philippe，1773—1850）被推举为法国国王，史称"七月王朝"。七月王朝时期，法国政府再次废除了波旁王朝时期的骑士团勋章，仅仅保留了荣誉军团勋章，并将勋章背面的图案改为两面交错的法国国旗。在七月王朝期间，荣誉军团勋章被大量授予平民出身的国民卫队军人和社会普通阶层，例如技师、新闻记者、演员、商人和手工业者等，荣誉军团勋章的平民意味愈发明显。

1848年法国爆发二月革命，七月王朝倒台，法兰西第二共和国建立。第二共和国一度想要像废除波旁王朝骑士团勋章一样，将荣誉军团勋章废除。但这一想法最终未占上风——荣誉军团是诞生于第一共和国时期的荣誉组织，其理念也是基于共和体制设立的，于是得以保存。为了与波旁王朝、七月王朝决裂，荣誉军团勋章正面的亨利四世头像又被换成了拿破仑头像。1851年，法国总统路易·波拿巴称帝建立第二帝国，荣誉军团勋章背面的法国国旗又被换成了象征拿破仑帝制的帝国之鹰，荣誉军团勋章又恢复到了第一帝国时期的式样。

历久弥新：严格授予当代法国精英

路易·拿破仑，也就是拿破仑三世，在皇帝宝座上安坐了将近19年，直

> 《自由引导人民》

到普法战争中，法军一败涂地，拿破仑三世也在色当被俘投降，第三帝国宣告结束。9月4日巴黎发生革命，宣告成立共和国，这就是历史上的法兰西第三共和国。共和国成立后，又决定再度修改荣誉军团勋章的外观，要与王朝、帝国进行彻底的决裂，并将共和国的政体体现于其上。勋章的背面继续使用两面交叉的法国国旗，正面的形象则选用了第二共和国以来逐渐深入人心的共和政体拟人化象征——玛丽安娜（Marianne）。

在古典时代，欧洲常用女神等富有寓意的人格化形象来代表某种思想。法国大革命期间，象征自由、理性、革命的人格化形象纷纷涌现，逐渐形成为一个女性人物的形象：她既可站立也可为坐姿，身旁也常会有雄鸡或三色帽章等象征法兰西民族的元素，并一度出现在法兰西第一共和国的官印之上。七月革命期间，画家欧仁·德拉克洛瓦（Eugène Delacroix，1798—1863）创

> 一枚第三共和国以后的军官级荣誉军团勋章

> 安德烈·雪铁龙

作的油画《自由引导人民》中出现了一个象征共和制度的女性形象。第二共和国成立后，这个女性——玛丽安娜——正式成为共和政体的象征。第二帝国时期，玛丽安娜的形象一度转入地下，第三共和国建立后，玛丽安娜的形象再度重见天日，并取代拿破仑，成为荣誉军团勋章的正面图案。自此，荣誉军团勋章的图案再也没有发生过巨大的改变，直到今日。

第三共和国时期，法国政府为荣誉军团建立了特殊的名额制度。新制度对荣誉军团勋章的授予更加严格。能被授予荣誉军团成员称号的优秀法国公民或外籍人士包括公认的博学人士、探索未知地区的探险家、科学上有重大发现的人士、在殖民地领导军事行动的军人等。荣誉军团成员的数量也从第三共和国建立时的 7.5 万人，逐步下降到第一次世界大战爆发时的 5 万人。在 19 世纪下半叶，由于长期的殖民地军事冲突，荣誉军团勋章获得者里，军人占了绝大多数比例。其余平民成员则覆盖各行各业，例如法国著名飞机设计师克莱芒·阿德尔（Clément Ader，1841—1925），法国汽车工业翘楚安德烈·雪铁龙（André Citroën，1878—1935），细菌生物学的奠基人巴斯德（Louis Pasteur，1822—1895）等。两次世界大战期间，荣誉军团勋章大量颁发给英勇战斗的军人，数量剧增。1923 年时，荣誉军团成员数量飙升至 10 万，1938 年又增至 20 万，第二次世界大战、越南抗法战争和阿尔及利亚独立战争后，荣誉军团成员人数于 1959

打破封建的骑士贵族制度 | 法国荣誉军团勋章

> 一名 91 岁高龄的英军老兵，佩戴着骑士级荣誉军团勋章

> 法国陆军参谋长为美国海军陆战队司令颁发指挥官级荣誉军团勋章

年达到 30 万。

　　法兰西第五共和国建立后，戴高乐总统设立了低于荣誉军团勋章的国家功勋勋章，以避免荣誉军团成员人数的急剧增加。20 世纪 60 年代，荣誉军团成员人数被限制到了 10 万人。所有的法国公民及外籍侨民都能在为国家做出重要的贡献之后，得到加入荣誉军团的提名。对提名者的审核极为严格，荣誉军团理事会依据荣誉军团法的规定，衡量提名者所做出的杰出贡献，确保其毫无争议，方可批准并提交荣誉军团领袖——法国总统签署任命。

　　除了一些极少的英勇事迹外，荣誉军团勋章等级的晋升也有着严格的规定。例如，有 20 年为公众优异服务或从事专业领域的人才方可获得荣誉军团成员的提名，获得骑士级勋章满 8 年才能晋升为军官级勋章，军官级勋章晋升为指挥官级勋章需要满 5 年，指挥官级勋章晋升为大军官级、大军官级晋

> 一名佩戴骑士级荣誉军团勋章的法军上校

升大十字级都需要3年。荣誉军团成员的任命得到总统签署后，会通过政府公报发布，每年元旦、复活节和国庆节为平民举行晋升、授予仪式，每年7月初为现役军人举行仪式，5月为预备役军人举行仪式，2月为外籍人士举行仪式。

根据荣誉军团法规定，议会议员在担任议员期间不允许被吸收到荣誉军团中，曾经在未担任议员时获得荣誉军团勋章的人员，也不得在议员任职期间得到晋升。内阁成员也受到同样的限制。这种制度是避免荣誉滥发、成为官员的装饰门面、沦为封建时代贵族特权的一种特别设计。到如今，荣誉军团成员中，平民占60%，军人占40%。

根据法兰西第五共和国时期设立的荣誉军团法，荣誉军团勋章获得者——荣誉军团成员，并没有任何特权和豁免权，这与欧洲一些古老的封建勋章不同。但按法国军队相关条例规定，军人遇到穿军服并佩戴任何级别荣誉军团勋章的军人时，必须向其敬礼（佩戴略章不必执行）。荣誉军团勋章不仅是荣誉，更是国家对公民贡献的肯定。拿破仑设立的这种以更民主、更普遍的荣誉等级组织，取代了贵族等级制度，激励了法国人为国家做出巨大贡献。这种思想开创了现代自由平等观念的先河，影响了世界各国勋章的颁发设立原则。而传统的形式，又让古老和现代共存，使其得以发展至今。两个世纪以来，荣誉军团勋章成为法国的最高荣誉，荣誉军团成员也都是为法国立下过功劳的各界精英。荣誉不再是贵族和骑士的专利，只要有功，即可获得荣誉。佩戴着荣誉军团勋章的法国人直接向外界展示着功勋赫赫、无比光荣的国家形象。

勇冠三军
英国维多利亚十字勋章

作为功勋荣誉制度的发源地之一，英国有着久远的骑士勋章传统。直到今日，英国依然设置有非常完备的骑士勋章体系，并且影响了许多国家。这种封建色彩浓厚的勋章体系具有很大的局限性——即获勋者大多为高官或贵族，离普罗大众甚远。在军中，这些华丽的高贵勋章也大多是高级将领和军官们的专属，初级军官和普通士兵很难有机会获得一枚勋章。19世纪以来，随着军事制度的发展，这种重高不重低、奖贵不奖贫的弊端愈发明显，最终诞生了英国的最高军事勋章——维多利亚十字勋章。

为下级军人发声：维多利亚十字勋章的设立

维多利亚十字勋章诞生于19世纪中叶，是伴随着残酷的克里米亚战争的硝烟出现的。克里米亚战争是近代以来第一次被新闻记者大规模实时报道的全面战争，英国和法国的大批随军记者深入一线，报道了普通官兵的诸多英勇事迹。例如，守卫巴拉克拉瓦的英国陆军高地步兵第93团坚守不退的战绩，就被《泰晤士报》的战地记者威廉·罗素以"细细的红线"为名进行了宣传，为英国陆军的红军装留下了不朽美名。然而，诸多基层官兵虽然浴血奋战，却与以国家、君主名义颁发的勋章无缘。

19世纪中叶，授予英军官兵最高级的勋章，就是巴斯勋章的军事版了。巴斯勋章也是一种骑士团勋章，分为军事和民事版本，获勋者即"巴斯骑士团"的骑士。"巴斯"是"Bath"一词的音译，该词实际上是"沐浴"的意思，指骑士册封过程中的洗礼仪式，具有浓厚的宗教意味。巴斯勋章分为三个级别，都只授予将官，授予何种级别的巴斯勋章，依据获勋人的军衔而定。元帅和上将可获得最高级的大十字级，中将获得次高的指挥官级，少将获得最低的成员级。

> 巴斯勋章的星章

战时，巴斯勋章的授予范围扩大到了校官，但也是需要先将校官提升为将官级别的荣誉军衔后，方可授予。直接在一线浴血奋战的尉官和普通士兵只能期待获得一下战役奖章。战役奖章尽管授予时不分职务高低，但名为奖章，实为纪念章，凡是参战了就可获得，军人到底在战时有何英勇表现，均不得而知。

为了改变这种不合理的情况，1854年，英国设立了表彰准尉、军士和士兵的杰出行为奖章（Distinguished Conduct Medal），但仍然是按照军衔等级对军人进行区别对待。而克里米亚战争期间的法国，作为英国的盟友，却已经设立了不分出身、职务、军衔级别高低，只依照功绩进行表彰奖励的荣誉军团勋章。法国大革命过去半个世纪后，欧洲的诸多国家也都设立了一些不分级别出身颁发的奖励项目，只有英国还固守着封建传统，略显过时。

1854年12月，退役海军上校、自由党议员乔治·斯科贝尔（George Treweeke Scobell，1785—1869）向下议院提交了为所有军衔级别军人设立统一勋章以表彰英勇行为的议案。同时，英国陆军大臣、纽卡斯尔公爵亨利·佩勒姆-克林顿（Henry Pelham-Clinton，1811—1864）在给女王丈夫艾伯特亲王的信中建议："创立一种可以表彰所有军人的荣誉……许多战争中的英雄行为得不到相应的表彰，只是因为它们的创造者是士兵或少校军衔以下的下级军官，这不是公平的做法。"同年1月29日，身为贵族和上议院议员的亨利·佩勒姆－克林顿向上议院递交了这份议案。1月30日，亨利·佩勒姆－克林顿辞去陆军大臣职务，由帕缪尔男爵福克斯·莫尔－拉姆齐（Fox Maule-Ramsay，1801—1874）接任。经过新任陆军大臣和王夫艾伯特亲王的建议，经维多利亚女王批准，一枚不论出身、军衔高低均可获得的新勋章正式设立，并以女王的名字命名为"维多利亚十字勋章"（Victoria Cross，缩写"V.C."）。

从对敌缴获中取材：维多利亚十字勋章的制造

维多利亚女王对这枚以自己名字命名的勋章表现出了极大的兴趣，并亲自审定了勋章设计图样。1810年，英国为伊比利亚半岛战争设立了纪念奖章——陆军金质十字奖章，该章采用了马耳他十字的外形和雄狮的核心图案。维多利亚女王喜爱这个造型，于是选定了类似的图案作为维多利亚十字勋章的外形。

维多利亚十字勋章外形为马耳他十字，上挂为深红色绶带。正面图案中央为英国国王的王冠，上方雄踞一头体态健硕的狮子，王冠下方是一条半圆形展开的飘带，上面带有箴言。这句箴言铭文在最初的方案里是"以彰勇敢"（For Bravery），维多利亚女王亲自将其改为了"以彰勇毅"（For Valour）。

> 维多利亚时代的杰出行为奖章

> 缀有战役金属条配饰的一枚克里米亚战争奖章

一字之差，彰显了严格的授勋标准。勋章背面是取得该项战功的时间及获奖人姓名、军衔及所属部队。

制作勋章的订单被委托给了英国著名的珠宝商汉考克公司。汉考克公司先使用纯铜材质制造了一批勋章样品，交与女王审查。女王看后，认为整个勋章使用纯铜制造，颜色过于偏红，整体效果不佳。于是，汉考克公司改用青铜材质制造勋章。为了彰显军人立下的赫赫战功，有人想到了可以用克里米亚战争中缴获的俄军青铜质火炮来制造这枚最高军功勋章。珠宝商将俄军火炮的炮尾卸下，将适量的青铜熔化并铸造成勋章。用敌军的武器制造成勋章，颁发给立下战功的军人，并将军人的立功情况刻在勋章背面，勒石记功意味明显，让这枚勋章的意义更为深远。

1914年，两门俄国火炮的炮尾被消耗殆尽。英国人又从军械库里找到了两门旧时对外作战中缴获的火炮，卸下炮尾，继续生产维多利亚十字勋章。由于之前的俄国火炮已经不知道运到哪里去了，于是英国人就把这两门火炮的炮身以"维多利亚十字勋章炮"的名义保存了起来，放到博物馆展出以示纪念。但是更换火炮一事，却没有大规模报道过，以至于世人一直以为展出的"维多利亚十字勋章炮"就是克里米亚战争中缴获自俄军的战利品。直到20世纪末，几位历史学家在考察"维多利亚十字勋章炮"的时候发现，炮身上刻有的模糊文字并非俄语的西里尔字母。尽管历经岁月腐蚀，已经难以辨

> 1810年设立的陆军金质十字奖章　　　> 维多利亚十字勋章

认到底是什么字，但是可以确定这些铭文是中文。历史学家对实际颁发的部分维多利亚十字勋章进行了 X 射线衍射检查，发现以 1914 年 12 月为界，在此之前颁发的勋章，其材质与展出的"维多利亚十字勋章炮"不同，而在此之后颁发的勋章则和展出火炮的材质如出一辙。这足以证明原有的旧炮青铜块已经告罄。至于新的这两门炮的详细来源，则不为所知。不过有一点可以确定，这两门炮肯定是对外战争中的战利品，很有可能是鸦片战争期间在中国缴获的，随后一直保存在皇家军械库里。

如今，这两门炮的炮身保存在汉普郡纳尔逊堡王家军械库博物馆的炮兵大厅里，而取下的炮尾也只剩一个了，残余部分还有 358 盎司（约 10 公斤），储存在什罗普郡国防部唐宁顿基地一个保鲜库里，由陆军王家后勤第 15 团进行守卫。据估计，这块青铜大概还可以生产 80 至 85 枚维多利亚十字勋章。

维多利亚十字勋章最早分为陆军版和海军版，以上挂绶带的颜色进行区分。陆军版为深红色，海军版为深蓝色。第一次世界大战期间，英国空军正式成立，随后，维多利亚十字勋章的上挂被统一为深红色，不再区分军种。

以英勇坚毅来褒奖：维多利亚十字勋章的授予

首枚维多利亚十字勋章是在 1856 年 1 月 29 日颁发的，获表彰者均为克里米亚战争中表现勇敢的英军官兵。经过推荐，共有 111 名官兵首批获得了维多利亚十字勋章，其中陆军 88 人，海军 21 人，海军陆战队 2 人。无一将

> 保存在博物馆里的"维多利亚十字勋章炮"

> 剩余的"维多利亚十字勋章炮"炮尾青铜块

官获得维多利亚十字勋章，获勋者中，军衔最高的是一位海军上校。111名官兵中，校官8人，尉官和海军实习学员30人，军士38人，士兵35人。1857年6月26日，维多利亚女王在阅兵式上接见了111名官兵中的62名，并亲自向他们颁发了维多利亚十字勋章。

维多利亚十字勋章最初只能颁发给在世军人，不得追授，而且不能授予殖民地部队的非欧洲裔军人。1858年，新条例规定，维多利亚十字勋章亦可颁给对敌直接作战以外的勇敢行为，但此种情形很少。

> 海军版的维多利亚十字勋章

1881年，颁发规定又恢复到1858年之前的情况，专门颁发给大敌当前骁勇善战的斗士。1902年英王爱德华七世颁布命令，允许维多利亚十字勋章进行追授，而且可以颁发给本土部队和殖民地部队在内的全体官兵。

作为一枚因作战英勇而颁发的最高军事勋章，维多利亚十字勋章总是伴随着英军的战争行动而出现。自克里米亚战争中的111名获勋者之后，历次对外战争中，均有军人获得维多利亚十字勋章。颁发数量较多的几次战争分别是：镇压印度民族起义，182枚；第二次布尔战争，78枚；第一次世界大战，627枚；第二次世界大战，181枚。

维多利亚十字勋章最近一次颁发是在2015年，获勋人是一名英国陆军伞兵准士乔舒亚·利基（Joshua Leakey，1988—）。2013年8月22日，一支由美国海军陆战队、英国伞兵和阿富汗国民军组成的联合巡逻队乘坐若干架CH-47直升机在阿富汗赫尔曼德省的一个村庄进行巡逻，当直升机降落、巡逻队离机准备对村庄进行检查时，突然遭到了塔利班武装的袭击。其中一架直升机并没有进村，而是降落在了旁边的一个小山头上以提供火力支援。这架直升机上有利基、另外3名英国伞兵和一名阿富汗士兵，他发现巡逻队主力遭袭后，立即主动观察敌情，判断局势，并组织指挥了救援行动。他指挥自己的战友利用机枪提供火力支援，自己跑过开阔的空地前往被压制的巡逻

> 维多利亚十字勋章是英国最高军事勋章，因此在佩戴时也必须放在各种勋章奖章的前方。图为一套带有维多利亚十字勋章的联排章

队主力，对一名受伤的美国海军陆战队上尉进行了急救，并把他背了下来。随后，他又冒着炮火，搬运来另外 2 挺机枪，组织了防御火力，顶住了塔利班的攻击长达 45 分钟，直到援兵抵达。2015 年 8 月 22 日，利基因为自己的英勇行动获得了最新一枚维多利亚十字勋章，这也是第 1358 枚维多利亚十字勋章。

　　第二次荣获维多利亚十字勋章的人可以在原来的勋章缓带上佩戴一枚金属勋牌作为标识。历史上仅有 3 人获得过第二枚维多利亚十字勋章。维多利亚十字勋章旨在表彰对敌作战时表现出不凡勇气的人，因此到了 20 世纪，活着得到这枚勋章的人只有十分之一，大部分勋章都是以追授的形式颁发的。由于符合颁发条件的人极少，为了表彰那些曾经表现出不凡勇气，但还够不上颁发维多利亚十字勋章的人，英国又专门设立了乔治十字勋章。因为稀少，黑市上的维多利亚十字勋章价格也高得惊人。2004 年，一枚 1944 年颁发的维多利亚十字勋章进行了公开拍卖，最终成交价达到了 235250 英镑——这还是公开进行的，私下进行的就更是天价了。

设同名勋章以传承：英联邦国家的维多利亚十字勋章

第二次世界大战结束后，有多个英联邦国家相继建立了各自的授勋及嘉奖制度，以取代原本沿用的英国授勋及嘉奖制度。澳大利亚、加拿大和新西兰都建立了各自针对英勇行为的奖章，不过，大部分英联邦国家仍然将维多利亚十字勋章作为对英勇行为的最高奖励。

澳大利亚于1991年1月15日设立了自己的维多利亚十字勋章，是所有英联邦成员国中最早迈出这一步的。虽然这是一个独立的奖章，但其外观与英国的奖章完全相同。其后是加拿大，1993年，伊丽莎白二世女王（也是加拿大国家元首）签署命令，设立了加拿大维多利亚十字勋章，该勋章与英国的版本类似，只不过上面的铭文由英语的"For Valour"改为了拉丁语的"Pro Valore"。1999年，英国女王批准新西兰设立新西兰维多利亚十字勋章。截至当前，澳大利亚维多利亚十字勋章颁发了5枚，新西兰维多利亚十字勋章颁发了1次，而加拿大维多利亚十字勋章还没有进行过颁发。

> 2015年8月22日，英国女王伊丽莎白二世向乔舒亚·利基授予维多利亚十字勋章

> 2015年获勋的乔舒亚·利基展示自己得到的维多利亚十字勋章

> 加拿大维多利亚十字勋章

德意志的军事图腾
黑鹰和铁十字

普鲁士这个由军事组织演变而来的国家,在几百年里曾经威震整个欧洲大陆。在其主导下获得统一的德国也凭借其军队的出色表现,在世界军事史上占据了一席之地。在德意志民族几百年的军事发展史上,逐渐演变出了两个历经政权变迁而屹立不倒的图腾——黑鹰和铁十字。这两个图腾都源自普鲁士,并衍生出了两款经典的勋章。任凭沧海桑田,黑鹰和铁十字作为德意志的图腾一直被使用到今天。

黑鹰诞生:罗马帝国的正统象征

在欧洲历史上,选用动物作为本国形象,镌刻于本国的纹章图案上的做法十分常见。例如英格兰的雄狮,苏格兰的独角兽,法国的雄鸡等等。然而,最为人熟知的,则是一种翱翔于蓝天之上的动物——鹰。

鹰被作为国家的象征,起源于古罗马。罗马共和国(正式政权国号为"元老院和罗马人民",拉丁文缩写为SPQR)征服了欧洲的广大地区,将地中海变为了自己的内湖,成为一个环地中海的多民族、多宗教、多语言、多文化大国。公元前102年,元老院宣布鹰徽成为罗马

> 罗马帝国的鹰徽标志　　　　　　> 14 世纪神圣罗马帝国的黑鹰旗

共和国的正式标志。罗马人希望这只雄鹰能够指引他们在战场上取得一个又一个的胜利。罗马军团的军旗也就被固定为鹰旗。罗马共和国演变成罗马帝国后，这只雄鹰一直翱翔在欧洲大陆上空。

罗马帝国不仅幅员辽阔，更是在文化上深刻影响了欧洲。公元 476 年，西罗马帝国灭亡，东罗马帝国远离了欧洲中心。欧洲也从唯一的大统一时代进入了列国纷争，罗马鹰徽一度消失。列国并立，各国王室却都没有加冕为皇帝——受罗马天主教的影响，只有罗马教皇承认并加冕的君主，才可以获得皇帝（全称为罗马人的皇帝）称号，才可以被视为是强大罗马帝国的继承人。东罗马帝国后来皈依了东正教，不被罗马教廷视为正统了。

在欧洲历史上，不少国家都尝试过统一欧洲，部分实力雄厚的君主获得了教皇的加冕，成为了欧洲历史上少有的皇帝。第一个称帝的，就是于公元 800 年被罗马教皇加冕为"罗马人的皇帝"的法兰克王国国王查理，即为查理大帝。查理作为罗马帝位的继承人，重新启用了罗马鹰徽。但查理曼帝国昙花一现，查理去世后，法兰克王国陷入分裂。962 年，东法兰克王国国王奥托一世（Otto I，912-973）被罗马教皇加冕为皇帝，其政权即"神圣罗马帝国"。神圣罗马帝国长期以来都自认为自己是罗马帝国的合法继承者，并且还得到了罗马教廷的承认，甚至到了后来，东罗马帝国也承认了这一地位。当然，作为罗马帝国正统的象征，黑鹰再度出现在了神圣罗马帝国的国徽之上。

1226 年，神圣罗马帝国皇帝授予条顿骑士团讨伐古普鲁士人的权利，并允许条顿骑士团使用黑鹰图案作为纹章。此后 200 年内，条顿骑士团征服了普鲁士，建立了普鲁士公国和普鲁士王国，黑鹰也就正式成为了普鲁士的象征。

1701 年 1 月 18 日，普鲁士公国国君腓特烈登基称为普鲁士国王，即普王腓特烈一世，普鲁士公国升格为王国。就在他登基称王的前一天，腓特烈下令设立第一枚属于普鲁士王国的勋章——黑鹰勋章。

黑鹰勋章是一枚骑士团勋章，黑鹰骑士团成员即黑鹰勋章获得者，拥有获得黑鹰勋章资格的人仅限于统治阶层的普鲁士霍亨索伦王室和其它国家王室成员和贵族。1847 年，普鲁士修改法令，黑鹰勋章的获得者扩展到了贵族以外人员。黑鹰勋章分为绶章和星章两部分。绶章用于绶带挂佩或项链挂佩，

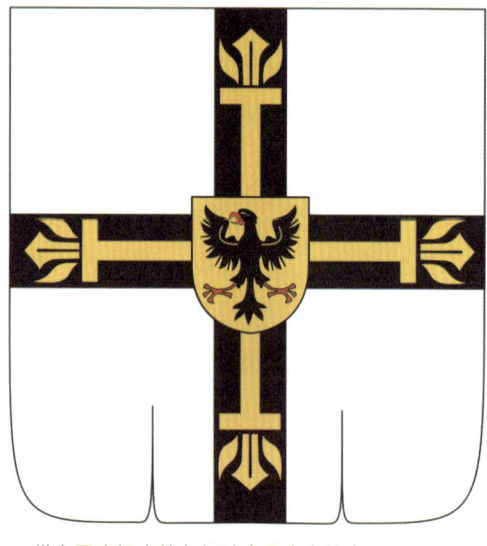

> 首任普鲁士国王腓特烈一世，佩戴着黑鹰勋章

> 带有黑鹰标志的条顿骑士团十字纹章

> 15 世纪以后神圣罗马帝国的双头黑鹰旗

> 15 世纪神圣罗马帝国的黑鹰旗

外观为一枚金质覆盖着蓝色珐琅的马耳他十字，十字臂之间雄立着4只黑鹰，勋章正中心刻有两个花体字母"FR"，代表腓特烈一世。星章用于佩戴在胸前，为一枚银质八角星状勋章，正中心为一只坐落在橙色珐琅上的黑鹰。黑鹰勋章不分级，从1701年至1918年，一共颁发了1345枚。由于黑鹰勋章强烈的王室属性，所有霍亨索伦家族的男性成员在10岁时都会得到大绶带式的黑鹰勋章，18岁时授予项链式的黑鹰勋章。

1871年，德意志帝国终于在普鲁士的主导下成立，普鲁士国王威廉一世登基为德意志帝国皇帝。这在德意志民族的历史上，是继神圣罗马帝国之后的第二个，故被称为第二帝国。黑鹰勋章作为普鲁士最高荣誉，在德意志帝国时期继续颁发。德意志帝国的国徽中，主体就是黄底盾形图案上的黑鹰，这只黑鹰还挂着黑鹰勋章的项链章。除了贵族专属外，黑鹰勋章也被广泛应用于军中，许多获得过黑鹰勋章的部队将勋章图样加在了军旗之上，很多普鲁士部队的帽徽里也大量采用了黑鹰勋章星章的图案。

1918年，德意志帝国伴随着基尔港水兵的起义陷入分崩离析之中。德皇威廉二世宣布退位，德意志第二帝国和普鲁士王国成为历史，德国进入共和国时代。帝国时期的各种勋章遭到废除，黑鹰勋章也走入历史。不过，黑鹰这一标志却被魏玛共和国保留了下来作为国徽。魏玛共和国的国徽在保留黑鹰之时，移除了象征君主的王冠、项链和普鲁士的盾徽，仅为一个单头头朝右展开翅膀的黑鹰。

> 黑鹰勋章绶章

> 黑鹰勋章星章

威武外挂：古今军队的服饰标识

> 佩戴着黑鹰勋章星章的德军总参谋长施利芬

> 佩戴着黑鹰勋章绶章的德意志帝国宰相俾斯麦

钢铁十字：普鲁士人的赫赫军功

黑鹰作为德意志的象征，不仅运用于军事方面，更主要是作为国家的形象而存在。而从德国的军事传统出发，德国军队最主要的标志，则是一枚黑色的十字架——这就是设立于1813年的铁十字勋章。

1813年3月17日，普鲁士国王腓特烈·威廉三世（Friedrich Wilhelm III，1770-1840）在拿破仑战争期间设立了铁十字勋章。拿破仑战争期间，普鲁士军队中涌现出了诸多英勇作战的军官和士兵，而传统的黑鹰勋章等奖励又有着级别和出身的限制。为了向一切英勇作战的官兵颁发勋章，而不受级别出身的限制，腓特烈·威廉三世设立了这枚勋章。铁十字勋章设立之初只是一枚临时勋章，由于战事正急，一切从简，便于尽快向前线将士颁发，故而有了这枚设计简洁的勋章。

铁十字勋章由新古典主义建筑师卡

> 1813年版大铁十字勋章的背面

276

> 铁十字勋章铁、银部分压合示意图

尔·弗里德里希·辛克尔（Karl Friedrich Schinkel，1781-1841）设计，采用14世纪条顿骑士常用的手持十字架作为外观，以体现普鲁士王国继承自条顿骑士团的尚武传承。铁十字勋章设计十分简单，几乎没有装饰。在材料上选择相对廉宜的常见材料——铁。勋章整体呈黑色，极为简单，为了美观，辛克尔在铁十字外面加了银质外框，黑白两色，形成了鲜明的对比色，使得勋章拥有简洁的暴力美。但是在生产阶段却遇到了难题，十字架铁芯和银质外框无法焊接在一起。为了解决铁和银的组合，普鲁士对生产工艺进行了改良，勋章改为三片压合式生产，即使用两个相同的银框将铁十字夹在中间，再通过锻压的方式将其整合在一起，避免了焊接。

1813年设立的铁十字勋章分为了三个等级，自低到高分别是二级铁十字勋章、一级铁十字勋章和大铁十字勋章。这种级别颠覆了欧洲骑士团勋章大十字、大军官、指挥官、军官、骑士的传统级别设置形式。三种级别的铁十字勋章外观基本相同，只是尺寸和佩戴方式略有区别。二级铁十字勋章采用绶带悬挂方式佩戴在胸前，也可以单独佩戴在军服的第二粒纽扣处，平时也可以只在第二粒纽扣处悬挂绶带；一级铁十字勋章无绶带，直接佩戴在胸前；大铁十字勋章则采用颈绶，佩戴在衣领下方。二级、一级铁十字勋章的直径约在41至42毫米，大铁十字勋章直径约为63毫米。铁十字勋章外观简单，1813年版的十字架上也没有任何图案。后来，才在二级铁十字勋章和大铁十字勋章的背面加上了王冠、普王腓特烈·威廉的名字首字母"FW"以及张开的橡树叶，一级铁十字勋章因为只有单面没有进行修改。

威武外挂：古今军队的服饰标识

> 1814年3月31日获得大铁十字勋章的普鲁士元帅路德维希·冯·瓦滕堡（Ludwig von Wartenburg，1759—1830），他同时佩戴了一级铁十字勋章和大铁十字勋章，可以看出两枚勋章尺寸不同

> 同时佩戴大铁十字勋章和星级大铁十字勋章的布吕歇尔

1813年设立的铁十字勋章，是与拿破仑战争末期普鲁士军队的大反攻紧密相连的。1806年，普鲁士惨败于法国，一蹶不振，勃兰登堡门上的胜利女神也被拿破仑掠走，普鲁士开始了数年的生聚教训。1812年，拿破仑兵败莫斯科，普鲁士遂于1813年3月17日对法国宣战。1813年10月24日，普军与俄军、奥军在莱比锡大败法军；1814年，普军攻克巴黎，将胜利女神雕像带回了柏林，并在其上加装了铁十字勋章图案；1815年，普军和英、俄、奥三国联合，取得了滑铁卢战役的胜利。从1813年至1815年，普鲁士一共颁发了约1.7万枚二级铁十字勋章、638枚一级铁十字勋章和5枚大铁十字勋章。授予高一级勋章，必须要先获得低一级的勋章。1815年6月26日，为表彰布吕歇尔（Gebhard Leberecht von Blücher,1742–1819）元帅在滑铁卢战役中的杰出贡献，普鲁士国王专门设置了最高等的星级大铁十字勋章颁发给他，以示荣光。

随着拿破仑战争的结束，普鲁士也停止了铁十字勋章的颁发——这也符合其临时性勋章的特征。尽管勋章停止了颁发，但普鲁士军队却将铁十字图案加到了军旗上，成为了普军的象征。

1870年，普法战争爆发，作为德国统一前的最后一场大规模对外战争，普鲁士又恢复了铁十字勋章。1870年时在位的普鲁士国王是腓特烈·威廉三世的儿子威廉一世，此时的铁十字勋章外观和1813版基本相同，只是对图案进行了修改。勋章正面的图案去掉了橡树叶，十字正中心刻有字母"W"，代表威廉一世，最下方的年号也改为了1870；二级铁十字勋章和大铁十字勋章背面保留了1813年版的图案。普法战争期间共有47244人获得二级铁十字勋章，1304人获得一级铁十字勋章，9 人获得大铁十字勋章。数量上了一个台阶。

一战爆发后，时任德皇的威廉二世第三次设立了铁十字勋章，以唤起人们对历史以及自己祖父（威廉一世）、曾祖父（腓特烈·威廉三世）光荣胜利的追思。一战期间的铁十字勋章，只是对年号进行了修改，把 1870 改为了 1914。这枚勋章此次未能见证德国的胜利，却目睹了第二帝国的灭亡。在 1914 年到 1918 年间有约 400–500 万人获得二级铁十字勋章，约 14.5 万人获得一级铁十字勋章，保罗·冯·兴登堡（Paul von Hindenburg,1847–1934）元帅成为了第二位星级大铁十字勋章的得主。

随着第二帝国的灭亡和战火的熄灭，铁十字勋章再度成为了历史。但是作为一枚仅在战时颁发的勋章，其外观继续被留在了德国军旗上。1919 年 3 月 6 日，魏玛共和国发布命令，组建防卫军。魏玛防卫军受到了《凡尔赛》条约的严格限制，只有 10 万人，分为陆军和海军，且不得建立空军。陆军只有 7 个步兵师和 3 个骑兵师，禁止生产坦克、重型火炮；海军不得建立潜艇部队和海军陆战队，舰艇吨位也严格限制。这支披上了枷锁的军队，只剩下铁十字飘扬在军旗之上，诉说着普鲁士昔日的赫赫军功，等待着铁十字重出江湖的那一天。

> 勃兰登堡门上的胜利女神雕像

> 佩戴着 1870 年版二级铁十字勋章的德国陆军元帅卡尔·冯·比洛（Karl von Bülow, 1846–1921）

荣誉至高无上
简单又复杂的美军勋章奖章体系

美国是当今世界上唯一的超级大国，其军事实力雄冠全球。美国军队作为世界上实力最为强劲的军队，也一直是各国军队效仿、学习的对象。在人们的印象中，美军官兵胸前都佩戴着花花绿绿、极为复杂的格子——勋表，勋表背后复杂繁多的勋章奖章种类，也让人眼花缭乱。诸多介绍美军勋章奖章的文献也层出不穷，罗列起来的美军勋章奖章多达几百种，从全军性勋章奖章、军种性勋章奖章到战役纪念性勋章奖章，一枚枚精美的勋章奖章对激励美军官兵奋勇作战、积极服役起到了正面作用，也见证了240多年来的美军征战史。

美军的勋章奖章体系的确复杂，任何一本介绍美军勋章奖章的书籍都会不厌其烦地罗列出每一枚勋章奖章的设立时间、授予标准、图案意义、佩戴方式等，令人目不暇接。其实，美军勋章奖章体系看上去复杂，其实也很简单。

从无到有：背离欧洲封建传统

美国是在英属北美殖民地的基础上建立的。作为欧洲人建立的新政权，美国并没有建立一个符合传统欧洲

> 华盛顿获得的"华盛顿在波士顿奖章"　　　> 举着美国国旗、五军种军旗行进的美军联合仪仗队

政体的国家，而是建立了一个毫无封建残余的资产阶级共和国。美国的开国者们为了凸显与欧洲封建君主制度和贵族统治的不同，认为封建君主册封的贵族、骑士等荣誉、称号、头衔是没有必要的。美国自然也没有建立如欧洲骑士团勋章一样的勋赏制度。

尽管如此，在战争实践中，早期的美军还是出现了一些颁发给军人的褒扬性徽章。

独立战争期间的早期奖励徽章

独立战争期间，大陆会议于1776年为表彰华盛顿攻克波士顿而向其本人颁发"华盛顿在波士顿奖章"（Washington before Boston Medal），这一奖章后来演变成了今日的国会金质奖章（Congressional Gold Medal）。独立战争期间，大陆会议多次向高级将领颁发这种圆形、非佩戴式的奖章，且每枚奖章图案不一，因获奖者而异。这种奖章类似一枚大号纪念币，本身不具有佩戴功能，不过仍有一些将领自行为获得的奖章安装了挂环和绶带，进行佩戴。如今，国会金质奖章成为美国最高的民事奖励之一，但与军人佩戴在胸前的勋章奖章并不是一个类别。

1780年，大陆会议为表彰抓获英军少校约翰·安德烈（John André，1750—1780）的3名民兵而颁发的"忠诚奖章"（Fidelity Medallion）是美国历史上第一枚可以佩戴的奖励徽章，其佩戴方式为颈绶。这三枚忠诚奖章也是一次性奖励行为，并非常设。大陆军总司令乔治·华盛顿一直希望设立面向普通官兵的常设奖励徽章，但一直没有得到大陆会议的批准。1782 年 8 月 7 日，华盛顿通过大陆军司令命令的形式，在大陆军内部设立了军事功绩徽章（Badge of Military Merit），以表彰极度忠诚、服役出色的军人。此章的名称，既不是"勋章"（Order），也不是"奖章"（Medal），而是"徽章"（Badge）——毕竟这枚徽章没有经过大陆会议立法设立，只是以军令的形式进行颁发。军事功绩徽章外形也极其简陋，是一枚心形的刺绣布制品，用于佩戴在胸前，一共只颁发给了 3 名士兵。随着独立战争的胜利，大陆军主力于 1784 年解散，仅保留了 700 人的常备军成为美国陆军，大陆军司令部也被撤销，这一颁发徽章以奖励士兵的做法也随之消失。

尽管因为反封建等原因，美国军队没有效仿欧洲国家设立永久性的勋章奖章，但随着历次对外战争的进行，设立针对参战官兵的奖励项目被提上了议事日程。1846 至 1848 年的美墨战争期间，美国国会通过法案，设立了功绩奖状（Certificate of Merit）以奖励表现突出的士兵。这张奖状虽然不是奖章，但却是当时美军官兵能获得的唯一奖励。

> 华盛顿向士兵颁发军事功绩徽章　　> 军事功绩徽章

> 功绩奖状

> 三军版本的荣誉勋章，左起：陆军版、海军版和空军版

荣誉勋章：最高荣誉诞生最早

美军真正意义上的第一枚勋奖章诞生于美国内战期间。1861年，美国陆军参谋长、陆军部助理副官爱德华·D·汤森（Edward D. Townsend，1817—1893）中校向陆军总司令温菲尔德·斯科特（Winfield Scott，1786—1866）将军提议，设立一枚奖励官兵英勇行为的勋章或奖章，但遭到了否决，斯科特将军认为这是欧洲的封建传统，美国人不可效仿。1861年10月，斯科特退休。

陆军没有看上这个提议，但海军听说后却颇感兴趣，海军部长吉迪恩·威尔斯（Gideon Welles，1802—1878）希望为海军设立一枚奖励徽章，于是便积极推动设立。1861年12月9日，一份法案被提交到美国国会，建议设立200枚"Medal of Honor"以奖励战时最为英勇出色的海军和海军陆战队官兵。12月21日，林肯总统签署了这份命令。

海军设立了"Medal of Honor"后，由于斯科特已经退休，失去了阻碍力量的陆军也随之跟进。1862年7月，为陆军颁发"Medal of Honor"的法案得以通过生效。1863年，陆海军版的两枚"Medal of Honor"被美国国会统一为一枚永久设立的奖项。

自设立"Medal of Honor"起，美国逐渐开始通过国会立法，设立一枚枚"Medal"以奖励军人。美国不似欧洲，不设立封建意味浓厚的骑士团，自然也就没有"Order"（勋章）。设立的各类奖励徽章，大部分都是"Medal"（奖章）或"Cross"（十字章），开启了逆欧洲封建传统而行的国家功勋荣誉制度之先河。除了美国外，日后的苏联等社会主义国家也采取了这种勋赏设置方式——不

设立骑士团勋章，而是单纯因功绩对个人进行奖励。勋章奖章的外观也尽量简洁美观，图案不繁琐华丽，没有欧洲的宫廷风格。虽然美国和苏联在意识形态上针锋相对，但是在这一点上却殊途同归。

尽管美军没有"Order"（勋章），只有"Medal"（奖章），但是在中文语境里，对美军的"Medal"，却是分别译成"勋章"或"奖章"的。因为勋章（Order）地位高，由国家授予；奖章（Medal）地位低，奖励面更为宽泛。一律将美军的"Medal"译为"奖章"，与其实际地位不符，不能正确反映美军设立的奖项性质。故大多数中文文献里，将美军的高级"Medal"译为"勋章"。"Medal of Honor"即"荣誉勋章"。

> 西班牙战役奖章　　　　　　　　　　　　　　　　　　> 全球反恐战争服役奖章

"由少到多：伴随战火历程发展"

战役奖章：见证战火，层出不穷

荣誉勋章设立后，于1863年进行了首次颁发。此时，美军官兵获得奖励，只有荣誉勋章和功绩奖状。联邦政府依然保持着不设立勋章奖章的"反封建"传统习惯，直到1898年的美西战争期间，美国国会才设立了一些纪念性质的战役奖章，以颁发给参战官兵。这些奖章包括西班牙战役奖章、西印度群岛战役奖章、西班牙战争服役奖章、陆军占领波多黎各奖章等。在随后的美菲战争、八国联军侵华战争中，美国将设立战役奖章的行为固定下来。1905年，为纪念美国内战胜利40周年，美国又为内战、印第安战争（指1865年至1891年间镇压印第安人而进行的战争）设立了战役奖章。

随着美国军队参加的战争越来越多，美军设立的战役奖章种类也越来越多。只要满足了参战条件，或服役到了规定的天数，美军官兵均可获得此类奖章。从一战到二战，从朝鲜战争到美越战争，从冷战时期美国的各类侵略战争，到如今的反恐战争，美军战役奖章伴随着战火见证了美国军队的对外征战史。

一战后的十字勋章和杰出服役勋章

战役奖章具有纪念性和广泛授予性，而对于英勇行为和杰出良好表现的勋章奖章，来得则要晚得多。1905年，美军开始为获得功绩奖状的官兵颁发功绩奖状奖章（Certificate of Merit Medal）。到第一次世界大战期间，只有荣誉勋章和功绩奖状奖章的美军勋章奖章体系面临着巨大的风险：战时英勇奋斗、表现出色的官兵层出不穷，而这两枚勋章奖章难以全面覆盖，若频繁颁

> 2007年，一名陆军中尉被陆军部长授予杰出服役十字勋章

发，不仅会影响勋章奖章本身的价值，也无法对英勇行为起到表彰作用。基于此，美国国会于1918年在荣誉勋章之下设立了颁发给陆军官兵的杰出服役十字勋章（Distinguished Service Cross）和杰出服役勋章（Distinguished Service Medal）。前者授予战斗中超越职责范围、冒着生命危险表现出极为显著超凡英勇行为，但不够授予荣誉勋章的官兵，后者则授予在岗位上尽忠职守、竭诚服务，做出杰出贡献的官兵——前者要求是战时，后者则不一定是战时。这样，加上荣誉勋章，就形成了三级奖励体系。同时，陆军原有的功绩奖状和功绩奖状奖章被废除，持有功绩奖状者可以申请换发杰出服役勋章，1934年后又允许原功绩奖状持有者换发更高级的杰出服役十字勋章。

美国陆军设立新勋章后，海军也紧随其后，于1919年经国会批准，海军部下令为海军和海军陆战队设立了海军十字勋章（Navy Cross）和海军杰出服役勋章（Navy Distinguished Service Medal），与陆军两枚勋章地位、授予标准相同。

间战期：奖励飞行，细化英勇

第一次世界大战中，飞机成为新兴的作战武器，人类的战场维度扩展到了天空。飞行员驾机升空，不论平时战时，都是冒着巨大的生命危险。1926年，为了表彰飞行行为，美国国会立法，为美国陆军航空兵飞行人员设立了杰出飞行十字勋章（Distinguished Flying Cross），位于杰出服役十字勋章和海军杰出服役十字勋章之下。后来，海军飞行人员也可以获得此枚勋章。同时，陆军为了表彰平时在非作战军事行动中冒着生命危险表现出巨大勇气的官兵，又通过国会立法设立了士兵勋章（Soldier's Medal），作为若干战时勋章的补充。

1932年，由于战时英勇行为只可获得最高级的荣誉勋章和军种最高级的十字勋

> 一名美国空军上尉飞行员同时接受了两枚新勋章——银星勋章（左）和紫心勋章（右）

章，美国针对战时英勇行为又增设了两枚勋章。早在一战结束后的1918年，美军就发现了这一弊端，为了表彰一些战时不够授予新设立勋章的英勇行为，陆海军又专为战争中表现英勇的官兵设立了"嘉奖星"（Citation Star 和 Navy Commendation Star），以佩戴在一战胜利奖章的绶带上。1932年，美国国会正式将陆海军的嘉奖星改为单独的跨军种通用勋章——银星勋章（Silver Star Medal），以奖励战时最低级的英勇行为。不过，还有很多军人尽管没有展现出英勇的事迹，但却在敌方火力打击下负伤，他们也需要表彰，于是美国亦于1932年设立了专门表彰负伤军人的紫心勋章（Purple Heart），其样式参考了华盛顿早年设计的刺绣版心形军事功绩徽章，并在其中嵌入了华盛顿的头像。从擦伤到重伤，甚至截肢，都可以颁发紫心勋章，阵亡者家属也会获颁紫心勋章，导致紫心勋章成为美国颁发数量最为巨大的一种勋章。

此后，美国主要的勋章结构一直保持着这样的结构：最高级的荣誉勋章，表彰战时英勇的军种最高级陆海军十字勋章，次级英勇行为的银星勋章，受伤阵亡人员的紫心勋章，飞行人员的杰出飞行十字勋章，以及平时岗位建功的陆海军杰出服役勋章和非战时英勇行为的士兵勋章（陆军），一直到第二次世界大战。

二战：接轨欧洲，战时英勇进一步细化

第二次世界大战期间，美国和盟国的联合军事行动交往日益增多，而美军现有的勋章无法颁发给外军将领和政要，基于此，美国效仿法国荣誉军团勋章，于1942年设立了功绩军团勋章（Legion of Merit），以表彰在履行职责方面表现卓越的人员。这是美国唯一一枚效仿欧洲骑士团勋章分级设立的勋章，自高到低分为总指挥官级、指挥官级、军官级和军团士兵级，授予外国人的时候按照级别进行颁发。当然，功绩军团勋章也可以授予美国军人，只不过授予美国军人的时候就不分级了。根据该勋章的授予条件，获得者大多是上校以上的军官，尤其是高级指挥岗位的指挥官。

第二次世界大战期间，随着战争对抗强度的日益激烈，军人的战时英勇表现进一步增多，也需要增设新的勋章来对英勇行为进行进一步的细分。1942年，美国国会设立了授予飞行人员的航空奖章（Air Medal），作为低于

> 2013年，美国驻欧陆军司令向一名德国陆军中将授予指挥官级功绩军团勋章

杰出飞行十字勋章的一项奖励，一般来说，杰出飞行十字勋章的战绩是航空奖章战绩的 2 倍~5 倍。除了飞行人员，美国国会还于 1944 年在银星勋章之下又设立了一级表彰更低级战时英雄行为的勋章——铜星勋章（Bronze Star Medal）。此外，海军效仿陆军的士兵勋章，设立了同等地位的海军和海军陆战队勋章（Navy and Marine Corps Medal）。

丰富健全：战后种类日益完善

第二次世界大战结束后，美国的军种体系建设日趋正规，美军的陆海军勋章奖章也开始分化出其他军种的勋章奖章。首先，空军于 1947 年正式脱离陆军，独立为军种。其次，美国国防部正式成立，陆军部、海军部、空军部成为美国国防部的二级部。第三，隶属美国财政部的美国海岸警卫队历经两次世界大战临时转隶海军部指挥，表现出色，而财政部的级别高于海军部，于是在勋章奖章设立上，美国海军警卫队开始与海军部管理的海军、海军陆战队平起平坐。

军种勋章和联合勋章逐渐完善

基于这种五大军种的建制结构，美军的军种勋章也逐渐进行了调整。在原有的杰出服役十字勋章、海军十字勋章的基础上，设立了空军十字勋章（Air Force Cross，1960）和海岸警卫队十字勋章（Coast Guard Cross，2010）；在杰出服役勋章和海军杰出服役勋章的基础上，设立了空军杰出服役勋章（Air Force Distinguished Service Medal，1960）和海岸警卫队杰出服役勋章（Coast Guard Distinguished Service Medal，1949）；在士兵勋章、海军和海军陆战队勋章的基础上，设立了空军士兵勋章（Airman's Medal，1960）和海岸警卫队勋章（Coast Guard Medal，1949）。

此外，美国还以国会立法的方式，在国防部为参与诸军种联合作战行动和在国防部等联合指挥机构服役的军人设立了专门的勋章。20世纪60至70年代，美国设立了国防部杰出服役勋章（Defense Distinguished Service Medal）、国防部优异服役勋章（Defense Superior Service Medal）、国防部军功奖章（Defense Meritorious Service Medal）和军功奖章（Meritorious Service Medal）。国防部杰出服役勋章与各军种杰出服役勋章同级，发给国防部下属四大武装力量的军人；国防部优异服役勋章授予在联合军事行动中做出卓越贡献且持续工作时长超过12个月的五大军种军人；国防部军功奖章和军功奖章的表彰级别低于国防部优异服役勋章，前者发给联合军事行动中持续超过

> 2016年美国发行的军种十字勋章纪念邮票

12 个月的五大军种军人，后者则适用于单一军种的军事行动。

由于国防部杰出服役勋章只适用于陆军、海军、空军和海军陆战队，因此，负责海岸警卫队管理的美国交通部于 1992 年设立了交通部杰出服役勋章（Transportation Distinguished Service Medal），等同于国防部杰出服役勋章和各军种杰出服役勋章。2002 年，海岸警卫队改由美国国土安全部管理后，交通部杰出服役勋章被国土安全部杰出服役勋章（Homeland Security Distinguished Service Medal）所替代。

各类奖章依次设立并按军种补全

在美军勋章日趋完善的过程中，美军的低层级奖励奖章也逐渐补全补齐。

首先是嘉奖奖章（Commendation Medal），该奖章主要用以表彰军人在长期服役过程中表现出的英勇和立下的功劳。这一奖励最早并非奖章，只是一枚奖励略章，由美国海军部在 1943 年为海军、海军陆战队和海岸警卫队设立，陆军在 1945 年效仿，空军于 1958 年启用。1960 年，陆军、海军和海军陆战队、空军、海岸警卫队的四种嘉奖奖励略章正式升格为嘉奖奖章，同时 1963 年设立了跨军种的联合嘉奖奖章。

低于嘉奖奖章的，是功绩奖章（Achievement Medal）。1960 年，嘉奖奖励略章升格为嘉奖奖章后，海军部率先于 1961 年为不够获得嘉奖奖章的海军和海军陆战队官兵设立了海军和海军陆战队功绩奖章。随后，海岸警卫队于 1963 年跟进，陆军和空军于 1981 年设立，1983 年又增添了跨军种的联合功绩奖章。

嘉奖奖章和功绩奖章都要求官兵有出色的表现，或英勇，或立下功劳。如果表现不够出色也不要紧，只要不犯错误，持续服役三年，哪怕没有英勇行为，哪怕没有立下功劳，也可以获得奖章。这就是良好品行奖章（Good Conduct Medal）。1869 年，美国海军设立了良好品行奖章，以表彰服役期间连续三年没有违纪和受处分污点的官兵，海军陆战队 1898 年也设立了良好品行奖章。海岸警卫队的良好品行奖章设立于 1921 年，陆军良好品行奖章设立于 1943 年，空军的良好品行奖章到 1960 年才正式设立。

荣誉至高无上 | 简单又复杂的美军勋章奖章体系

| 联合嘉奖奖章 | 陆军嘉奖奖章 | 海军和海军陆战队嘉奖奖章 | 空军嘉奖奖章 | 海岸警卫队嘉奖奖章 |

| 联合功绩奖章 | 陆军功绩奖章 | 海军和海军陆战队功绩奖章 | 空军功绩奖章 | 海岸警卫队功绩奖章 |

| 陆军良好品行奖章 | 海军良好品行奖章 | 海军陆战队良好品行奖章 | 空军良好品行奖章 | 海岸警卫队良好品行奖章 |

| 陆军预备役功绩奖章 | 海军预备役军功奖章 | 海军陆战队预备役奖章 | 空军预备役军功奖章 | 海岸警卫队预备役良好品行奖章 |

> 美军各军种的表彰性奖章

291

除了为现役官兵颁发良好品行奖章外，预备役官兵也可以获得良好品行奖章。授予预备役军人的良好品行奖章最早由海军陆战队于1925年设立，名为舰队陆战队预备役奖章（Fleet Marine Reserve Medal），几经更名后于1984年改为海军陆战队预备役奖章（Selected Marine Corps Reserve Medal）。海军于1962年设立海军预备役军功奖章（Naval Reserve Meritorious Service Medal），海岸警卫队于1963年设立海岸警卫队预备役良好品行奖章（Coast Guard Reserve Good Conduct Medal），空军于1964年设立空军预备役军功奖章（Air Reserve Forces Meritorious Service Medal），陆军于1971年设立陆军预备役功绩奖章（Army Reserve Components Achievement Medal）。

除此之外，还有一些与作战行动有关的奖章。有为海外执行任务设立的远征奖章（Expeditionary Medal）：最早为1919年设立的海军陆战队远征奖章，海军于1936年设立海军远征奖章，国防部于1958年设立武装部队远征奖章，适用于各军种；有战争期间服役即可获得的国防服役奖章；还有空军特有的战斗戒备奖章；有作为航空奖章次级奖励的航空功绩奖章。此外，还为被俘人员颁发了战俘奖章。

化简为繁：略章缀饰复杂繁多

美军的勋章奖章虽然有着较为清晰的高低层次，但仍然令很多人感觉眼花缭乱，复杂难以识别。这主要是因为美军除了有体系化的勋章奖章外，还有大量通过略章来体现的奖励项目。这些奖励略章包括各类集体奖励略章、作战效率奖励略章、作战部署资历略章、专业技能略章和步枪手枪优秀射击手略章等。

除了设立种类繁多的奖励略章外，美军还采用了多种多样的附件缀饰来传达更为复杂的信息。如果受奖者是第二次或者多次获得某一勋章奖章或奖励略章，美军不会多次授予一枚奖章，而是在勋章奖章绶带和略章上增加缀饰，来传达更为复杂的信息。这类附件缀饰种类繁多，让本来简单的勋章奖章体系变得更加复杂。因为战斗英勇（Valor）而获得一枚勋章奖章，那么经过特别授权，军人可以在略章上加上"V"缀饰，表示获奖者不仅符合一般的获奖条件，而且直接参与了战斗。多次获得同一枚战役奖章，可以在略章上加缀五角星缀饰。参加了该战役奖章中的两次战役，加缀一枚铜质五角星，三次战役加缀两枚……六次战役加缀一枚银质五角星，以一枚银质五角星代表五枚铜质五角星。多次获得常设类的勋章或奖章，则可以在略章上加缀橡树叶缀饰来表示，两次获得加一枚铜质橡树叶，三次获得加两枚……六次获得加一枚银质橡树叶。此外，还有表示两栖登陆、战斗伞降等行为的箭头标志，表示10年服役的沙漏标志等。

虽然这些缀饰并不是勋章奖章的本体，但也极为严格，不得随意佩戴。最著名的，就是海军作战部长自杀事件。

海军作战部长是美国海军的最高军事职务，相当于海军司令。杰里米·迈克尔·布尔达（Jeremy Michael Boorda，1939—1996）海军上将于1994年出任美国海军作战部长。出任了美国海军作战部长后，他自然也受到了媒体的关注。有几位记者在研究布尔达上将20世纪80年代的旧照片时，发现布尔达在海军和海军陆战队嘉奖奖章、海军和海军陆战队功绩奖章的略章上佩戴了"V"缀饰；而在1995年以后，布尔达这两枚奖章的略章"V"缀饰却不见了。这让记者颇为奇怪，他们向军方申请了信息公开，核查了布尔达获得这两枚奖章时的命令文件，发现布尔达并没有被允许佩戴"V"缀饰。

此事经过记者公开后，海军和布尔达本人都进行了澄清。当年在美越战

> 授奖仪式上刚刚获颁一枚海军和海军陆战队嘉奖奖章的海军军官胸前的奖章特写，可见这名军官之前已经获得过一枚海军和海军陆战队嘉奖奖章了。仪式过后，再次佩戴奖章时，他会将一枚铜质橡树叶缀饰钉缀在奖章绶带和略章上，而不是佩戴两枚奖章

> 一名在铜星勋章上佩戴了"V"缀饰的美军士兵

威武外挂：古今军队的服饰标识

争期间布尔达获得这两枚奖章时，其指挥官是后来也曾经出任过海军作战部长的朱姆沃尔特（Elmo Zumwalt，1920—2000）海军上将。在授奖时，朱姆沃尔特曾经口头授予同批获得奖章的全体官兵可以佩戴"V"缀饰，但是并没有记入正式文件。所以，这是一个善意的错误。1995年，布尔达接到海军通知，说他不可以在这两枚略章上佩戴"V"缀饰，所以布尔达将两个"V"缀饰取下，结果引起了记者的注意。

1996年，对此事死咬住不放的记者提出针对"V"缀饰问题对布尔达进行采访。不久，布尔达留下

带"V"缀饰的　　　带"V"缀饰的
海军和海军陆战队嘉奖奖章　海军和海军陆战队功绩奖章

> 刚刚出任海军作战部长时的布尔达，其略章第二排第一个为海军和海军陆战队嘉奖奖章，第二个为海军和海军陆战队功绩奖章。这两枚奖章的略章上均有"V"缀饰

两封遗书，开枪自杀身亡。官方没有公布布尔达自杀的原因。尽管有人认为布尔达的自杀和海军内的舞弊案件有关，但更多人认为布尔达是担心给海军的荣誉蒙羞而自杀的。布尔达自杀也和违规佩戴略章缀饰联系了起来。

依法循制：颁发授予各司其职

美军设立了如此多的勋章奖章，但并非毫无章法。每一枚勋章或奖章的设立，都经过了国会立法，都是依法设勋，依法授勋。而不同的勋章奖章也都依据从高到低的地位，设立了颁授的权限。一些适用面较窄的奖项由专门的奖励委员会或者专职机关负责，但多数奖项由不同级别的指挥官及司令部人事机关批准和办理。勋章奖章的级别有高低之分，奖励批准的权限也有相应的区分。

同一枚勋章奖章，如果同时适用于平时和战时，一般情况下在战时的批准权限低于平时。总统、国防部长、军种部长有权向和平时期的军人颁发勋

章奖章，并明确规定了不同勋章奖章的批准权限。当主官因病或其他原因不能履行授奖职责时，方可由正式任命的代理军官批准。当指挥官处理的勋章奖章超过了其批准的最高权限时，须提交军种人事司令部，由人事司令部批准或提交至更高级别的军官。

不论在平时还是战时，拥有某项勋章奖章批准权的军官都可以按照法规将批准权向下授权，以便更好地在其管辖的单位内实施奖励，使勋章奖章的授予保持一定的灵活性。具有批准权限的指挥官对某一授勋授奖提议所具有批准权和否决权。平时，批准权一般不向下授权，只向下授权否决权。在战时，为了让勋章奖章的批准更为灵活，不仅否决权可以下授，批准权也可以下授。

美军的勋章奖章制度法规健全，规定详细，为勋章奖章的授予提供了准确的依据。例如，紫心勋章是颁发给受伤阵亡人员的，但何谓受伤，紫心勋章的有关条例就规定了 5 种符合标准的受伤情况，以及 10 种不得授予的受伤情况。这样的勋章奖章条例注重细节，能够依照法规准确地判断能否获得勋章奖章，以及应获得何种勋章奖章。提名者和批准者都是依法行事，个人随意操作的空间很小。由于达标即授予，使得美军的勋章奖章遵循了"奖励不限比例"的思想。这并非指无限制随意地胡乱施奖，而是指不人为确定获奖的比例，通过明确精确详细的获奖标准，采用逻辑严谨的奖励程序，落实公正严格的奖励管理措施，达到准确公正实施奖励的目标，克服了"同功不同奖"的固有问题。建立在"奖励不限比例"思想之上的奖励制度更为复杂，对军队行政管理能力的要求也更高。这种制度也使美军官兵更加关注于个人表现和功绩，减少了对其他因素的考虑。

> 2017 年 1 月，一名美国海军学院的三年级学员被院长授予海军和海军陆战队勋章

苏维埃的光荣
象征胜利的苏联勋章奖章体系

苏联是世界上第一个社会主义国家，也是曾经与美国实力相敌、分庭抗礼的超级大国。苏联的勋章奖章设立品种繁多，颁发数量巨大，在苏联七十余年的社会主义建设史上，尤其是军事史上扮演了重要角色，发挥了无法估量的作用。苏联军人胸前闪耀的勋章奖章，早已成为苏军形象中不可分割的一部分。

红旗飘飘，红星闪耀：革命政权的崭新勋奖

1917年12月15日，苏维埃政权颁布了《关于全体雇员权利平等的法令》，取消了原沙皇俄国的所有勋章、标志。在国内革命战争中，苏维埃政权组织起工农红军，为保卫革命成果与各方反动势力开始进行殊死搏斗。废除了勋章奖章的苏维埃政权为奖励红军指战员，通过颁发带有荣誉性质的武器、手表、烟盒等物品来激励军人建功。1918年8月3日，苏维埃政权宣布了第一种国家奖励——"革命荣誉红旗"。红旗，是工农红军最重要的标志，获颁一面红旗，代表了苏维埃国家的最高荣誉。第一面革命荣誉红旗被颁发给了时任苏俄陆海军人民委员"的尼古拉·伊里奇·波德沃伊斯基（Николай Ильич

> 提议设立红旗勋章的波德沃伊斯基

俄罗斯苏维埃社会主义联邦共和国设立的红旗勋章

Подвойский，1880—1948），他也是十月革命的军事三人小组成员。

获颁革命荣誉红旗后，波德沃伊斯基向全俄中央执行委员会主席斯维尔德洛夫（Яков Михайлович Свердлов，1885—1919）建议，红军应该建立自己的勋赏体系。革命荣誉红旗授予集体较为合适，但授予个人，既不便于保存，也不便于佩戴，起不到激励作用。这一提议得到了认可。1918年9月16日，全俄中央执行委员会颁布命令，设立俄罗斯苏维埃社会主义联邦共和国红旗勋章，以奖励在保卫社会主义祖国时表现出非凡勇气和献身精神的有功人员。红旗作为革命的象征，红军的图腾，作为勋章的名称和标志，成为激励红军指战员奋勇前进的巨大动力。

红旗勋章的造型体现了社会主义政权的性质和军事勋章的特点。勋章主体图案为一面展开飘动的红旗，上书"全世界无产者，联合起来"字样，旗杆与一柄火炬交叉，交叉处有一枚倒置的五角星，中央为环绕着月桂枝的镰刀锤子图案；五星背后为交叉的锤头、犁和刺刀，代表工农兵联合；勋章底部花结延伸出两束橡树叶环绕章体，底部的绶带上刻有"俄罗斯苏维埃联邦社会主义共和国"的俄文缩写。勋章反面衬有红色衬底，直接佩戴在左胸前。

以消灭一切剥削阶级为己任的苏维埃政权将表彰作为勋章奖章的唯一作用，不同于英法将勋章作为王公贵族身份象征物，也不同于帝俄明令禁止将勋章授予平民百姓，功绩大小是苏维埃政权授予勋章唯一的标准。红旗勋章在颁发过程中即遵循了这一原则，不仅红军高级指挥员可以获得，普通红军

> 早期无上挂版本的苏联红旗勋章　　> 佩戴了4枚第一版红旗勋章的布留赫尔

战士也可以获得。1922年，苏联成立后，苏俄红旗勋章予以保留，将下方的国名更改为苏联的俄语缩写"CCCP"。

苏维埃政权成立的第一个十年间，整个苏维埃国家只有红旗勋章一种勋章。而在国内革命战争中，大批红军指战员表现英勇，很多人获得了多枚红旗勋章。1920年5月19日，全俄中央执行委员会允许同一人多次获得红旗勋章，两次以上授予的，在勋章底部花结下方的白色珐琅块上加上相应的阿拉伯数字。

长期只有一枚军事勋章来奖励官兵，无法覆盖到苏维埃国家的民事人员。1928年9月7日，已经转入和平建设时期的苏联设立了与红旗勋章地位相同的民事勋章——劳动红旗勋章。这标志着苏联勋章奖章体系里军民两线的体系正式形成。

奖励项目单一，显然不能适应军队的正规化建设。1930年列宁诞辰60周年之际，苏联设立了军民通用的国家最高勋章——列宁勋章，以表彰在革命运动、生产活动、保卫苏维埃祖国、加强各民族友谊和团结、捍卫和平以及其他服务国家和社会的活动中取得的突出成就。列宁勋章的设立，不仅纪念了革命领袖，同时也是对单一级别奖励的丰富。获得列宁勋章者立下的功勋自然高于红旗勋章和劳动红旗勋章。同时，苏联又分别于1930年和1935年设立了两枚位于红旗勋章、劳动红旗勋章之下的勋章——军事的红星勋章和民事的荣誉勋章。这一系列勋章和红旗勋章一样，都带有红旗、红星、镰刀锤子、齿轮麦穗等社会主义意识形态的元素，场景富有层次感，给人以活泼、

> 一套联排勋章，上面有四枚红旗勋章，后三枚带有多次授予的数字标记

积极的印象。

1934年，苏联政府设立了国家最高荣誉称号——"苏联英雄"。这是苏联国家奖励制度中的一个创举，在勋章、奖章之上的荣誉称号，代表了苏维埃政权对个人的最高褒奖。

一开始，"苏联英雄"称号获得者可以获得一枚列宁勋章，但是由于列宁勋章的颁发范围更广，于是1939年设立了一枚精巧简单，带有红色绶带的金色五角星徽章作为这一荣誉称号的象征，这就是"金星奖章"。虽然这个小小的金星名为奖章，但却具有高于任何奖励的至高地位。1934年，7名在救援北极海难轮船过程中表现英勇的飞行员被授予"苏联英雄"称号。尽管苏联英雄称号是军民通用的，但社会主义苏联为了体现对劳动的重视，于1938年设立了"社会主义劳动英雄"荣誉称号，与之配套的奖章与金星奖章类似，只是五角星上缀有镰刀锤子标志。

为了表彰贡献不及授勋标准的红军指战员，1938年10月，苏联设立了两枚军事奖章——勇敢奖章和战功奖章，分别授予在服役中表现英勇和立下战功但不够获得勋章的红军指战员。12月，设立了与这两枚军事奖章对应的民事奖章——忘我劳动奖章和劳动优异奖章。

此外，1938年开始，为纪念工农红军成立20周年，设立了工农红军建军20周年奖章，颁发给截至1938年2月23日（红军建军节）在工农红军和红

威武外挂：古今军队的服饰标识

苏联英雄
金星奖章

社会主义劳动英雄
镰刀和锤子奖章

列宁勋章

红旗勋章　　红星勋章　　劳动红旗勋章　　荣誉勋章

勇敢奖章　　战功奖章　　忘我劳动奖章　　劳动优异奖章

工农红军建军二十周年奖章

> 卫国战争爆发前，苏联设立的各式勋章奖章一览表

> 俄罗斯胜利阅兵式上悬挂的大幅卫国战争勋章造型

海军中服役满 20 年的军人（基本都是指挥员），以及在革命战争期间获得过荣誉的战士。此后，每隔十年，苏联军队都会在建军节颁发建军周年奖章。

至此，苏联建立起了最高荣誉称号（分军民）、最高勋章（不分军民）、两级勋章（分军民）、两级奖章（分军民）和建军纪念奖章的奖励体系。

"硝烟铸就，血火辉煌：卫国战争时期的赫赫军功"

致敬历史：以保卫祖国的伟大名义设立的卫国战争勋章

1941 年 6 月 22 日清晨，德国军队越过边界，对苏联发动突然袭击，苏联红军奋起还击，伟大的卫国战争就此开始。除了最高荣誉、最高勋章外，仅有的两级勋章、两级奖章已经不能充分奖励各类立功者了，随之而来的，就是卫国战争期间设立的大批勋章奖章。

战争爆发之初，德军一路长驱直入，兵临莫斯科城下。苏联军民在极端困难的情况下，全力以赴，取得了莫斯科保卫战的胜利，阻挡住了德军的进攻势头。这与历史上俄军击败法国入侵的卫国战争极为相似：1812年，俄国军民撤出莫斯科，坚壁清野，最终将拿破仑赶出祖国。苏联为了利用俄国历史上优秀的爱国主义资源以凝聚人心，将1941年爆发的这场战争亦称为"卫国战争"，并冠以"伟大"一词。

1942年5月20日，在战局仍然有利于德军之时，苏联最高苏维埃主席团发布命令，设立了战争期间的第一种勋章——卫国战争勋章。这枚勋章的名称没有革命色彩，以战争之名命名，而且具有致敬1812年卫国战争的含义。

| 一级苏沃洛夫勋章 | 二级苏沃洛夫勋章 | 三级苏沃洛夫勋章 |

| 一级库图佐夫勋章 | 二级库图佐夫勋章 | 三级库图佐夫勋章 |

亚历山大·涅夫斯基勋章

> 1942年版的苏沃洛夫勋章、库图佐夫勋章和亚历山大·涅夫斯基勋章。一级苏沃洛夫勋章带有一颗红星，外圈五星为金色，尺寸最大；二级尺寸略小，无红星；三级尺寸同二级，外圈五星为银色。一级库图佐夫勋章底层五星和库图佐夫头像为金色，带月桂枝；二级无月桂枝，且底层五星和头像为银色；三级尺寸较一、二级略小，五星无红色珐琅，为银色

卫国战争勋章授予战争中英勇、坚强、无畏的有功军人，根据功劳大小分为一级和二级。勋章造型为带有正反交错的五角星配以交叉的步枪马刀，核心图案为苏维埃政权的象征——镰刀锤子。一级、二级卫国战争勋章在战争中分别颁发了 32.4 万枚和 95.1 万枚，其形象也与这场战争的名字紧密联系在一起，成为苏联卫国战争中最重要的图腾之一。

先烈指引：以俄国著名军事统帅命名的军事勋章

1. 战争之初的三枚军事统帅勋章

早在 1941 年 11 月 7 日，莫斯科在德军兵临城下时举行的阅兵式上，斯大林就在讲话中列举了若干俄国历史上的杰出军事统帅：苏沃洛夫、库图佐夫和亚历山大·涅夫斯基。为了更有效地激励红军指战员们杀敌报国，苏联最高苏维埃主席团于 1942 年 7 月 29 日发布命令，设立了苏沃洛夫勋章（分三级）、库图佐夫勋章（分两级，1943 年增设第三级）和亚历山大·涅夫斯基勋章（不分级）。亚历山大·瓦西里耶维奇·苏沃洛夫（Александр

> 军事统帅勋章也可以授予部队。图为柏林战役后步兵第 150 师的指战员们合影，师旗上表明该师集体获得了二级库图佐夫勋章。图中前排的两名大尉都佩戴着亚历山大·涅夫斯基勋章。步兵第 150 师这面师旗后来成为了卫国战争的胜利旗

Васильевич Суворов，1729—1800）是俄罗斯 18 世纪的著名军事统帅和杰出的军事理论家，参加过反对普鲁士的七年战争、俄土战争和拿破仑战争，从未败绩，也是俄罗斯军事学术的奠基人之一；米哈伊尔·伊拉里奥诺维奇·库图佐夫（Михаил Илларионович Кутузов，1745—1813）是 1812 年卫国战争中击败过拿破仑的俄国军事统帅；亚历山大·雅罗斯拉维奇·涅夫斯基（Александр Ярославич Невский，1220—1263）是 13 世纪古罗斯的军事统帅，因为在涅瓦河会战中击败瑞典军队而获得"涅夫斯基"的称号。他们的名字家喻户晓，已经成为英勇、胜利的象征，对鼓舞士气无疑有着特殊的意义。

这三枚勋章都是颁发给红军指挥员的，但授予对象和授勋功绩略有不同。

苏沃洛夫勋章授予"指挥部队、组织作战行动并表现果断、不懈而取得卓越成就，为祖国取得胜利的红军指挥员"，侧重于表现果断、不懈奋斗而取得的胜利。一级授予方面军、集团军司令员、副司令员、参谋长、作战部（局）长和专业兵种主任；二级授予军、师、旅级正副指挥员及参谋长；三级授予团长、团参谋长和营长。

库图佐夫勋章授予"善于计划并实施方面军、集团军、独立兵团战役，巧妙使己方部队避开敌人突击并顺利实施反突击的红军指挥员"，侧重于大兵团实施反击取得胜利，强调取得胜利时表现出的精妙指挥艺术。一级授予方面军、集团军司令员、副司令员和参谋长；二级授予军、师、旅级正职指挥员及参谋长；三级授予团、营级正职指挥员和参谋长，以及连长。

亚历山大·涅夫斯基勋章授予"表现英勇果敢、灵活指挥战斗并给敌人

> 三个级别的波格丹·赫梅利尼茨基勋章。一级勋章人物浮雕和最外圈五星状光芒为金色；二级勋章仅有人物，浮雕为金色；三级勋章通体银色且尺寸较一级、二级略小

以重创的红军指挥员",侧重于灵活指挥战斗取得的胜利,且适用于小规模部队。一开始,亚历山大·涅夫斯基勋章只颁发给团、营、连、排级正职指挥员,后来又可以授予师、旅级正职指挥员。

苏沃洛夫勋章、库图佐夫勋章和亚历山大·涅夫斯基勋章是苏联首批按照军人级别高低分别颁发的勋章,尽管勋章的佩戴方式、级别名称与欧洲传统骑士团勋章大不一样,但也借鉴了欧洲封建时代的传统做法。

> 长期坚持乌克兰敌后游击战争的西多夫·科夫帕克（Сидор Артёмьевич Ковпак,1887-1967）少将获得了一级波格丹·赫梅利尼茨基勋章

2. 扭转战局之时的军事统帅勋章

三枚勋章设立后,苏军取得了斯大林格勒保卫战的胜利,扭转了战局。1943年,苏军开始进入反攻。1943年7月,苏军在库尔斯克会战中集结了五个方面军共262万兵力,发起了以1812年卫国战争统帅命名的"库图佐夫行动",通过一连串的进攻战役,收复了乌克兰的广大领土,使德军彻底丧失了战略主动权。苏联红军以此拉开了大规模收复国土、解放东欧、打到德国的序幕。

在大反攻的战略背景下,苏联最高苏维埃主席团于1943年10月10日发布命令,设立波格丹·赫梅利尼茨基勋章（分三级）。波格丹·米哈伊洛维奇·赫梅利尼茨基（Богдан Михайлович Хмельницкий,1595—1657）是乌克兰历史上的著名统帅,1648年领导了反抗波兰—立陶宛统治的起义,建立了哥萨克国家,并于1654年与沙皇俄国结成联盟,使得乌克兰并入沙皇俄国。在乌克兰历史上,他被视为国父;在俄罗斯历史上,他被视为促进俄罗斯和乌克兰

威武外挂：古今军队的服饰标识

> 一级、二级乌沙科夫勋章

> 一级、二级纳希莫夫勋章

> 乌沙科夫奖章

> 纳希莫夫奖章

> 苏联解体后，大部分军事统帅勋章都被俄罗斯所继承。图为2018年2月23日，俄罗斯总统普京向"苏联海军元帅库兹涅佐夫"号航空巡洋舰（即航空母舰）授予乌沙科夫勋章，并将勋章别在该舰的海军旗上

融合的功臣。在解放大片乌克兰领土之时，设立以波格丹·赫梅利尼茨基命名的勋章，具有深远的意义。

波格丹·赫梅利尼茨基勋章授予"在歼灭敌人的作战中表现坚决、勇猛，在解放被德国法西斯占领的苏联国土的战斗中，表现出高度爱国主义精神、勇敢精神和献身精神的红军、红海军指战员、游击队领导人和游击队员"，与前三枚勋章只授予红军（陆、空军）指挥员不同，这枚勋章还可以授予红军战士、红海军和游击队指战员，侧重于收复国土战斗中的英勇献身表现。一级授予方面军和舰队、集团军和区舰队正副职指挥员、参谋长、作战部（局）长和专业兵种主任，以及游击支队指挥员；二级授予军、师、旅、团级正副指挥员及参谋长，以及游击支队正副指挥员、参谋长和游击队正职指挥员；三级授予红军、红海军和游击队包括士兵在内的营以下人员。

3. 海军军事统帅勋章

卫国战争中，苏军抵挡住德军进攻，并扭转战局，主要靠的是陆上作战力量。红海军的表现则居于辅助地位。尽管海上战场不是卫国战争的主战场，但是红海军通过携炮上陆、组织海军步兵部队上岸作战，在列宁格勒保卫战、克里米亚半岛的争夺战中，红海军指战员英勇抵抗，谱写了一曲壮丽的赞歌。

苏联的军事勋赏体系并未区分军种，但战争初期设立的军事统帅勋章都只针对红军指挥员。战局扭转之时设立的波格丹·赫梅利尼茨基勋章兼顾到了红海军。1944年3月3日，苏联最高苏维埃主席团正式设立了适用于红海军的两枚勋章和奖章——乌沙科夫勋章（分两级）和奖章、纳希莫夫勋章（分两级）和奖章。费奥多尔·费奥多罗维奇·乌沙科夫（Фёдор Фёдорович Ушаков，1745—1817）和帕维尔·斯捷潘诺维奇·纳希莫夫（Павел Степанович Нахимов，1802—1855）两人分别在在1787-1791年俄土战争和19世纪的克里米亚战争中击败了土耳其舰队，都是俄国历史上杰出的海军统帅。

乌沙科夫勋章授予"在组织、实施和保障海上战斗和战役中有卓越成就并战胜了数量上占优势之敌的苏联海军军官"，侧重强调以弱胜强。纳希莫夫勋章授予"在组织、指挥和保障作战行动中建立功勋，并在战斗中为祖国

威武外挂：古今军队的服饰标识

> 按照联排式样合成在一起展示的 8 枚保卫系列战役奖章，左起分别为保卫列宁格勒、敖德萨、塞瓦斯托波尔、斯大林格勒、莫斯科、高加索、北极地区和基辅奖章

> 按照联排式样合成在一起展示的 7 枚攻克、解放系列战役奖章，左起分别为攻克布达佩斯、攻克柯尼斯堡、攻克维也纳、攻克柏林、解放贝尔格莱德、解放华沙、解放布拉格奖章

取得胜利的苏联海军军官"，没有强调以弱胜强。

两级乌沙科夫勋章和纳希莫夫勋章不按职务高低区分授予，而是按不同大小的战功作战类别的战果来授予。乌沙科夫奖章和纳希莫夫奖章则授予海军水兵、海军军士和海军准尉。乌沙科夫勋章和奖章、纳希莫夫勋章和奖章设立后，分别与苏沃洛夫勋章、库图佐夫勋章、勇敢奖章、战功奖章对应，组成了陆海军两大勋章奖章系统。

从保卫到攻克、解放：战争期间的战役奖章

伟大卫国战争之前，苏联尽管参与过对外战争，但却没有像欧洲和美国一样，设立专门的纪念性战役奖章奖励全体军人。在旷日持久的卫国战争期间，为表彰军民在保卫祖国战斗中表现出的巨大功勋，苏联最高苏维埃主席团设立了一系列战役奖章。

最早的战役奖章设立于1942年12月12日。此时，苏联红军在斯大林格勒战役中，通过天王星行动胜利完成了对德军及仆从国军队的包围。尽管德军还未被彻底击败，但战役胜局已定。1942年12月12日，苏联最高苏维埃设立了保卫列宁格勒、保卫敖德萨、保卫塞瓦斯托波尔和保卫斯大林格勒四枚奖章。斯大林格勒胜局已定，列宁格勒在重重包围之中也坚持了一年半，敖德萨保卫战和塞瓦斯托波尔保卫战虽然以苏军撤出告终，但都成功牵制了德军攻势。这几场城市保卫战都是苏军战略防御阶段的重要战役，这几枚奖

> 卫国战争游击队员奖章

> 一批获得光荣母亲勋章的妇女在授勋仪式后合影

> 佩戴着两枚胜利勋章的华西列夫斯基元帅

> 朱可夫向美国陆军五星上将艾森豪威尔转交胜利勋章

章也见证了战争的转折。

  这四枚奖章首次采用了沙俄时期的五边形绶带，从此成为苏联勋章奖章的典型特征之一。由于之前设立的勋章奖章有无上挂的（列宁勋章、红旗勋章、红星勋章、荣誉勋章等）、方形绶带（卫国战争勋章、军事统帅勋章、勇敢奖章、战功奖章等）、倒三角形绶带（忘我劳动奖章、劳动优异奖章等）和五边形绶带多种形式，佩戴时整体观感愈显凌乱。而且没有略章，不利于日常佩戴。于是苏联最高苏维埃主席团于1943年6月19日为各勋章奖章设立了略章，且将勋章奖章统一为无上挂和五边形绶带两种。列宁勋章、红旗勋章、荣誉勋章增设五边形绶带，卫国战争勋章、军事统帅勋章去掉方形绶带，各类奖章一律改为五边形绶带。

  随着苏军大反攻的节节胜利和苏联国土的大部解放，最高苏维埃主席团于1944年5月1日设立了保卫莫斯科、保卫高加索和保卫苏联北极地区三枚奖章。至此，战争初期几个重要战役大都设立了纪念奖章。而战争初期的基辅大溃败却没有设立相应的战役奖章。直到1961年6月21日，苏联最高苏维埃主席团才设立了迟来的保卫基辅奖章。

  苏联国土得到解放后，苏联红军一鼓作气，打出国门，解放了东欧大部

苏维埃的光荣 | 象征胜利的苏联勋章奖章体系

> 按照联排式样合成在一起展示的 3 枚胜利系列奖章，左起分别为战胜德国、卫国战争忘我劳动和战胜日本奖章

> 佩戴着三个级别光荣勋章（第一排左起前三枚）的一名少尉

分国家，并反攻德国本土，取得了卫国战争的彻底胜利。战后，为了纪念苏联红军在国土外的一系列胜利，苏联最高苏维埃主席团于 1945 年 6 月 9 日设立了攻克和解放系列战役奖章，包括攻克布达佩斯、攻克柯尼斯堡、攻克维也纳、攻克柏林四枚攻克系列奖章，和解放贝尔格莱德、解放华沙、解放布拉格三枚解放系列奖章。这些城市都是苏军战略反攻阶段在战前国境线外攻克（由苏军夺取）或解放（由苏军、友军和起义军共同夺取）的重要城市。

敌后战士和慈祥母亲：不可忽视的力量

苏联军队和德军在正面战场殊死血战之时，苏联还动员、组织了敌占区土地上的游击战，并且在 1942 年初成立了中央游击战役司令部进行统一领导。战争年代参与敌后游击作战和地下工作的有上百万人，他们的行动有力地支持了苏联正规军的作战，是伟大卫国战争中不可替代的重要力量。最高苏维埃主席团于 1943 年 2 月 2 日设立了卫国战争游击队员奖章，按照功劳大小不同分为一级和二级，颁发给各级游击队指战员。

为争取战争的胜利，苏联人民付出了巨大的伤亡。根据战后官方公布的数字，战争中苏联死亡人数高达 2000 余万，直接影响了国家安全和战后的生产建设。为此，苏联制定了一系列鼓励生育的政策，最高苏维埃主席团在战争末期的 1944 年 7 月 8 日设立了"英雄母亲"荣誉称号、光荣母亲勋章（分三级）和母亲奖章（分两级）。生育抚养了 5 个、6 个子女的母亲，可以获得二级、一级母亲奖章；生育抚养了 7 个、8 个、9 个的母亲，可以获得三级、二级、一级光荣母亲勋章；生育了 10 个以上子女的母亲，则获得"英雄母亲"荣誉称号，并获发与苏联英雄金星奖章、社会主义劳动英雄镰刀锤子奖章形制相近的小金星奖章。

欢呼声响彻云霄：伟大胜利的不朽褒奖

在苏联卫国战争战局已经取得巨大转折之时，苏联最高苏维埃主席团于 1943 年 11 月 8 日设立了胜利勋章和光荣勋章，以彰显卫国战争的伟大胜利。

胜利勋章是苏联最高军事勋章，授予"顺利完成一个或数个方面军参加的大型战役而使战略态势发生有利于苏军变化的苏联武装力量最高级指挥人员"。按照这一标准，胜利勋章获得者至少是战略级的方面军指挥员。胜利勋章总共只颁发给了 16 人，共 19 枚。其中 12 人为苏联军事统帅，斯大林、朱可夫和华西列夫斯基获得了两枚；5 人为外国军事统帅，包括美国陆军五星上将艾森豪威尔、英国陆军元帅蒙哥马利、南斯拉夫领袖铁托、波兰元帅日梅尔斯基（Michał Rola-Żymierski，1890—1989）和罗马尼亚国王米哈伊尔一世（Mihai I，1927—2017）。

与针对最高级军事统帅的胜利勋章不同，光荣勋章授予"在保卫苏维埃祖国的战斗中立有战功和表现英勇顽强、无所畏惧"的中尉以下指战员。一

> 俄罗斯电视剧《无形》的角色宣传画，以主角（内卫部队军官）和维护社会秩序有功奖章（奖章上漏画了一颗五角星）为主体图案

> 守卫在边界线旁的苏联边防军战士和保卫苏联边界有功奖章

级颁发给少尉和中尉；二级颁发给上士和少尉；三级颁发给列兵、下士、中士和上士。光荣勋章是按照级别自低而高授予的，要获得二级光荣勋章，则必须先获得三级光荣勋章，然后在新的军衔级别上再立新功方可获得。此外，光荣勋章并不单独针对卫国战争，在二战后，光荣勋章在苏军的其他对外战斗中继续颁发。

1944年起，经过艰苦卓绝的斗争，苏军终于经过一系列的战役，取得了对德作战的伟大胜利。1945年4月16日，苏军向纳粹大本营柏林发起最后的进攻。5月8日，德国签署了无条件投降书。5月9日成为卫国战争胜利纪念日。当天，最高苏维主席团就颁布命令，设立"1941—1945伟大卫国战争战胜德国奖章"，授予全体参加卫国战争的军人。6月6日，又设立"1941—1945伟大卫国战争忘我劳动奖章"，授予战争中支援前线的非军人。在苏联对日作战胜利后，最高苏维埃主席团又设立了战胜日本奖章，发给参加远东对日作战的全体军人。

卫国战争期间，苏联设立的勋章奖章如井喷般增长，共新设立了1个荣誉称号、11种勋章、21种奖章。这些勋奖章都紧紧围绕伟大卫国战争这一时代主题，成为苏联勋章奖章体系中最重要的一大类别。

> 一级、二级优秀服役奖章

> 一级、二级、三级圆满服役奖章

日益完善，系统完备：战后苏联勋章奖章体系的发展

卫国战争胜利后，苏联重新进入了社会主义建设的和平时期。苏联的勋章奖章也进行了进一步的完善。

首先，针对武装力量结构，进一步完善了部分奖章。1946年，以红军和红海军为主体的苏联军队改称苏联武装力量，除了下辖隶属国防部的各军种外，还包括隶属内务部的内卫部队和隶属国家安全部的边防部队。1950年，苏联设立了针对内卫部队的维护社会秩序有功奖章和针对边防部队的保卫苏联边界有功奖章，这两种新设立的奖章与之前的勇敢奖章和战功奖章、乌沙科夫奖章和纳希莫夫奖章构成了一个完整的系统。

其次，针对过去的军事勋章奖章只针对战时的特点，设立了若干对和平时期的服役行为进行表彰的勋章奖章。1944年，苏军曾经规定，服役10年、

> 2019年5月9日胜利日阅兵式上，身着苏联时期军服、佩戴诸多苏联勋章奖章的退役将领

15 年、20 年、25 年和 30 年分别授予勇敢奖章、红星勋章、红旗勋章、列宁勋章和第二枚红旗勋章，但这样就使得勋章原有的奖励意义打了折扣。因此，1957 年苏军设立了圆满服役奖章（分三级），授予服役满 10 年、15 年和 20 年的军人；1974 年设立了在苏联武装力量中为祖国服务勋章（分三级）和优秀服役奖章（分两级），针对和平时期的优异表现授予；1976 年设立了苏联武装力量老战士奖章，授予服役超过 25 年的现役军人和预备役、退役军人；1979 年还设立了巩固战斗友谊奖章，授予在和华约国家等盟国联合行动中做出贡献的军人和平民。

最后，结合若干重大纪念日，继续设立了一批民事勋章奖章。有十月革命 50 周年时设立的十月革命勋章，有列宁百年诞辰时设立的纪念列宁诞辰 100 周年军人英勇奖章和忘我劳动奖章，有苏联民警成立 50 周年时设立的苏联民警成立 50 周年奖章，有对应在苏联武装力量中为祖国服务勋章和优秀服役奖章的民事奖励——劳动光荣勋章和退休劳动者奖章，有针对平民的个人英勇勋章，还有与社会主义建设有关的生产建设系列奖章等……此外，逢建军整 10 年和卫国战争胜利整 10 年，也会继续颁发纪念奖章。

> 2008 年 8 月 2 日出席俄罗斯空降兵节活动的原苏军空降兵司令弗拉季斯拉夫·阿列克谢耶维奇·阿恰洛夫（Владислав Алексеевич Ачалов，1945-2011）上将，他身穿苏军军服，佩戴着三个等级的在苏联武装力量中为祖国服务勋章（右胸第二排）

苏联勋章奖章体系经过多年的建设，形成了覆盖全面、制度完备、颁发有序的体系。苏联解体后，独特的苏联勋章奖章体系被俄罗斯等国家所效仿继承。例如，俄罗斯效仿苏联，设立了最高荣誉"俄联邦英雄"称号，并颁发一枚外观酷似"苏联英雄"金星奖章的"俄联邦英雄"金星奖章。苏联时期的军事统帅勋章也被俄罗斯予以保留。如今，在俄罗斯举行的盛大阅兵式上，依然能看见佩戴着苏联时期勋章奖章的老兵，诉说着军人的辉煌和荣耀。